45

新世纪心理与心理健康教育文库
Xinshiji Xinli Yu Xinlijiankangjiaoyu Wenku

U0754915

学生心理辅导
Xuesheng Xinli Fudao

郑日昌 吴九君 ◆ 主编
Zheng Richang Wu Jiujun

开明出版社

新世纪心理与心理健康教育文库

编 委 会

总 序

Sequence

　　早在上个世纪 70 年代就有专家预言：21 世纪是心理学的世纪。21 世纪人类所面临的最大挑战，不是其他，而是心理困惑和心理问题。

　　进入新世纪，我国社会主义物质文明、政治文明、精神文明建设不断加强，综合国力大幅度提高，人民生活显著改善。同时，我们也要看到，我国已进入改革发展的关键时期，经济体制深刻变革，社会结构深刻变动，利益格局深刻调整，思想观念深刻变化。这种空前的社会变革，给我国发展进步带来巨大活力，也必然带来这样那样的矛盾和问题。例如，城乡、区域经济社会发展很不平衡；就业、收入分配、社会保障、教育、医疗、住房等方面关系群众切身利益的问题比较突出；一些社会成员诚信缺失、道德失范；一些领域的腐败现象比较严重等。这些矛盾和问题让人们感到心理困惑，时刻冲击着人们的心理承受能力。

　　2006 年，中共中央《关于构建社会主义和谐社会若干重大问题的决定》明确指出：我们必须坚持以人为本。要注重促进人的心理和谐，加强人文关怀和心理疏导，引导人们正确对待自己、他人和社会，正确对待困难、挫折和荣誉。要加强心理健康教育和保健，塑造自尊自信、理性平和、积极向上的社会心态。心理和谐是构建和谐社会的心理基础和重要标志。胡锦涛同志指出："科学发展观，第一要义是发展，核心是以人为本。"以人为本就必须重视人、尊重人、关心人、爱护人，就必须重视人的心理发展。加强心理健康教育和心理保健，不断提高人们的心理素质，帮助人们形成积极心理品质，为和谐社会建设奠定和谐的心理基础已经成为举国上下的共识。

　　促进人的心理和谐需要有科学心理学指引，加强心理健康教育需要有合适的教材。近年来，国内虽然也陆续出版了一些心理学或心理健康教育方面的图书，但不够系统，缺乏总体规划。正因为如此，我们组织了一批心理学专家、学者，编写了这套反映我国心理学发展及

1

心理健康教育理论成果的"新世纪心理与心理健康教育文库"。

"新世纪心理与心理健康教育文库"具有系统性。文库参照心理学学科体系和我国现实需要，分为基础理论、应用理论和技术与实践三个系列。

"新世纪心理与心理健康教育文库"具有权威性。文库是国家出版基金资助项目；文库撰稿人的选择面向全国，每一本图书都由该领域的专家学者撰稿；文库的统稿工作由国内权威心理学家和心理健康教育专家负责完成。

"新世纪心理与心理健康教育文库"具有前沿性。文库在全国范围选聘心理学和心理健康教育领域的专家学者撰稿，既可以吸收心理学与心理健康教育的权威理论和最新研究成果，也可以保证所选内容资料贴近时代、贴近生活、贴近实际。

"新世纪心理与心理健康教育文库"具有实用性。文库在强调系统性、理论性、科学性的同时，更加强调实用性。力求做到理论联系实际，给出的理论实用，给出的技术可行，给出的方法可操作。

"新世纪心理与心理健康教育文库"理论性、实用性、资料性、工具性兼备，是心理学与心理健康教育的"百科全书"。它可以作为从事心理与心理健康教育工作的管理者和研究者的参考书、工具书；可以作为心理健康教育教师继续学习、自我提高的自修图书；可以作为心理健康教育教师的培训用书；可以作为师范院校心理与心理健康教育专业的教材或参考书。

我们相信，"新世纪心理与心理健康教育文库"对于从事心理与心理健康教育工作的人士会有所帮助；对于我国的心理与心理健康教育工作会起到推动促进作用；对于促进人的心理和谐、促进社会心理和谐会发挥一定作用。

我们希望，这套文库能够得到广大心理与心理健康教育工作者的认可、接纳。

郑日昌

于京师园

前 言
Preface

学生是祖国的未来，是民族的希望。然而，面对社会激烈竞争的压力，学生在学习、生活、人际交往、升学、就业和自我意识发展等方面，可能或已经遇到各种各样的心理困惑或心理问题。学生心理辅导工作便势在必行。在学校开展心理辅导，有利于预防学生心理疾病，维护学生心理健康；有利于促进学生社会化和人格的健全发展；有利于贯彻全面提高学生素质的教育思想；有利于推进社会主义精神文明建设。

本书第一章概述了学生心理辅导的基本内容，介绍了学生心理辅导的概念、历史、目标、原则、内容与方法。第二章介绍了学生心理辅导的主要理论与方法，包括精神分析理论与方法、行为主义理论与方法、人本主义理论与方法、认知行为理论与方法、阴阳辩证辅导的理论与方法等。第三章至第五章分别介绍了小学生、中学生、大学生心理辅导的主要内容，包括小学生、中学生、大学生心理发展的一般问题的辅导和各个发展阶段特有问题的辅导，以及学生常见心理障碍的诊断和治疗。第六章介绍了学生常见心理问题辅导，包括学生自我意识辅导、学业辅导、情绪情感辅导、人际关系辅导、生涯规划辅导、生活适应辅导、性心理辅导等。第七章介绍了学校心理危机干预，介绍了心理危机干预理论、学生自杀预防、学校危机预警系统的建设等。第八章介绍了学生心理辅导课程的开展情况，包括学生心理辅导课程的内容、教法、设计、评价等。第九章介绍了学生心理辅导室的建设，包括学生心理辅导档案建设、心理辅导室硬件建设、学校心理测评系统建设等。第十章介绍了学生心理辅导的管理，包括学生心理辅导评估系统、研究工作和教师队伍建设等。

书中每章后面的"问题与思考"为读者进行深入思考与应用所学内容提供桥梁。

本书面向的读者对象是心理学专业和教育学专业的本科生以及小学、中学、大学心理辅导教师。本书围绕学生心理辅导专业知识体系，由郑日昌教授亲自拟定全书总体框架，由弟子吴九君博士统筹全书细节并组织编写工作，最后由吴九君校对，郑日昌修改审定。各章编写分工如下：

第一章：吴九君、赵兰兰、郑日昌；第二章：赵兰兰、吴九君、郑日昌；第三章：赵兰兰、郑日昌；第四章：赵兰兰、郑日昌；第五章：吴九君、郑日昌；第六章：吴九君；第七章：冉俐雯、吴九君；第八章：苏洋；第九章：李毅、吴九君；第十章：吴九君、郑日昌。

本书在写作过程当中，还曾与一些心理学专业的本科生和一些非心理学专业但热爱心理学的本科生就部分草稿进行了交流，听取了本书潜在使用者的宝贵意见与建议，在此一并感谢他们对心理学的热爱与支持！

为了中国学校心理健康教育事业的发展，我们愿竭尽全力。由于编写者学识水平所限，本书难免有错误或不当之处，恳请各位读者及专家不吝赐教。

郑日昌　吴九君

目 录
Contents

第一章 学生心理辅导概述

【本章提要】

学生心理辅导是现代学校教育的重要组成部分，是以心理学、行为科学等多种学科理论的综合为依据的新兴教育方法。本章阐述了学生心理辅导的概念，对学生心理辅导与思想政治教育的关系进行了辨析；简单叙述了学生心理辅导的历史发展；明晰了学生心理辅导的目标及必须遵循的原则；介绍了学生心理辅导应针对哪些内容、采用何种方法进行教育和辅导。

【学习重点】

1. 了解和掌握学生心理辅导的基本概念以及心理辅导与思想政治教育的关系。

2. 了解学生心理辅导的发展历程。

3. 认清学生心理辅导的目标。

4. 学会把握开展学生心理辅导必须遵循的教育性原则、全体性原则、差异性原则、发展性原则、保密性原则、尊重与理解原则。

5. 了解学生心理辅导的内容。

6. 掌握开展学生心理辅导的基本方法，如团体活动法、测量法、面谈法、矫治法等。

7. 掌握倾听的基本技能和注意事项。

【重要术语】

学生心理辅导 教育性原则 全体性原则 差异性原则 发展性原则 保密性原则 尊重与理解原则 团体活动法 测量法 面谈法 矫治法

20 世纪 80 年代以来，我国的改革开放和现代化建设推动社会经济迅猛发展，使人们的思想观念、生活方式和行为方式发生了很大变化。尤其是进入 21 世纪以来，知识更新越来越快，社会的快速变迁要求学校教育能够培养出更多适应社会发展的人才。新世纪的人才不仅要掌握不断增长的知识，更要道德高尚、身心健康，具有良好的社会适应能力、自主发展能力和创新精神。社会的发展和时代的要求也促使人们改变了教育观念，即认为促进学生心智的发展和成熟是重要的教育目的。在学校开展心理辅导是促进学生心理健康和人格健全发展的重要途径，也体现了以人为本的教育理念。

第一节 学生心理辅导概念

学生心理辅导在心理健康教育中占有重要地位，既可以向学生普及心理健康知识、预防心理疾病，又可以为存在心理困扰的学生提供有针对性的帮助。它弥补了传统课堂教学与德育工作的不足，力求在情感、人格、社会性发展和升学就业指导等多种维度上使学生的心理素质不断优化，对提高学生素质和促进人的全面发展有重要作用。

一、学生心理辅导的内涵

学生心理辅导是指受过心理学专业训练的人员，运用心理学的理论、方法和技术，对学生的学习、生活、交往、择业等问题提供心理学的帮助和引导，并对轻微心理障碍进行诊断、干预和预防，以促进学生适应和发展的过程。在理解心理辅导的实质时，应注意以下五点。

1. 心理辅导是一种新型的人际关系，其特点是真诚、亲密，教师持非批评态度，鼓励学生自主探索。

2. 心理辅导是一种合作式、民主式的协助过程，辅导教师只是协助学生解决问题，而不是代替学生解决问题。

3. 心理辅导是专业知识技能的运用，辅导应由专门的辅导人员，运用专业知识和技能，有时需运用各种特殊的方法来开展活动，例如通过谈话或沟通进行个别辅导时，就要恰当地运用专注、接纳、倾听、通情、澄清、面质、自我袒露、概述等方法。精微的心理辅导技巧涉及哲学、心理学、精神医学、社会学等多学科知识，其中心理学知识占有重要地位。

4. 心理辅导有自己独特的目标。学生心理辅导的总目标与学校教育目标是一致的，但辅导目标的着眼点还是有其独特之处的，它要帮助学生了解自己，制订计划，作出抉择，承担起个人与社会的责任，实现自己的潜能，从而过上健康的、有意义的、自我满意的生活。在这里，个人目标与社会目标是一致的。

5. 心理辅导以正常学生为主要对象，更强调正常学生的教育与发展。在这一方面，它不同于侧重心理与行为障碍矫治的心理治疗。

学生心理辅导是现代学校教育的重要组成部分，是以心理学、行为科学等多种学科理论的综合为依据的新兴教育方法，是学校自下而上有计划协助学生的一项工作。它以了解学生为基础，以创设和谐气氛与良好关系为前提，通过测试、调查、班级活动、个别谈话，使学生了解自己、了解环境，从而在家庭、学校、社会生活中得以更好地适应，使其身心得以健全地成长和发展。它不是对学生的束缚、替代和放任，而是对学生的协助、服务和引导；它不是带有指示的说教，而是充满爱心的合作和诱导。

二、学生心理辅导的相关概念辨析

（一）心理治疗、心理咨询和心理辅导

对人的心理问题的处理，目前大致有医学模式和教育模式两大类。医学模式偏重心理的治疗和重建，教育模式偏重心理的预防和发展。但这两种模式并不是截然分隔的，而是相互渗透的。按实际使用中这两种模式所占因素的多少，又可区分出心理治疗、心理咨询和心理辅导三种。就这些模式的共同点来说，不论是心理治疗、心理咨询还是心理辅导，都被认为是一个患者学习的过程，即通过学习以改变患者的人格和行为。患者的问题行为也是习得的，因此可以通过重新学习塑造新的行为。但是，如果是由遗传、外伤或社会问题引起的心理问题，则三者都无能为力。由于三者对患者来说是学习的过程，因此都要求患者在心理上主动开放，积极参与。只有这样，才能使外在的帮助转化成主体内在的精神财富，才能求得心理问题的解决和心理平衡。如果患者拒绝、抵制或不合作，不论是心理治疗、心理咨询还是心理辅导都难以实施。所以三者都强调医患、咨询者与被咨询者、辅导者与被辅导者之间的合作努力，强调"关系"，即建立一种民主、平等、和谐的关系。

但心理治疗、心理咨询和心理辅导毕竟是有区别的。心理治疗是针对心理疾病患者，经由精神医学的治疗计划，达到治愈患者的目的。心理咨询是针对具有各种困惑的来访者，经过澄清、诊断和补救等手段，达到为来访者解决问题的目的。心理辅导则面向全体学生，经教师在和谐气氛、良好关系中使学生认识自己、调节自己，达到更好适应和发展的目的。概括来说，心理治疗以病人为对象，关注对象的过去，注重治疗和预防；心理咨询以问题者为对象，关注对象的现在，注重问题的解决；心理辅导以全体学生为对象，关注对象的未来，注重预防和发展。

人们常常对心理咨询和心理辅导不加区分，实际上二者也有不同。心理咨询有一条重要原则，就是患者必须主动来询，咨询师是不能走出咨询室去硬拉或去邀请患者来咨询的。如果这样就不能称其为心理咨询了。因此，咨询师主要或唯一的活动天地就是咨询室。心理辅导在这一点上和心理咨询有很大不同。由于中小学生并不十分了解什么问题可以去咨询，甚至根本不知道什么叫发生了问题，因此更多的是要教师和家长主动关心、了解和协助。特别是辅导老师应该深入班级、深入学生中去做好辅导工作。在心理辅导看来，心理咨询有点像"守株待兔"。心理辅导虽也在学校里设立辅导室，但更重要的是辅导老师要走出辅导室，包括主动请学生进辅导室。目前在学校普遍开设的心理健康课属于心理辅导，而

3

不是心理咨询。

（二）心理辅导和思想政治教育

实施学生心理辅导并不是要取代学校思想政治教育。坚持学校思想政治教育是坚持德育首位和坚持四项基本原则的具体体现。学校里的心理辅导和思想政治教育应该各得其所，相互配合，共同努力培养完整且完美的人。学生心理辅导与思想政治教育都重在育人，在教育的宗旨上是完全一致的，都是要培养学生的良好人格，即培养有道德、有理想、有文化、有纪律的社会主义新人。但在教育的具体目标、教育取向、教育内容、教育方法和教育主体上，两者又有很大差别，具体如下。

1. 从教育目标看

思想政治教育旨在提高学生的政治思想素质，具有阶级性。心理辅导的目标主要是防治心理障碍、培养健全人格、开发心理潜能、发展和完善个性、提高学生的心理素质、增进心理健康。

2. 从教育取向看

思想政治教育以社会和国家为出发点，注重集体和社会的价值，一般是从集体和社会取向，制定统一要求、统一标准，要求学生适应。心理辅导则以每个个别的、具体的学生为出发点，以学生所处身心发展阶段、不同特点和具体情况为依据，注重个人价值和个别差异，强调人格尊严和平等，视每个人都有无限发展的可能性，使每个人的优点和特点都充分地显示出来。这不是说思想政治教育不注重个人价值，也不是说心理辅导不注重社会价值，而只是说两者在价值取向的侧重点和出发点上略有不同。

3. 从教育内容看

思想政治教育偏重于认识社会，认识他人，学习规则，学习榜样。心理辅导则偏重于认识自我，认识别人眼中的自我，以及这些众多"自我"的相互关系，当然也要认识环境，认识自我与环境的差距。心理辅导认为社会规范的遵守需要以自我意识为中介，需要通过调整自我、改变环境来达到适应环境的目的。这和思想政治教育主要运用外界要求和规则进行教育有很大不同。

4. 从教育方法看

思想政治教育是一种自上而下的教育。其形式主要有说服、模仿和规范，使学生习惯并接受一些社会认可的优秀行为。心理辅导则是一种协助和服务，是自下而上来配合学校教育。它启发和诱导学生经过充分讨论，包括学生和辅导老师一对一地深入讨论，然后用自己的思考和判断作明智的抉择，也按学生自己的需要，开展各种有实效的活动，从而达到辅导目标。

因此从具体方法上来看，做思想政治教育总是教师讲得多，而心理辅导教师要更多地倾听学生讲，或者让学生在活动中感受体验。思想政治教育是"要求"

学生、"约束"学生，心理辅导则是要解脱学生身上的各种"束缚"，让学生将社会要求内化，变成自觉行动。

思想政治教育强调公开性和透明度，而心理辅导强调隐私性和保密性。

5. 从教育主体看

思想政治教育强调群众性，人人都有责任做思想政治教育工作。心理辅导则强调专业性，只有受过训练的专业人员才能做心理辅导工作。

从现代教育观念来看，要培养个体良好的人格，仅有自上而下的教育是难以完成的，必须有自下而上的辅导活动作补充，二者相互配合，才是一种完美的教育。

第二节　学生心理辅导历史

目前，心理辅导领域出现了空前的繁荣局面，纷呈的理论流派、层出不穷的改革创新和不断更新的辅导模式，这一切无不向人们昭示着一个时代发展的趋势。在这种时代背景的影响下，学校的心理辅导也日益受到重视并迅速得以推广。很多国家和地区的学校，都在努力开展这项工作并获得了较大的成效。推广学生心理辅导已成为世界教育改革的新趋势。当然，我国的学校教育也应跟上这一时代潮流。在此，我们把学生心理辅导的历史和现状作一个简要的介绍，以求从中得到某些有益的借鉴和启示。

一、国外学生心理辅导状况

（一）国外心理辅导的发展

心理辅导这种教育服务的形式最早出现于美国，它的起源可追溯到 19 世纪末 20 世纪初。当时，由于工业革命的影响，美国的大城市，如底特律、波士顿、纽约和芝加哥等，工商业迅速发展，加上各地移民大量涌入，社会问题与日俱增，给人们的生活带来了许多忧虑和困难。为了适应这种社会现状，心理辅导工作便应运而生。

19 世纪末 20 世纪初，心理辅导开始以课程形式出现在学校里。1898 年到 1907 年，作为密歇根一所中学校长的戴维斯，在学校开展了每周一次的心理辅导课，主要是对学生进行职业方面的系统指导，旨在帮助学生更好地了解自己的性格、评估自己的道德规范，培养有责任感的社会工作者。

随着职业指导的发展，再加上精神卫生运动和心理测量的发展，学生心理辅导受到了更多的重视和发展。

1908 年，心理学家弗兰克·帕森斯（F. Parsons）在波士顿成立了一个辅导中心，专门辅导青年去认识自己的能力和志趣，以便寻求合适的工作。这项服务在美国大受欢迎，帕森斯为此而获得"辅导之父"的美誉。除此之外，当时心理卫生运动的兴起也促进了辅导的发展。

心理卫生运动的产生与一位名叫比尔斯的美国青年有关。1908 年，比尔斯根据自己患躁郁症住进精神病院的亲身经历和体验，出版了一本名为《一颗找回自我的心》的书。这本书的问世，引起美国大众对心理卫生工作的注意和重视。1909 年，由比尔斯发起成立了美国全国心理卫生委员会，其宗旨是防止心理异常和精神疾病的产生，增进人的心理健康。在辅导运动在美国各地兴起的同时，学校也为适应社会发展的要求而设立了心理辅导这一科目。辅导员由一般教师兼任，辅导内容主要有心理健康辅导与职业辅导，辅导方法主要是通过一对一的面谈提供经验性的帮助。那时的心理辅导缺少理论指导，也不注重谈话的技巧以及评定手段等技术。

20 世纪初，法国心理学家比奈和西蒙编制了最早的智力测验，用来测查儿童的智力，并对智力落后儿童开展特殊教育。心理测量的使用为辅导人员提供了测评工具，为心理辅导提供了更为可靠的依据，使学生心理辅导沿着更加科学化的方向发展。

第二次世界大战后，心理辅导逐渐成为一门学术性的学科，心理测验和辅导技巧也日益受到重视。这时学校的心理辅导内容不仅限于职业或适应问题，对个人的全面发展问题也给予了更多的关注。所以在后来逐渐产生的各种辅导模式中，注重个性和人的整体发展的辅导模式、以情感交流为基础的新的辅导方法越来越受到重视。心理学家卡尔·罗杰斯（Carl Rogers）在 1942 年出版的著作《辅导与心理治疗》中，提出受导者在辅导过程中应改变以往的被动地位，自由决定辅导的方向和进展。这种理论受到人们的认可和赞同。20 世纪 40 年代到 50 年代，关于辅导理论与实践的刊物、著作和心理测验等大量涌现，使得心理辅导的经验、技术得到进一步的推广和提高，辅导的模式也日渐增多。

进入 20 世纪 70 年代后，世界各国都十分重视学生心理辅导，每年由政府拨出大量资金资助辅导工作的开展。早在 1957 年，在苏联人造卫星上天这一重大新闻的震动下，美国联邦政府就有针对性地颁布《国防教育法》，指定学校要推行辅导及评估计划，识别天才及迟缓的学生并因材施教，而大学也不断增设辅导训练课程，并给辅导工作提供专门的经费。由于各国政府重视扶持和投资，加上辅导的价值和功能日益得到社会人士的认可，学生心理辅导工作发展很快，建立了由小学至大学的完整的辅导体系。在欧美各国的中小学均设置"心理辅导中心"，大学则普遍设置"学生人事服务处"与"心理辅导中心"，由受过心理辅导专业训练的人员提供各项咨询、辅导与测验服务。另外，辅导的专业性日益增强，有一批经过严格训练的辅导队伍，有一套行之有效的辅导理论和技巧，可以为各种不同层次的学生提供服务。

（二）国外心理辅导的特点

目前，国外学生心理辅导呈现出以下四方面的特点。

1. 在心理辅导理念上，更重视发展性咨询。为满足学生在认知发展、人格发展、社会性发展和职业发展等方面的实际需要，学校建立心理评估与定期咨询制度，聘用专职心理辅导人员为学生提供服务，其目的是以"预防和成长"为主。辅导的范围由侧重于生活学习及情绪方面的辅导扩大到全体学生的辅导；不仅关注学生的现实问题，而且用预防干预等技术影响学生一生，保证学生健康成长。

2. 在理论上，心理辅导采用兼收并蓄、博采众家的做法。学生心理辅导已经不再局限于单一的理论取向，而是多种理论交叉渗透、取长补短，针对具体实践选择合适的方法。不仅采用来访者中心理论，还辅以行为矫正理论、精神分析理论和认知理论等。

3. 在辅导的方法和技术方面，更多地考虑学生的实际需求，力求达到辅导目标与教育实践的有机结合。在辅导中也充分利用家庭、学校、社区等环境因素，建立辅导网络和信息沟通网络，为学生提供更多的接受辅导的机会。而且高科技手段在学生心理辅导中的应用也越来越普遍，很多学校的心理辅导机构已建立起众多专业化的网络数据库，可以借助计算机进行智力、人格、心理健康和职业指导的个别施测或团体施测，或者利用交互式程序对学生提供在线帮助。

4. 在辅导人员的发展方面，更多的国家吸收了美国的经验，加强各类辅导人员的培养，制定从业标准，加大政府对心理辅导的支持力度。许多国家设立了心理辅导人员准入标准和职业准则来指导心理辅导实践活动，内容涉及道德与法律、权限、保密、测量与研究等方面，确保了心理辅导的规范化发展。

二、我国心理辅导的现状

在我国传统文化中，有许多与学生心理辅导观念相类似的教育思想，但真正的学生心理辅导是在西方文化影响下发展起来的。

我国台湾和香港地区较早开始学生心理辅导，在心理辅导人员的培养及辅导理论和实务方面深受美国影响。20 世纪 60 年代，学生心理辅导开始在台湾地区全面推广。1965 年，台湾地区的教育主管部门聘请有关专家，协助设计职业辅导计划，并编印心理卫生和职业辅导丛书。1967 年，台湾地区实施九年制义务教育之时，辅导制度开始正式建立。

我国内地的学生心理辅导是从 20 世纪 80 年代中期开始的。20 世纪 80 年代中期，我国部分地区大、中、小学开始学校心理健康教育的实践和研究，学生心理辅导工作自此开始迅速发展，其中大城市的心理辅导工作走在全国的前列（吴增强，1998）。1985 年，北京师范大学正式成立心理测量与咨询中心。1986 年，上海市教科所开展了"初中学生心理辅导研究"的课题，通过边实验、边研究、边推广的发展模式，使中小学心理辅导在上海得到了很快的发展。1987 年，广州市开通了"广州市中学心声热线电话",这是国内第一家以电话为媒介进行中小学生心理辅导的机构,由一些具有青少年教育经验的工作者、专家和社会知名学者对学生提出的问题进行解答和指导。1989 年,上海市成立了中小学心理辅导协会。该协会成为全国最早以推广、研究、普及、提高中小学和幼儿园的心理辅导工作为宗旨的专业性团体,积极培训上海市的学生心理辅导人员,率先在全市建立了一批心理辅导实验学校,并积极尝试心理辅导研究,取得了较好的辅导效果。1990 年 11 月,中国心理卫生协会大学生心理咨询专业委员会成立暨首届学术研讨会在北京师范大学召开,这是我国学生心理辅导和心理健康教育的里程碑和助推器。

到了 20 世纪 90 年代,学生心理辅导在我国进一步深入发展,由大城市逐渐走向中小城市,学校开展心理辅导的实验不断增多,心理辅导研究成为学校开展教育科学研究的重要课题。自 1994 年全国心理辅导与教育研究筹委会成立至 1996 年期间,全国学生心理辅导与教育研究会连续在湖南、河北、湖北召开了三次学术研讨会(刘华山,2001),对学生心理辅导进行了总结和研究,就今后的心理辅导工作努力方向达成了共识。1998 年,全国学校心理辅导专业委员会正式成立。1999 年和 2001 年,教育部先后颁发关于加强中小学生和大学生心理健康教育工作的文件,极大地推动了我国学生心理辅导工作的发展。

值得一提的是,2000—2001 年,南京市教育局先后颁发文件,将中小学心理健康教育工作分为两个系列,一个是一般性的心理教育工作,另一个是专业性的心理辅导工作,并制定了不同的培训方案,对学生心理辅导人员进行专业化系统培训,实行资格认证制度,在我国率先探索学校辅导专业化、规范化发展道路。

目前,国外学生心理辅导的发展步伐仍然很快。我国港台地区的辅导工作相对成熟,而内地也在积极学习经验和加强自身研究,在交流的力度上不断增大,学生心理辅导的发展正呈现出更好的态势。

第三节 学生心理辅导目标

一、学生心理辅导的总目标

近年来,国内各级学校在开展学生心理辅导的工作中,取得了一定的成绩,但也存在不少问题。目前,在划分心理辅导目标层次上存在的问题,主要是对心理辅导总目标的界定不准确,对心理辅导中间层次目标的划分没有以心理辅导工作的内在逻辑为依据,分类方法不正确,从而导致在心理辅导实际操作上的随意性和管理上的混乱。

学生心理辅导是运用心理学理论、知识和方法,通过语言文字或其他信息传递方式,给辅导对象(学生)以帮助、启发和教育的工作过程,是一种以促进学生自我认识、自我完善和自我发展为目的的教育过程。因此，这既是一种技术性的服务，也是一种教育影响，是素质教育的重要组成部分。

学生心理辅导的总体目标与学校整体教育的目标是一致的，即都是为了培养全面发展、人格完善、体魄俱健的社会主义建设者和接班人。

二、学生心理辅导的具体目标

学生心理辅导的目标具体表现在以下三个不同的层次。

第一，帮助学生认识自我，寻找自己个性发展中的优点和缺陷，从而帮助学生认识自己、了解自己。包括认识和了解自己的认知能力、个性倾向、个性特征及其发展潜能；认识和了解自我的责任和义务、自己与他人及环境的关系等。

第二，针对自己人格发展的特点，明确自我发展的方向。确立适合自己的抱负水平以及追求可能实现的理想，取得学校教育、社会环境与个性发展的和谐统一。

第三，完善自我、发展自我，最终达到自我实现并体现个人与社会价值的统一。即要求学生主动寻求社会义务与承担社会责任，由一个自然的人发展成为一个社会的人，最终达到与教育目的相一致。这也是学生心理辅导追求的最高层次和最终目标。

我们可以吸收国外相关的成功经验，结合国内的现实情况，来制订学生心理辅导的计划和目标。现将学生心理辅导计划的具体目标列举如下。

1. 懂得每个人都是不同的，每个人都是有价值的。
2. 发展建立积极的自我概念所必需的良好品质。
3. 学习自我激励和自我改进的技能。
4. 了解个人能够通过自我控制发展成为一个什么样的人。
5. 懂得在个人受教育的过程中，求教于辅导员是明智的。
6. 在生活情境中应用批判性思维和作抉择的技能。
7. 有效使用校内资源为其学习服务。
8. 发展处理"危机情境"的技巧。
9. 在个人计划和人际关系中应用有关自我的知识。
10. 了解计划在个人生活中的作用，并发展相应的技能。
11. 增进对家庭结构、教育和休闲活动的了解。
12. 发展适应能力，以便适应各种教育情境。
13. 培养积极负责的精神。
14. 学会说"不"的技能。

三、心理辅导目标的达成策略

在达成心理辅导目标的策略的研究上，经过近几年的探索，国内研究者已经

9

积累了不少成功经验。如，刘华山将其归纳为四个方面：一是开设心理辅导与教育课程，二是组织心理辅导活动，三是进行个别辅导与咨询，四是在日常的教育教学活动及团队活动中渗透心理辅导的内容。

目前存在的问题是，对于各项措施的实施还存在争议，比如心理辅导课程化问题。同时，心理辅导工作的组织不落实，使得心理辅导工作缺乏制度上的保障。及早制定一套完整的、统一的、包括行政组织在内的心理辅导工作策略，已成为心理辅导工作发展的当务之急。

现列举美国帕开（Parkay）学区辅导目标达成策略，以供参考。

1. 由受过训练的、能关心人的、有奉献精神的辅导员辅助学生解决个人的、社会的和学术上的问题。

2. 学生有机会参加专门为他们设计的、培养他们相关技能的团体辅导活动。

3. 由专门人员在自杀、吸毒、恶习等方面为学生提供危机预防和咨商。

4. 学生应有机会评价他们自己的能力，学习作抉择的技巧，能够获得最新的关于生活和职业方面的资料。

5. 专业人员应协助学生个别或团体地讨论他们的烦恼。

6. 应有学生在校情况的精确记录档案，并在学生需要时，由专业人员向他们解释这些资料。

7. 应有适合于学生能力的班级教学来充分反映他们的兴趣，了解他们未来的职业倾向等。

8. 学生们应有机会从事标准化的心理测验，并由专业人员为他们作出对结果的解释。

9. 学生们应有机会亲自进入大学校园，了解大学各方面的情况，应有专业人员协助他们作好进入大学的准备。

10. 校内应有专门人员为学生们提供满足其特殊需要的服务，并有相关的校外资源的支持。

第四节　学生心理辅导原则

一、教育性原则

学生心理辅导是指在一种新型的建设性的人际关系中，学校辅导人员运用其专业知识和技能，给学生以合乎其需要的协助与服务，帮助学生正确地了解自己、认识环境，根据自身条件确立有益于个人发展和社会进步的生活目标，使其能克服成长中的障碍，在学习、工作及人际关系等各个方面，调整自己的行为，增强社会适应，作出明智的抉择，充分发挥自己的潜能。

在学校开展心理辅导，有利于预防心理疾病，维护学生心理健康；有利于儿童、青少年社会化和人格的健全发展；有利于旨在全面提高学生素质的教育思想的贯彻；有利于推进社会主义精神文明建设。

二、全体性原则

心理辅导追求学生人格的整体性发展。从社会价值取向看，它重视学生德、智、体全面发展；从满足学生自我完善的需求看，它注重学生知、情、意、行等方面协调发展。心理辅导的对象是全体学生，是完整的人，而不是人的局部、人的智能侧面或人的心理方面的问题。

学生心理辅导的功能在于通过对学生的引导、指导、协助与服务，来促进学生的成长和发展。从本质上看，心理辅导是日常教育活动的有力配合和合理补充，因此应该面向包括正常学生在内的全体学生。它既不像应试教育观念指导下的教学那样，以少数所谓"尖子"学生为工作对象；也不像单纯的心理治疗那样，以存在个人无法处理的心理障碍的极少数学生为服务对象。心理辅导面向全体学生，还因为当我们对全体学生辅导工作做得有成效时，个别学生的问题便较少发生，或更易于解决。全体性原则要求我们，在制订心理辅导计划时不仅要着眼于个别学生，在确定心理辅导活动的内容时更要考虑大多数学生的共同需要与普遍存在的问题；组织团体辅导活动时，要创造条件，让尽可能多的学生参与其中，特别要给那些内向、沉静、腼腆、害羞、表达能力差、不大引人注目的学生提供参与和表现的机会。

11

三、差异性原则

重视学生个别差异、强调对学生的个别化对待，是学生心理辅导的精髓。前面提到的"面向全体学生"原则是就心理服务的对象范围而言；这里所说的"个别化对待"原则是就辅导的具体分析，个别化地对待每一个学生，才能给全体学生提供有效的服务。每个人的遗传素质本来就不一样，并且人们在后天生活条件、家庭与学校教育条件、个人经历方面存在着广泛的差异，所以每个人在体质、体形、知识技能储备、能力、气质、性格及其组合上必定是独一无二、与众不同的。学校教育与心理辅导的目的不是要消除学生个人身上的这种独特性以及学生之间的差异性，而是要使每个学生的独特性、独创性在积极的方向上得到最充分、最完美的体现。

由于学生个体的成长发展是一个主动的过程，而不是纯粹依靠外力实现的"塑造"、"捏造"的过程，故心理辅导教师必须承认、重视、认清工作对象的个别差异，对学生实行个别化对待，针对每个学生的身心特点，采用灵活多变的辅导策略，因势利导，扬长避短，才能收到理想的效果。

四、发展性原则

心理辅导的功能与目标分为三个层次：矫治、预防和发展。首先，矫治功能指矫治学生不适应行为，消除或减轻少数学生身上存在的神经症症状，帮助学生排除或化解持续的心理紧张与各种冲突情感。其次，预防功能指帮助学生掌握有关知识和社会技能，学会用有效合理的方式满足自己的需要，提高人际交往水平，学习自主地应付由挫折、冲突、压力、紧张、丧失等带来的种种心理困扰，减轻痛苦、不适的体验，防止心理疾患产生，保持正常的生活秩序与工作效率。最后，发展功能指协助学生树立有价值的生活目标，认清自身的潜能和可以利用的社会资源，承担生活的责任，充分发挥个人潜能，过健康、充实、有意义的生活。

学生心理辅导兼有矫治、预防与发展三种功能，不过就整体而言，应该是预防、发展重于矫治。这首先是由心理辅导以全体学生为工作对象这一特点决定的；其次也是由于从事学生心理辅导的工作人员，就其专业素养而言，目前还很少能深入"心理治疗"的层次；不过从根本上讲，还是由于预防、发展比矫治更具有积极意义，因为任何严重的心理疾患与行为偏差的产生都有一个发展过程。

五、保密性原则

这一原则是指在心理辅导过程中，辅导人员有责任、有义务对来访者的谈话内容予以保密，以便从法律和道义上真正维护来访者的应有权益。

保密既是辅导人员同来访者建立和维系信赖关系的基础，又是维护学校心理辅导声誉和严肃性的问题。替来访者保守秘密也是维护社会伦理道德、捍卫宪法尊严和公民权利的必然要求。从道德上讲，来访者反映的隐私或缺陷，既涉及个人今后在学校及社会中的名誉和前途，又有可能牵涉到来访者与家庭成员、学校师生或其他人的矛盾和冲突。如果来访者的这些深层的自我表露得不到应有的保护和尊重，就有可能激化矛盾，引起事端，甚至会造成来访者的绝望和轻生。因此，辅导人员必须严格遵循保密原则，不得随意将辅导内容向外泄露，或把来访者的事例作为笑谈。而且维护公民的合法权益，尊重公民的隐私权，是我国宪法明文规定的。作为学校心理辅导人员，应牢记自己的法律义务，切实尊重来访者的隐私，努力为来访者保守秘密。

但是，保密原则并不是说辅导过程中的一切内容都不能公开，如果由于教学、科研等工作需要不得不引用某些案例加以说明，需要事先征求相关人的同意，对案例内容作技术性处理，隐去相关人的真实姓名以及其他可能暴露相关人身份的内容。还有一个保密例外是，在来访者具有明显的自杀意图、存在反社会人格或其他严重精神障碍的情况下，为了保证来访者和他人的人身安全，维护社会稳定，辅导人员有义务向其监护人和有关部门披露来访者的状况，并积极协同有关部门做好来访者心理危机的处置工作。

12

六、尊重与理解原则

尊重与理解学生并替学生做好个人隐私的保密工作，是心理辅导过程中对待学生态度以及师生关系方面应该遵循的基本原则。尊重，就是尊重学生的人格与尊严。尊重每个学生存在的权利，承认他是不同于其他人的独立的个体，承认他与教师、其他人在人格上具有平等的地位。理解，则要求教师以平等的态度，按学生的所作所为、所思所感的本来面目去了解学生。被他人理解，意味着受到他人的关注、与他人之间达到心灵沟通，从而产生一种"遇到自己人"的感觉。

心理辅导之所以要遵循尊重与理解原则，首先是因为只有当心理辅导教师尊重学生时，学生才会尊重自己，珍惜自己的成绩和进步，关心自己的荣辱，体验到做人的尊严感。而自尊、自重、自信正是健全人格的重要特征，是心理辅导所要追求的重要目标之一。其次，在心理辅导中，学生如果被老师尊重和理解，他就会信任老师，愿意向老师倾吐内心的烦恼、惶恐、苦闷。这种良好的师生关系是心理辅导获得成效的基本条件。

第五节　学生心理辅导内容

学生心理辅导的内容非常广泛，大体包括以下四个方面。

一、以心理健康为中心的辅导

这方面的辅导内容主要包括：心理健康的标准，不同应激源对学生心理健康的影响，个体应对能力在心理健康中的作用，社会支持对学生心理健康的意义，问题行为的早期发现和早期预防，学习过程与学生的心理健康，性格特征与学生的心理健康，生活方式与学生的心理健康，人际交往与学生的心理健康，青春期性知识与学生的心理健康，等等。

二、以身心发展为中心的辅导

这方面的辅导内容主要包括：不同年龄阶段学生的身心特点与发展规律，童年期、少年期、青年期的发展目标与影响因素，家庭、学校和社会环境在发展中的作用，促进学生最佳发展的教育教学方式及途径，认知发展、情绪发展、人格发展和社会性发展的心理结构及其相互关系，等等。

三、以升学就业为中心的辅导

这方面的辅导内容主要包括：应考技能的锻炼与考试焦虑的调整，职业兴趣、职业价值观、职业技能的早期培养与生涯规划，专业选择与职业定向的相互关系，职业需求与个人志趣的合理匹配，就业政策分析与求职技巧训练，在校职前实习与把握就业机会，等等。

四、以心理干预为中心的辅导

这方面的辅导内容主要包括：焦虑症、抑郁症、恐怖症、强迫症等神经症的诊断与干预，偏执性人格、反社会性人格、边缘性人格等人格障碍的诊断与干预，口吃、遗尿、神经性厌食等心理障碍的诊断与干预，常见心理危机的预防与干预，重性精神疾病的诊断与转介，等等。

第六节　学生心理辅导方法

学校教育是一个系统工程，心理辅导只不过是其中的一个子系统。在学生心理辅导中，要根据具体的问题，针对不同的状况采用合适的方法。根据心理辅导对象的多少和问题的特殊性，学生心理辅导工作通常采用以下几种方法：团体活动法、测量法、面谈法和矫治法。

一、团体活动法

团体活动法是以小组或班级为单位，通过对话、讨论、娱乐、运动、训练等方式，对学生进行团体辅导的基本方法。

由于学生心理辅导的重点是面向全体学生，因而通过团体对学生进行发展性指导便成为一种重要的咨询方法，也是目前学生心理辅导使用最广和覆盖面最大的方法。

学生心理辅导的团体活动通常以班级的形式进行，有些学校设置了每周一次的心理健康课程。然而，在当前的一些学校心理健康教育中却存在着心理健康教育知识化及简单学科课程化的倾向。在心理健康教育中采用简单生硬的说教，生搬硬套心理健康概念，甚至把心理健康教育课变成以传授心理健康知识为主，将心理健康教育等同于心理知识的传授。心理健康教育应当是一种以通过活动使学生获得亲身体验为内容的教育。心理健康教育课程不应等同于一般学科课程的教育教学，不能单纯以掌握心理健康的概念、知识为目标，它不仅仅在于解决知与不知的问题，也不仅仅在于让学生"知道"什么是心理健康，而是要通过教育教学活动实际影响学生的心理健康。心理健康教育应以学生心理发展规律和需要为前提，针对学生实际，以个体体验为基础，以活动为载体，通过精心设计的活动，通过角色扮演、情感情绪体验、行为训练、游戏中的竞争与合作等形式，通过师生的共同参与，引起学生相应的心理体验，使学生能正确认识自我，发展自我，增强自信，提高自我认识、自我调节能力，优化学生的心理品质。为此，从实际效果的对比来看，学校心理健康教育应注重以活动体验为主，以知识传授为辅。

二、测量法

测量法是凭借标准化的心理测验，对来访者的心理特质进行客观测定的一种

14

方法。一般用来了解学生的心理特征、心理健康状况或筛选心理异常的个体。

心理测验的种类很多。根据测验的方式，可以把心理测验分为个别测验和团体测验；根据测验的材料，可以把心理测验分为文字测验和非文字测验；根据测验的内容，可以把心理测验分为智力测验、人格测验、学绩测验；根据测验的功能，可以把心理测验分为教育测验、职业测验、临床测验。

开展心理测验，第一要根据测验的目标选择适当的测验。要选择可靠的、有效的测验，而且测验要有固定的实施方法、标准的指导语、统一的记分方法，还要有一个可用于解释测验结果的标准或常模。

第二，做好施测前的准备工作。施测之前，应对所用的测验材料进行检查，以防出现遗漏现象。施测的场地要清洁、安静，切勿因环境布置的偏差影响学生受测时的情绪。正式施测前最好先进行预测，以便提前发现施测中可能出现的问题。

第三，正确使用指导语。标准化的心理测验通常都有指导语。咨询人员不可任意改变指导语，也不能随意提示或加以暗示。当学生对指导语有不理解的地方时，咨询人员应当按照测验手册中的说明进行解释，不得使用手册规定外的语言进行指导。

第四，认真进行记录和记分。对学生在受测过程中的行为反应要作出必要的记录，如健康状况、是否疲劳、理解程度等。施测的时间、地点、施测人等项目必须填写清楚，以备需要时核查。测验的记分一定要客观真实，要按照学生的实际反应和评分标准准确记分，不可因为咨询人员对学生的印象而随意加分或减分。

第五，恰当解释测量的结果。对测量结果的解释必须小心谨慎，因为目前的测量技术并不十分成熟，无论是测验本身还是施测过程，都有可能出现误差。因此，咨询人员在对测量结果的解释中切忌使用绝对化的语言，要使自己的解释留有一定的余地。

三、面谈法

面谈法是辅导人员通过与学生面对面谈话的方式，了解学生心理健康问题的情况、性质和产生原因，以达到诊断、评定和治疗目的的一种个别辅导方法。

（一）面谈的种类

通常了解情况、交换信息的谈话，称做一般面谈；如果目的在于通过面谈进行心理辅导，则称辅导面谈。

面谈有许多不同的方式，一般分为两类，即结构式面谈和非结构式面谈，后者又称自由式面谈。所谓结构式面谈，是由辅导人员按所需资料的要求，以较为固定的方式或定向的标准程序，编制出面谈的提纲和问卷，并且主动发问，要求

15

学生按问题回答。其优点是可以较为系统地搜集所需的资料，可以有目的、有重点地进行追问和检查，方法比较固定，节省时间，而且因预先编制好提纲或问卷，问话措辞比较一致，故可把不同对象集中在一起进行比较。其缺点是过于主动地查问，方式比较刻板，可能会引起学生的反感，或只是获得"是"与"否"的简单回答，而无法取得详细深入的资料。所谓非结构式面谈，是没有预先制定标准程序，辅导人员可以同学生自由交谈，让学生自然而然地说出想要说的话。这种方式可以让学生在谈话中不知不觉地、较无戒心地流露出内心的真情实意，从而使辅导人员获得一些比较深层的对诊断有意义的资料，且在方法上比较灵活。但这种面谈方式费时较多，而且对于经验不足的辅导人员常常容易出现顾此失彼、挂一漏万的情况。

实际上，有经验的或受过专业训练的辅导人员一般都能根据学生的具体情况，以及学生的性格特点、心理健康问题的种类及程度来选择不同的面谈方式，或者将两种方式结合起来灵活地交替使用。无论哪种面谈，辅导者与学生建立良好的关系都是面谈成功的关键。

（二）询问与倾听的技巧

运用面谈法能否取得成功，关键在于辅导人员的谈话技巧，其中包括倾听的技巧、探询的艺术等。

1. 开放性问题

这是最有用的面谈技巧之一。开放性问题常常运用包括"什么"、"怎么"、"为什么"等在内的语句发问，让学生对有关的问题、事件给予较为详细的反应，而不是仅仅以"是"或"不是"等简单的词来回答。这样的问题是引起对方话题的一种方式，使对方能更多地讲出有关情况、想法等。在这类问题中，每一个问题都可能引起对方较为特殊的反应，使咨询者得到想要了解的有关资料。例如，"能不能告诉我这事为什么使你感到那么生气？""能告诉我你是怎么想的吗？"以"能不能……"、"能……"这类句式提出的问题，可以说是最为开放的问题了。这种问题有助于对方作出自己独特的回答，但也可能出现"不能"或"现在我还不想说"等情况。遇到这种情况，多是时机未成熟。

"那你以后又发生了什么事情？""当时你有什么反应？"这类提问可以帮助辅导人员找出与某些问题有关的特定的事实资料。"对这件事你是怎样看的？""你是怎样知道别人的这些看法的呢？"这类带"怎么样"一词所提的问题往往会引导出对方对事情经过的描述，并且表达出对方的观点。

"为什么你觉得这样做不公平？""为什么你说别人都看不起你？""你当时为什么那样做？"这些与"为什么"有关的问题是要找出对方对某事所产生的看法、做法、情绪的原因。

从对上述开放性问题的分析，我们可以很明确地了解到，开放性问题的回答给辅导者以比较大的自由度。虽然开放性问题可能会得到不同来访者千百种不同的答复，但其目标都始终指向对方答案的特殊性。

2. 封闭性问题

这类问题的特征就是可以用"是"或"不是"、"有"或"没有"、"对"或"不对"等一两个字给以回答。比如，"你现在最关心的就是这件事了，是吗？""你确实这样想过了？"这类问题就是封闭性问题。这类问题在面谈中具有收集信息、澄清事实、缩小讨论范围、使面谈能集中探讨某些特定问题等功效。封闭性问题也可帮助辅导者把对方偏离某主要问题的话头牵引回正题上，譬如："我们还接着讨论刚才的问题，好吗？"不过辅导者对封闭性问题的采用要适当。所谓适当就是不要过多地采用这类问题，仅在必要时用，因为没有人愿意自己在谈话中总处于被动回答的地位。

3. 鼓励和重复语句

鼓励是指把对方所说的话简短地重复，或仅以某些词语如"嗯……嗯"、"噢"、"是这样"或"还有吗"来鼓励对方进一步讲下去或强调已讲过的部分内容。这是最简单的技巧之一。可能因其简单常常被认为是细枝末节而被忽视。然而，正是这一简单的技巧，可使辅导者进入对方的精神世界。因为鼓励是一种积极的方式，它能使对方了解到辅导者在认真地听他讲话，并希望他继续讲下去。

4. 注意体态语

在面谈过程中，辅导人员既要细心观察学生的谈话态度、姿势和表情动作等体态语信息，又要运用好自己的身体语言，例如，专注于对方的神情、注意自己倾听的姿势以及常常点头示意等。专注的神情和倾听的姿势对对方的谈话也是一种无声的鼓励，而点头所表示的含义就更为明确。

5. 总结澄清

在面谈时，总结就是把对方所讲的事实信息、情感、行为反应等经过辅导者分析与综合后概括地表述出来，以澄清问题。总结可以说是面谈活动的结晶，把所获对方信息的主要内容系统清理，分门别类。

四、矫治法

如果学生出现心理问题或神经症心理问题，学校辅导人员可以根据情况选用适当的矫治方法进行干预。在国外，由于心理治疗的理论流派众多，因而其治疗方法也相当繁杂。特布罗恩曾将众多心理治疗方法归为三大类：支持性心理治疗，包括疏导、暗示、催眠等方法；分析性心理治疗，包括精神分析、生活史分析等；训练性心理治疗，如行为疗法等。在我国，一般将心理治疗分为言语心理治疗、非言语心理治疗和行为矫正治疗三大类。各种治疗方法都有针对心理疾病的解释和具体治疗流程；对于同一种心理问题，也可以采用不同的心理治疗方法。辅导人员可以根据自己的知识背景和实践经验，以及具体的心理问题，选取恰当的方法。

若学生问题较为严重，超出辅导者的能力，可以转介到医院或专业机构。

【建议参考资料】

1. 郑日昌，陈永胜. 学校心理咨询 [M]. 北京：人民教育出版社，2010.

2. 吴增强. 学校心理辅导通论：原理·方法·实务 [M]. 上海：上海科技教育出版社，2004.

3. 燕国材. 中国心理学史 [M]. 杭州：浙江教育出版社，1998.

4. 贺银瑞. 现代学校心理辅导 [M]. 石家庄：河北人民出版社，2005.

5. 徐光兴. 学校心理学：心理辅导与咨询 [M]. 上海：华东师范大学出版社，2000.

6. 孙少平. 国外学校心理辅导发展的历史和现状述略 [J]. 现代教育论丛，1994（5）：36-40.

7. 刘金明. 论学校心理辅导的目标及其达成策略 [J]. 教育研究与实验，1997（1）：52-53.

【问题与思考】

1. 学生心理辅导的含义是什么？

2. 学生心理辅导的目标有哪些？

3. 开展学生心理辅导必须要遵循哪些原则？

4. 学生心理辅导的内容包括什么？

5. 有效的学生心理辅导的体系包括哪些内容？如何建立？

6. 学生心理辅导与思想政治教育是什么关系？

第二章　心理辅导的
理论流派及方法技术

【本章提要】

　　学生心理辅导具有其自身的特点，同时也需要遵循一些普遍性的心理学原理与方法。学习和理解相关基本理论，能够有效提升学生心理辅导工作者所必备的理论素养。本章对精神分析、行为主义、人本主义、认知行为四种在西方影响较大的心理治疗流派的理论及其方法技术作了扼要介绍，重点介绍了具有中国特色的阴阳辩证辅导的理论与方法。

【学习重点】

　　1. 了解精神分析理论与方法，包括精神层次理论、人格结构理论、性本能理论、释梦理论、心理防御机制理论及自由联想、释梦、阻抗分析、移情分析、宣泄疗法等治疗方法。

　　2. 了解行为主义理论与方法，包括经典条件反射理论、华生刺激—反应模式、操作条件作用理论、观察学习理论及系统脱敏法、厌恶疗法、满灌疗法、松弛训练、代币制疗法、行为塑造法等治疗方法。

　　3. 了解人本主义理论与方法，包括积极人性论、自我概念与积极关注需求理论及真诚、同感性理解、无条件积极关注和罗杰斯 12 步治疗方法。

　　4. 了解认知行为理论与方法，包括情绪 ABC 理论、情绪障碍认知理论及非理性信念辨析、合理情绪想象技术等治疗方法。

　　5. 了解阴阳辩证辅导的理论方法及应用。

【重要术语】

　　精神分析　潜意识　人格结构理论　心理防御机制　自由联想　释梦　阻抗移情　宣泄疗法　条件反射　刺激—反应模式　操作条件　观察学习理论　系统脱敏法　厌恶疗法　满灌疗法　松弛训练　代币制疗法　行为塑造法　人本主义自我概念　积极关注需求　同感性理解　无条件积极关注　情绪 ABC 理论　情绪障碍认知理论　非理性信念　合理情绪想象　阴阳辩证辅导

第一节 精神分析理论与方法

一、精神分析理论概述

精神分析，又称心理分析，属于心理动力学理论。精神分析产生于19世纪末，是由奥地利心理学家西格蒙德·弗洛伊德（Sigmund Freud，1856—1939）在长期精神病临床实践过程中创造和总结出的一套系统的理论和方法。精神分析理论将注意力集中于探索人的潜意识和深层动机上，使之运用于心理治疗过程，并由此形成了一系列完整的心理学理论学说乃至哲学观点，从而为深入理解人的心理意识及精神生活提供了独特的理论视角。可以毫不夸张地认为，精神分析理论是现代心理学的奠基石，在心理咨询和治疗领域中起着基础性的作用。

弗洛伊德1856年出生于奥地利摩拉维亚（现属捷克）一个名叫弗莱堡的小镇，4岁时举家迁居维也纳，17岁进入维也纳大学学习医学，并于1881年取得博士学位，次年开始独立开业，担任临床神经专科医生，精神分析正是弗洛伊德在精神病治疗实践中创立的非学院心理学派。1895年，弗洛伊德与布洛伊尔合著出版了《癔症的研究》，宣告了精神分析学派的诞生。此后弗洛伊德相继出版了《梦的解析》（1900）、《性学三论》（1905）、《图腾与禁忌》（1913）、《精神分析引论》（1917）、《自我与本我》（1923）等著作，丰富和完善了相应的理论成果。1939年，84岁的弗洛伊德因口腔癌逝世于英国伦敦。

精神分析学派在心理学界乃至人文社科领域具有十分重要的地位，随着时间的推移，其理论观点及临床心理治疗实践都有了重大的进展。包括沙利文（H. S. Sullivan）、霍妮（K. Horney）、弗洛姆（E. Fromm）等心理学家在对弗洛伊德理论批判继承的基础上，于美国形成了新精神分析学派。下面主要对经典精神分析学派的理论观点和基本方法进行介绍。

二、经典精神分析理论的主要观点

（一）精神层次理论

弗洛伊德认为，人的精神活动（欲望、冲动、情感、判断等）存在着某种意识层次上的区分，即分为无意识和意识两大层次。其中，无意识层次又可分为潜意识和前意识。这构成了精神层次理论。

意识是个体能够主动知觉的心理状态，一般而言，正常成年人的思维和行为过程从属于意识系统。在这个层次上，只要人们集中注意力，就会察觉自己内心的观念和情感。潜意识与人的本能冲动相联结，由于这种本能冲动（尤其是性和生命力的要求）与社会规范和道德理性相悖，成为无法满足的被压抑的欲望，被排挤到潜意识之中从而无法被个体觉察。前意识指的是介于意识与潜意识中间的层次，例如一些不愉快的知觉、感觉和意念，在某一时刻意识不到，但在经过认真的回忆分析或当个体自我控制放松时（如催眠状态、梦境或酒醉等），会暂时出现在意识层次里而被察觉。

（二）人格结构理论

弗洛伊德将人格分为本我（id）、自我（ego）和超我（superego）三个部分，并由此形成了著名的人格结构理论。

本我也称原我，是人格形成的基础，它对应于精神层次中的潜意识部分，是人格中最原始的、与生俱来的永存成分。弗洛伊德认为，本我由先天的本能和基本欲望构成，受生命力尤其是性驱力的驱使。本我纯粹地依靠"快乐原则"行事，追求直接的、立即的、绝对的满足而不考虑时间地点、方式方法等现实情况。本我是人格的深层基础，是个体活动的根本动力。

自我是人格结构中的核心部分，它由本我发展而来并处于意识层面，介于本我与现实世界之间。自我能够了解自身的欲望和需求，并采取社会能够接受的方法和原则来满足本我。因此，自我奉行的是"现实原则"，它的力量来自本我，又在某种意义上约束本我。弗洛伊德曾以烈马和骑手的比喻来说明本我与自我的关系：骑手控制着烈马而依靠烈马前行。

超我是人格结构中的上层部分，它代表着个体在成长过程中通过对道德标准的内化及接受相应的价值观念而形成的理想人格，其功能在于监督自我、克制本我的本能冲动。超我与本我一样，是非现实的和无意识的，它遵循"道德原则"，力求使个体达到完美的人格。

21

（三）性本能理论

弗洛伊德强调心理活动的本能驱力，即内在动力。他认为人类最基本的本能有两类，即生的本能和死的本能。生的本能又包括两类，其一是自我或与自我保护相关的驱动力，例如饥、渴等必须满足的生存需要；其二是性的驱动力，其目的在于保持种族的繁衍。作为一位泛性论者，弗洛伊德将性的欲望扩展到任何追求快乐的欲望，并把性欲的能量源泉力比多（libido）看做驱动人们寻求快乐的心理能量。与此同时，弗洛伊德将人的性心理发展划分为五个阶段，即口唇期（0—1岁）、肛门期（2—3岁）、性器期（3—6岁）、潜伏期（6—12岁）和生殖期（12岁以后），认为这一发展过程若不能顺利进行，就可能造成心理和行为的异常，成为精神疾病的根源。

在强调生的本能尤其是性本能的同时，弗洛伊德还提出了死亡本能（thanatos），认为它是促使人类返回非生命状态的力量。死亡本能引发出攻击、伤害、战争等一系列侵略性行为，与生的本能共同主导着人的心理动力。

（四）释梦理论

在1900年出版的《梦的解析》一书中，释梦同时被作为一种心理分析理论和一项重要的临床治疗方法得到阐述。弗洛伊德认为，人类的精神生活有着严格的诱发关系，梦境就是个体愿望的反应和实现。具体而言，梦是在人们睡眠时超我的监察出现松懈、潜意识中的基本欲望和冲动以委婉的形式进入意识而形成。在这里，梦是人们了解自我潜意识的一条重要途径，通过病人的梦往往可以发现其深层次的心理活动，探求潜意识中所存在的内在冲突，从而为找到病人产生心理障碍的原因提供有效的帮助。据此，释梦也就成为心理分析和治疗神经症的重要方法之一。

（五）心理防御机制理论

由于个体具有不同层次的精神活动和相应的人格结构，超我与本我之间、本我与现实之间经常会发生矛盾和冲突。反映在社会生活中则表现为人们遇到各种困难和挑战，在心理上产生不同程度的焦虑、挫折的感受。弗洛伊德认为，在这样的情况下，自我就会发展出不同形式的抵御性机制，以保持自己的心理平衡，这就是心理防御机制。

弗洛伊德等精神分析学者区分了多种心理防御机制形式，包括压抑、否认、投射、退化、隔离、抵消转化、合理化、补偿、升华、幽默、反向形成等，它们都对应了人们在日常生活中外在表现出来的某些心理行为特点，例如在一定时期中有意无意地拒绝承认某些不愉快的现实以保护自我（否认）；在受到挫折时以冠冕堂皇的理由为自己文饰辩解，从而寻求短暂的解脱（合理化）等。心理防御机制主要在潜意识层面发生作用，因此每个人都可以在不知不觉之中加以运用。如果运用得当，可以减轻痛苦，帮助个体渡过心理难关，防止心理崩溃；而过度或不恰当地运用心理防御则会使人表现出焦虑、抑郁等病态心理症状。

三、精神分析的主要方法技术

（一）自由联想

自由联想法（free association）是临床精神分析疗法的主要技术。它基于弗洛伊德的以下假设，即人脑海中出现的任何事物都不是空中楼阁，而是具有相应的因果关系的。循着这样的因果关系，可以挖掘出个体潜意识中的隐蔽性内容，从而了解其精神上的症结。从临床实践上看，自由联想法就是为求助者提供一个放松、无顾虑的环境，如请其舒适地坐着或者躺着，而治疗师则坐在身后或侧面，以免给求助者造成外界的压力和干扰。在这样的环境中，鼓励求助者尽情倾诉他所经历或想到的任何事情，并尽量回忆起童年时期所受到的精神创伤。通过倾诉可以缓解求助者的忧虑和抑郁的病态情绪，然而这种释放并非自由联想的主要目的。精神分析学认为，自由联想可以使求助者潜意识中的冲突不知不觉地被调入意识领域，从而使治疗师对求助者的心理症根源进行分析，帮助其了解自身心理障碍的根源，达到治疗的目的。

（二）释梦

弗洛伊德认为，个体在睡眠时会产生自我控制减弱的情况，而潜意识中来自本我的欲望趁机向外展现，进入意识之中。然而，由于此时个体精神仍然处于一定程度的自我防御状态，"做梦的人为了避免被人家察觉，所以用象征性的方式以避免焦虑的产生"。因此，梦呈现出两个水平的内容：隐性的内容和显性的内容。梦中出现的物体几乎都具有象征性，通过凝结、置换、视觉化和再修饰整合为独立的梦境，这就是梦者能够回忆起的显性的梦。显性的内容背后存在着隐性的内容，即梦中物体所象征着的本体，它们代表了梦者潜意识中的本我欲望及其与自我的冲突。因此，精神分析学家会请求助者谈及其梦的内容，并进行自由联想，从而揭开梦境背后的潜意识，有效地分析求助者存在的心理问题，即释梦（dream analysis）。

（三）阻抗分析

阻抗表现为求助者在自由联想过程中出现联想不顺畅、吞吞吐吐或话语中断、故意回避等情况，也就是自由联想困难。精神分析学认为，阻抗是求助者不愿意把潜意识中的内容表达出来的表现，其根源在于潜意识本能地阻止被压抑的心理冲突重新进入意识，从而造成自由联想的暂停。当求助者出现阻抗现象时，实际上已经触动到其心理症结。因此，治疗师的任务就是进行阻抗分析（resistance analysis），即辨认阻抗并帮助求助者克服各种形式的阻抗，将压抑的情感释放出来，减轻内心的痛苦。然而破除阻抗并不容易，需要大量的时间和足够的耐心，同时治疗师必须尊重求助者的阻抗，以引导的方式来解决这种心理防御。

（四）移情分析

一般而言，治疗师和求助者在心理治疗过程中会经历较长时间的交流和接触，这期间求助者可能把自己对父母、亲人等人的情感转移到治疗师身上，这就是移情。移情包括正移情（positive transference）和负移情（negative transference），正移情是指求助者将积极的情感转移到治疗师身上，负移情则指求助者将消极的情感转移到治疗师身上。治疗师通过进行移情分析（transference analysis）能够了解求助者对他人（尤其是童年时期）的情感态度，从而发掘其早年形成心理症结的诱因，并引导其释放和宣泄压抑已久的不快，达到治疗的目的。

（五）宣泄疗法

宣泄疗法就是引导求助者将自己心中的苦闷与痛苦倾吐出来，以减轻心理上的压力，控制或消除紧张情绪。在具体操作过程中，可以采取倾诉、畅哭甚至暴发性的行为帮助求助者进行宣泄。宣泄疗法的效果取决于求助者的心理状态，以及求助者对辅导者的信赖程度。一般而言，多数求助者在开始时并不愿意把自己内心中的苦痛全盘倾诉，而会有隐瞒、逃避等现象。此时辅导者最重要的任务就是建立起与求助者真诚、平等、紧密的私人关系，引导其逐渐谈出自己患病的真正原因，从而使求助者心情趋于舒畅，走出心理阴影。

第二节　行为主义理论与方法

一、行为主义理论概述

行为主义，又称行为心理学，是美国现代心理学的主要流派之一，也是对西方心理学影响最大的流派之一。行为主义产生于 20 世纪初期，深受俄国心理学家巴甫洛夫（I. P. Pavlov）经典条件反射理论的影响。行为主义心理学家认为，心理学的研究对象应该是行为而不是意识，人的行为是他们对环境刺激所作出的反应，心理学就是一门研究人的行为的科学。

早期的行为主义以客观主义为特征，通过"刺激"和"反应"等术语解释行为，主张外周论和环境决定论。华生（J. B. Watson）是早期行为主义的重要创始人，他于 1913 年在《心理学评论》杂志上发表的题为《行为主义者心目中的心理学》一文，被称为"行为主义宣言"，成为行为主义诞生的标志。

20 世纪 30 年代，被视为"第二代行为主义"的新行为主义逐步兴起。新行为主义者修正了华生部分过于极端的观点，强调刺激和反应之间存在着中介变量，允许以经验事实为基础，对行为内部动因进行推测，并通过操作主义观点解释中介变量。斯金纳（B. F. Skinner）是新行为主义最为重要和最有影响力的代表人物之一，他主张通过强化训练的机制来解释机体学习的过程。总体而言，这是一种较为激进的新行为主义的分支。

进入 20 世纪 50 年代，以班杜拉（A. Bandura）为代表的心理学家，有感于传统行为主义对认知和行为动机的忽视，开始重视认知、思维等心理因素在心理调节中的作用，新的行为主义应运而生。学者们在严格的行为研究基础之上，逐步开始采用实验的方式研究人类的社会性行为，以及影响行为的认知、动机等因素，开创了认知行为主义的潮流。

二、行为主义理论的基本观点

（一）经典条件反射理论

经典条件反射理论源于巴甫洛夫的经典条件反射实验。这个实验以狗作为研究对象，通过铃声与喂食相结合，同时观察其唾液分泌情况，展现出条件反射的原理。实验的步骤是：首先给狗呈现铃声，此时无唾液分泌；接着，通过无条件刺激物（食物）与中性刺激物（铃声）相结合，如此反复操作，使狗对中性刺激物（铃声）产生相同于无条件刺激物（食物）的反应，即流唾液。结果发现，即便只是发出铃声而不呈现食物，狗也会分泌大量的唾液，这便是条件反射原理。

经典条件反射理论在条件反射的形成和建立的基础上，还可以进一步论证泛化和消退这两种条件反射的基本现象。泛化，是指人或动物把学习得到的经验扩展运用到其他类似的情境中去的倾向；消退，是指条件反射如果不被强化和保持，就会产生条件反射消退的现象。巴甫洛夫将这两种基本现象理论化，称之为泛化律和消退律。

巴甫洛夫的条件反射理论有助于解释人们的诸多行为。面对纷繁复杂的日常生活，人们由于条件反射而处于一种自动或半自动化的状态，如何将部分条件反射产生的负面影响转化为积极效应，显得尤为重要。因此，条件反射理论为条件刺激的强化与条件反射的消退等概念和原理的发展，以及行为主义心理咨询方法的创新，开拓了广阔的前景。

（二）华生刺激—反应模式

华生受巴甫洛夫经典条件反射理论的影响，建立了刺激—反应模式。他认为，条件作用既可以形成某些原来没有的行为和情绪，也可以消除后天形成的行为和情绪。1924 年，华生进一步指出，行为是可以通过训练和学习加以控制的，因而他否认遗传，认为人的行为类型完全是由环境造成的。

为了证明自己的推论，华生和他的助手进行了一项关于儿童恐惧形成与消退的实验。在这项著名的实验中，研究的对象是一个 11 个月大的婴儿阿尔伯特。阿尔伯特的特征是胆子很大，不惧怕小动物，什么都敢碰，唯独害怕铁棒的敲击声。华生通过将小白鼠和铁棒的敲击声连续配对出现，使得阿尔伯特看到小白鼠便会怕、会哭。与此同时，他泛化了对小白鼠的惧怕，所有带皮毛的东西都令他害怕。而后，华生开始了消退性的实验。通过不再使小白鼠与敲击声同时出现，并对阿尔伯特与小白鼠的距离增进进行鼓励，逐渐使他消除了对小白鼠的惧怕，恢复正常。

华生的实验证明了其前面的猜想。对此，华生有一段经典的表述："请给我十几个健康而没有缺陷的婴儿，让我在我的特殊世界中教养，那么我可以担保，在这十几个婴儿之中，我随便拿出一个来，都可以训练他成为任何一种专家——无论他的能力、嗜好、趋向、才能、职业及种族是怎样的，我都能够训练他成为一个医生，或一个律师，或一个艺术家，或一个商界首领，甚至也可以训练他成为一个乞丐或窃贼。"

（三）操作条件作用理论

操作条件作用理论源于美国心理学家桑代克（E. L. Thorndike）的研究，而对其贡献最大的则是另一位美国心理学家斯金纳。斯金纳通过设计"斯金纳箱"，采用强化原理，以小白鼠和鸽子为实验对象进行了一系列的实验研究，提出了操作条件作用原理。在这个实验中，关在箱子里的小白鼠偶然压下杠杆使灯亮而得到食物。经过多次反复，反射会形成，即小白鼠会将按压杠杆与得到食物联系起来。在刺激出现时，通过尝试以及偶然的成功，寻找出一个适宜的反应，这种反应可以带来某种结果。这种反射就是操作条件反射。

斯金纳认为，操作条件反射与经典条件反射的区别在于，前者是一个反应—刺激的过程，而后者是一个刺激—反应的过程。他不只考虑了某一刺激和某一反应之间的关系，也考虑了改变刺激与反应关系的其他条件的作用。

在实际的治疗中，治疗师对某种期望设定奖励或惩罚，这种行为便会在此基础上强化或者消退。操作条件作用理论广泛地解释了学习现象，为程序教学的创建奠定了理论基础。

(四) 观察学习理论

观察学习理论由美国心理学家班杜拉提出，是其社会学习理论的重要观点。班杜拉认为，除了语言途径，人类的大多数行为是通过观察学习获得的，学习的过程即是模仿的过程。行为的获得和行为的操作是完全不同的过程，这是由于通过表象和言语的编码，观察者的内心会获得示范者的行为模式并予以贮存。观察学习又称为无尝试或代替性学习。

对于观察学习的方式，班杜拉将其分为三种类型，即直接的观察学习、抽象性观察学习和创造性观察学习。同时，他还将观察学习分为四个过程：注意过程、保持过程、运动过程和动机过程。其中，每一个过程都有其特定的影响因素。

观察学习有助于人们学会很多的技能，但同时也可能导致不良习惯的习得。因此，运用观察学习理论进行心理治疗，就是通过奖励等手段进行强化，使个体模仿学习一些适应性的有益行为，克服原有的不良行为习惯。中小学生常见的适应症，如恐怖症、强迫症、焦虑症、抽动症、口吃、咬指甲以及学习障碍等，都可以应用观察学习理论进行行为疏导和治疗。

三、行为疗法的主要方法和技术

(一) 系统脱敏法

系统脱敏法，又称交互抑制法，由精神病学家沃尔普 (J. Wolpe) 于 1958 年创立。该方法主要是诱导来访者缓慢地暴露于导致其神经症焦虑的情景，并通过放松的心理状态来对抗这种焦虑情绪，从而达到消除精神焦虑或恐惧状态习惯的目的。系统脱敏有助于治疗学生的考试焦虑和社交恐惧。

系统脱敏法包括学会放松、建立恐惧或焦虑事件层级、实施脱敏三个步骤。在放松状态下大脑皮层的唤醒水平下降，全身肌肉放松，紧张情绪得以缓解；建立恐惧或焦虑事件层级，是指辅导者对来访者资料的全面整理和量化过程，用 0—100 表示出对每一事件感到焦虑的主观程度，并按等级程度由弱到强依次排列焦虑事件等级；实施系统脱敏可以采用想象脱敏和现实脱敏两种方式。在实施脱敏的过程中，每次脱敏的时间不宜过长，每次脱敏的事件也不能过多，必须在确定一个事件已经不再产生紧张后才能进行下一事件的脱敏。

（二）厌恶疗法

厌恶疗法是行为治疗中应用最早且最广泛的方法之一。它的一般原理是，通过令人厌恶的刺激，如电击、呕吐、语言斥责等，与来访者的不良行为相结合，形成一种新的条件反射，从而达到对抗原有不良行为，进而消除不良行为的目的。这一方法可用于学生的强迫症和网络成瘾等问题。

厌恶疗法中的厌恶性刺激一般包括物理性刺激如橡皮圈刺痛和生理性刺激如催吐剂。在心理辅导中，通常是想象产生厌恶的某些情景，并与来访者想象中的某种不良行为联系在一起，从而产生厌恶反应，达到中止不良行为的目的。由于该方法具有一定的惩罚性和非道德性，因此治疗师在应用时应先征求来访者的同意。

（三）满灌疗法

满灌疗法，又称暴露疗法、冲击疗法，是通过给予来访者以强烈焦虑或恐惧的刺激，从而使紧张或恐惧消失。在这一疗法中，来访者被暴露在最使他们感到焦虑或恐惧的情景中，并通过想象或观看影像的方式，使其接受各种不同形式的焦虑或恐惧刺激，并且不允许来访者有任何的逃避行为。在反复的刺激下，来访者可能会出现心跳加快、呼吸困难、面色发白等反应，但其所担心的最可怕的结果始终没有发生，这样最后的焦虑或恐惧的反应也就相应减轻直至消退。

满灌疗法适用于有焦虑或恐惧倾向的来访者，辅导者必须在征得来访者同意的情况下方可实施该疗法。与此同时，要充分考虑到来访者的年龄、文化程度、受暗示程度以及身体状态等多种因素。对于年幼、体质虚弱、有心脏病、承受能力差的来访者，要慎用这种疗法。

（四）松弛训练

松弛训练法，又称放松训练法，是一种通过自我调整训练，有意识地控制自身的心理生理活动，从而达到消除紧张的心理辅导方法。这种疗法主要用于调整紧张、焦虑等不良情绪以及睡眠障碍等。

一般松弛训练法较多采用深呼吸和渐进性松弛的方法。后者的具体步骤是，在安静的环境中采取舒适放松的坐位或卧位，按指导语或规定的程序，对全身肌肉进行"收缩—放松"的交替练习，经过反复训练，使来访者从紧张转向松弛，提高从紧张到松弛的控制能力。松弛训练简便易行，可以自我完成，有助于学生平时紧张和焦虑情绪的缓解，尤其适用于考试紧张者。

（五）代币制疗法

代币制疗法，是以斯金纳操作条件反射理论，特别是条件强化理论为基础建立并完善起来的一种行为疗法。它通过给予奖励的方式，使来访者的行为达到预

27

期时立即获得奖励，即得到强化，从而使良好的行为得以加强和巩固，不良的行为逐渐衰退。

代币，相当于现实生活中类似于"钱币"的功能，在具体的治疗中，表现为记分卡、筹码和证券等多种方式。使用代币作为强化物的优点在于不受空间和时间的限制，可以进行连续的强化。与此同时，用代币来换取不同的实物，可以不降低来访者追求奖励（强化）的动机。代币制疗法不仅可以用于个体，还可以在集体行为矫治中实施。

（六）行为塑造法

行为塑造法，是一种通过强化奖励，以求达到某种良好的行为预期的行为治疗技术。行为塑造法一般采用布置逐步进阶作业的方式，并在完成作业时予以奖励，以增加良好行为出现的次数。辅导者通常可以采用图表量化记录的方式，准确记录来访者所取得的进展，当来访者达到成绩指标时，辅导者要予以奖励。同时，也可以采用让来访者得到自己心爱的食物或某种娱乐的办法，以此来塑造新的良好行为，摒弃旧的不良的行为。

应用这一疗法需要特别注意的是，要将来访者的特定治疗情景转换到家庭或学校等日常生活的现实环境中来，才会取得良好的治疗效果。

第三节　人本主义理论与方法

一、人本主义理论概述

人本主义心理学兴起于 20 世纪 60 年代的美国，创始人包括马斯洛（A. Maslow）、罗杰斯（C. R. Rogers）、奥尔波特（G. W. Allport）等著名心理学者。其中，罗杰斯作为最有代表性的人本主义心理学家，不但提出了对治疗取向产生巨大影响的自我理论以及来访者中心疗法，还创造性地将人本主义运用于教育、临床心理学等多个实践领域，使人本主义心理学成为西方心理学中非精神分析和行为主义传统的"第三势力"。

卡尔·罗杰斯（1902—1987），出生于芝加哥的一个基督教徒家庭，1924 年进入纽约市联合神学院后开始接触临床工作，其间发现咨询比宗教工作更符合他的志趣，因而赴哥伦比亚大学攻读临床与教育心理学。1931 年取得博士学位后，罗杰斯担任过社区辅导治疗师工作，并从事心理学相关理论研究。1947 年罗杰斯当选为美国心理学会主席，1956 年获得美国心理学会颁发的杰出科学贡献奖。作为美国人本主义心理学的主要代表人物之一，罗杰斯毕生致力于心理咨询和治疗的实践与研究，他的来访者中心疗法成为人本主义心理学临床实践的重要方式。

人本治疗理论的发展大致可分为四个阶段：

第一阶段（20 世纪 40 年代至 50 年代），以罗杰斯 1942 年所著《辅导与心理治疗》一书为标志，奠定了人本主义治疗法的基本概念。在书中，罗杰斯提出了一系列与当时主流精神分析疗法不同的理论和方法，被称为"非指引式辅导"。即强调辅导员要避免表露个人的看法和意愿，要尽量减低自己对当事人的影响，以免妨碍当事人的自然成长；人具有较强的能动性，只有当事人才能足够充分地了解自己，因此要注意接受和信赖当事人，与其建立一种融洽宽容的气氛，这奠定了人本治疗理论由当事人主导的取向。

第二阶段（1951年至1956年），以罗杰斯于1951年所著《当事人中心治疗法》一书为标志，使人本治疗理论得以系统化。书中，罗杰斯指出当事人的情绪状况应是辅导员重视的主要环节，因此这一时期的治疗法被称为"当事人中心治疗法"。罗杰斯还深入清晰地讨论了人的"自我概念"以及"自我概念与集体经验的关系"等理论问题，同时更加重视当事人的感受和主观体验，从而真实地了解其内隐的情感，以便准确进入当事人的"现象世界"。

第三阶段（1957年至1970年），通常被称为经验阶段。罗杰斯于1957年出版了《促进人格改变的必要条件》一书，提出治疗重点不再纯粹是反映当事人的感受，而是要提供一些可以协助当事人人格成长的基要条件。这与他的职业转变不无关系：1957年，罗杰斯从芝加哥大学来到威斯康星大学，任心理学和精神病学教授，从而接触到更多的精神病患者。这一时期，罗杰斯更加重视与当事人之间的"伙伴关系"，强调双方间情感和体验上的平等交流。

29

第四阶段（1970年至今），罗杰斯于1974年将"当事人中心治疗法"改称为"人本治疗法"，这更加反映出他将人放在首要地位的信念，以及"需要辅导并非病态的表现，而是成长中一个正常需要"的信念。此时的罗杰斯更加着重于辅导员的本质、信念和态度而非技巧，强调辅导员应与当事人建立起密切的关系，使当事人感到被接纳和理解。在这一阶段，罗杰斯还将他的人本主义体系拓展到传统的心理治疗领域之外，运用于教育、社会工作、社区服务等多个领域。

二、人本治疗理论的基本观点

（一）积极的人性论

人本主义治疗理论的思想基础在于对人性的深刻信赖。罗杰斯认为，人性的基本属性是建设性的，即强调人的主观能动性。人有追求美好生活和主观目的的本性，也有引导、调整、控制自己的本性。辅导者应该相信来访者有能力发掘自身的潜能以恢复健康。进一步而言，所谓的心理问题和困扰是由于这种主观能动性受到阻滞而造成的，辅导者所要做的就是排除这些障碍，使来访者向着自我调整、自我成长和逐步摆脱外部力量控制的方向迈进。

从主观能动性出发，罗杰斯还强调人具有自我实现的倾向。来访者即使存在心理障碍，但并没有放弃追求美好生活的努力。罗杰斯对美好生活的定义与众不同，他所说的美好生活是指患者自身的某些心理上的体验。这种心理体验与人自我实现的天性相关，如果辅导者能够与来访者建立起真诚、密切的平等关系，来访者将敢于随着辅导者的引导对其自身内部情感进行探索，从而理解自身的自我实现倾向和对美好生活的向往。

（二）自我概念与积极关注需求

罗杰斯认为，自我概念包括个体意识中的各类知觉，即思想、价值、态度等，它决定了人们对自我及环境的认知。自我概念一般在童年时期形成且难以改变，那些与自我概念相悖的经验事实通常会被否认或被歪曲。然而，当个体处于一种被别人完全认可的气氛下，自我概念的改变最容易发生，这是因为这种气氛减轻了个体的焦虑和威胁，使其能够重新获得原先被自我概念所排斥的经验。

根据人们自我概念的特点，罗杰斯总结出积极关注的重要性。首先，在自我概念形成的过程中（童年时期），个体会产生被人爱、被人喜欢和被人认可的需要，即积极关注需要。在早年期间，自我积极关注与他人对自己的关注相一致的个体将会形成正确、积极的自我概念。"如果个体体验过别人给予的无条件的积极关注，那么他就会发展出无条件的自我价值。"同样，将这一理论置于心理治疗实践中，辅导者无条件的积极关注有利于心理症患者重拾正确的自我概念。

三、人本治疗的主要方法技术

（一）真诚

罗杰斯非常重视与来访者之间"心理气氛"的建立，他强调辅导者必须以真实的自我与来访者进行交流，而不是藏在职业角色之后戴着假面具去指导后者。罗杰斯曾说："治疗中的真诚意味着治疗师以他的真实自我去同当事人交往，他毫不掩饰地公开自己当时的感情和态度。这涉及自我认识，即治疗师的感情对病人的认识是有利的，并且他可以在治疗关系中分享并体验这份感情。如果这份感情持续下去，那么就可以互相沟通。治疗师坦诚地对待当事人，在人和人的基础上对待他。他就是他自己，而不是否认自己。"①

然而，真诚并不意味着辅导者在任何问题上都要说实话。辅导者应该遵循的一个基本原则是要秉着对来访者负责的态度，要有助于来访者的成长。对于某些可能对来访者造成伤害或不利于双方关系的话，应该巧妙委婉地表达。辅导者的真诚必须以对来访者有益为取向和标准。

（二）同感性理解

同感性理解又称通情（empathic understanding），罗杰斯曾对其进行过这样的

---

① 吴增强. 教学心理辅导通论：原理·方法·实务 ［M］. 上海：上海科技教育出版社，2004.

描述："感受当事人的私人世界，就好像那是你自己的世界一样，但又绝未失去'好像'这一品质——这就是通情。它对治疗是至关重要的。感受当事人的愤怒、害怕或烦乱，就像那是你的愤怒、害怕和烦乱一样，然而并无你自己的愤怒、害怕或烦乱卷入其中。"① 也就是说，辅导者要充分站在来访者的角度和立场上看待其遭遇，而不是混入外在的道德标准乃至辅导者自身的态度。

表达同感性理解的方法多种多样、因人而异。一般而言，情绪反应强烈、语言表达混乱、寻求理解欲望较强的来访者需要辅导者表达更多的同感性理解，以拉近双方的距离。另外，善于运用肢体语言有益于表达同感性理解，包括目光、表情、姿势、动作等，适当的身体接触也能够产生良好的效果。

（三）无条件积极关注

无条件积极关注是罗杰斯提出的重要心理学术语之一，通俗的解释就是对来访者的无条件尊重。无条件积极关注是心理治疗的前提，"当治疗师发觉自己怀着一股温情，接纳当事人的任何感受，认为它为当事人的一部分，这时候他就在体验着对当事人的无条件积极关注"。无条件积极关注强调无论来访者具有何种品质、情感和行为，辅导者对其都不作任何评价和要求，并对来访者表示无条件的温暖和接纳，使来访者觉得他是一个有价值的人。

然而，无条件积极关注并不是无条件接纳一切，而是向来访者表达辅导者对其接受、理解和同情关心的态度。当然，无条件积极关注更不等于必须认同来访者的不良行为，也不代表辅导者要放弃自己的价值观。一旦辅导关系成功建立，适度表达对来访者言行的不同看法能够对辅导进程起到积极作用。

（四）罗杰斯 12 步治疗方法

罗杰斯早期曾就治疗过程提出 12 个步骤。但他强调说这些步骤并非截然分开，而是有机地结合在一起的。

1. 来访者前来求助。这是心理治疗的一个重要前提，它强调来访者具有要求改变的动机。如果来访者不承认自己需要帮助而拒绝改变，咨询和治疗是很难成功的。

2. 说明咨询或治疗的情况。辅导者要向来访者说明治疗的过程，并使来访者明确辅导员的作用在于创造一种有利于来访者自发成长的气氛，来访者自身才是治疗过程的主体与关键。

3. 鼓励来访者情感的自由表达。大多数来访者在开始时都会表现出消极或含糊的状态，如敌对、焦虑、沉默寡言等。无论面对何种来访者，辅导者都应以友好、诚恳、接受对方的态度，去促进对方对自己的情感体验作自由和真实的

31

---

① ROGERS C. The neccessary and sufficient conditions of therapeutic personality change［M］. Boston：Houghton Mifflin，1989.

表达。

4. 接受、认识、澄清来访者的消极情感。辅导者在遇到来访者的消极情感时必须有所反应。这种反应不是针对表面内容，而是致力于深入来访者的内心深处，将关注点放在对方暗含或潜在的情绪上。辅导者对来访者消极情感的反应建立在真诚接受和正确认识的基础之上。有些时候，辅导者还需要对这些情感加以澄清，其目的在于使来访者自己对此有更清楚的认识。

5. 来访者成长的萌动。充分暴露出其内心中的消极情感之后，来访者将会萌生出一系列模糊的积极性情感，真正的成长便由此开始。

6. 接受和认识来访者的积极情感。辅导者对于来访者的积极情感应同消极情感一样予以接受。这种接受不带有任何道德或情感上的评价，其目的在于使来访者自然达到领悟与自我了解的境地。

7. 来访者开始接受真实的自我。在辅导者为来访者创造了良好的心理气氛后，来访者呈现出一种完全不同的心境，从而有机会重新观察自我，发现并接受真实的自我。这为其进一步在新的水平上达到心理的整合奠定了基础。

8. 帮助来访者作出决定。来访者对真实自我的领悟涉及新的决定和行动方式。此时辅导者要协助来访者认识并澄清其可能作出的选择。需要注意的是，针对来访者可能出现缺乏勇气或害怕作出决定的表现，不能勉强对方或给予建议。

9. 产生疗效。来访者实现自我领悟并进行尝试性的积极行动后，疗效就产生了。

10. 进一步扩大疗效。当来访者实现自我领悟并进行尝试性的积极行动后，辅导者应致力于帮助其发展更深层次、更大范围的自我领悟。

11. 来访者全面成长。来访者已经克服了对选择行动的恐惧，能够进一步探索自我并进行行动。此时辅导者与来访者的关系达到顶点，来访者会主动与辅导者讨论问题。

12. 治疗结束。来访者感到无需再寻求辅导者的协助，治疗关系告一段落。

第四节　认知行为理论与方法

一、认知行为理论概述

认知行为理论是由许多心理学家各自独立地发展自己的理论体系而形成的，他们的体系具有相同或相近的取向，即认知取向。埃利斯（A. Ellis）与贝克（A. T. Beck）是这一学派的主要代表人物。认知学派把人的心理功能视为一种信息加工系统，重视对心理内部过程的研究，认为认知歪曲是引起心理症和非适应行为的根本原因，如果受访者的认知歪曲状况得到缓解或矫正，其心理和行为障碍就会相应好转。因此，认知行为治疗以改变来访者的适应不良性认知为根本目标。这里所说的不良认知，主要包括歪曲的、不合理的、消极的信念或思想，它们往往导致情绪障碍和非适应行为。辅导者进行辅导的目的就在于矫正这些不合理的认知，从而使来访者的情感和行为得到相应的改变。认知疗法重点是通过改变认知来矫正行为，但并不完全排除行为治疗技术的应用，反倒认为结合运用一些行为治疗技术可增强辅导的效果，从而形成了认知行为理论和疗法。

阿尔伯特·埃利斯（1913—2007），美国临床心理学家，理性情绪行为疗法的创始人。埃利斯在大学时期主修商业管理，然而由于大萧条的冲击，未能如愿进入商界打拼。1939 年起，他开始研究与性、爱、婚姻、家庭相关的理论问题，1943 年在哥伦比亚大学获得心理学硕士学位，1947 年获得博士学位。埃利斯是反对弗洛伊德精神分析学说的重要人物之一，他致力于创建自己的理论体系，即理性情绪行为疗法（rational emotion behavior therapy）。由于在认知行为理论中的突出贡献，埃利斯被称为"认知行为治疗之父"。

贝克出生于 1921 年，1946 年在耶鲁大学获得博士学位，此后两年他在美国普罗维登斯一家医院的病理系做实习医生，之后又在马萨诸塞州一家医院的神经科和精神科实习。1953 年，贝克获得由美国神经和精神病学会颁发的精神病学证书并进入宾夕法尼亚大学工作，1958 年从费城的精神分析研究所毕业。贝克早年从事对抑郁的研究，出版了许多相关的书籍，这些书籍中都谈到了认知在抑郁治疗中的重要性。他先后独自或与他人合著了许多有关认知治疗和各种情感障碍治疗的书籍和文章。他的认知治疗法（cognitive therapy）是认知行为学派的重要理论依据。

二、认知行为理论的基本观点

（一）情绪 ABC 理论

埃利斯的理性情绪行为理论又称为情绪 ABC 理论。其中，A（activating event）代表诱发事件，A 只是引发情绪和行为后果 C（consequence）的间接原因，而引起 C 的直接原因则是个体对诱发事件 A 的认知和评价而产生的信念 B（belief）。一般而言，人们都认为是外部诱发事件 A 直接引起了不良情绪和行为反应 C，但 ABC 理论强调信念 B 的枢纽作用，即认为个体的认识系统所产生的不合理、不真实的信念，是导致情绪障碍和神经症的根本原因。

经过长期的临床实践和理论研究，埃利斯总结出了个体常见的 11 条非理性信念，这些信念常常具有三个特征，即绝对化的要求、过分概括化和糟糕至极的情绪。具体包括：

1. 每个人都需要得到每一位对他而言重要的人物的喜爱与赞扬。

2. 一个人必须能力十足，在各方面或至少在某方面有才能、有成就，这样才是有价值的。

3. 有些人是坏的、卑劣的、邪恶的，他们应该受到严厉的谴责与惩罚。

4. 事不如意是糟糕的灾难。

5. 人的不快乐是外在因素引起的，人无法控制自己的痛苦与不快。

6. 对可能（或不一定）发生的危险与可怕的事情，应该牢记心头。

7. 对于困难与责任，逃避比面对要容易得多。

8. 人应该依赖他人，而且依赖一个比自己更强的人。

9. 一个人过去的经历是影响他目前行为的决定因素，而且这种影响是永远不可改变的。

10. 一个人应该关心别人的困难与情绪困扰，并为此感到不安与难过。

11. 碰到的每个问题都应该有一个正确而完美的解决办法，如果找不到这种完美的解决办法，则是莫大的不幸。

情绪 ABC 理论还可以进一步扩展到 D 和 E，即通过干预治疗，对非理性信念 B 进行驳斥 D（disputing），纠正治疗对象在认识上的偏差，从而减轻其心理困惑和痛苦，达到治疗的效果 E（effects）。因此，理性情绪行为治疗的基本目标在于调整和改变来访者的认知状态，使之放弃不合理的思维方式（非理性信念），代之以合理的思维方式（理性的信念），从而帮助来访者恢复正常的心理状态。

（二）情绪障碍认知理论

34

贝克的情绪障碍认知理论是从忧郁症患者咨询工作开始的，与埃利斯的理性情绪疗法有许多相通之处。它们的不同在于，贝克由情绪障碍认知理论导出的认知干预模型更强调干预双方的共同合作，而不是教授来访者理性思维。贝克认为，心理问题"不一定都是由神秘的、不可抗拒的力量所产生的，相反，它可以从平常的事件中产生，例如错误的学习，依据片面的或不正确的信息作出错误的推论，以及不能妥善区分现实与理想之间的差别等"。也就是说，个体对世界的认识和处世方式在很大程度上决定了其情感和行为，情感障碍主要是由于信息形成过程中产生的曲解和谬误导致的。

与埃利斯相似，贝克总结了六种常见的认知歪曲形式，包括：

1. 任意推断。在证据不充分的情况下草率地得出结论。

2. 选择性概括。类似瞎子摸象的概括方式，其特点在于以偏概全，仅依据某个细节就对整体事件作出推论。

3. 过度引申。也称过度泛化，主要指因为一个小的过错而对人整个价值作出完全负面的评估。

4. 夸大或缩小。对于某个客观事件产生的意义进行夸大或缩小的评价。

5. 个人化归因。忽视客观环境和条件，将事件的原因归结于个人的品质、能力或行为。

6. 走极端的思维。认为一件事要么全是对的，要么全是错的，缺乏辩证的思维方法。

三、认知行为治疗的主要方法技术

（一）非理性信念辨析

基于情绪 ABC 理论，辅导者可以通过引导，找出来访者的非理性信念。具体方法为：

1. 从某一个典型性事件入手，找出认知过程中的诱发事件 A。

2. 通过询问来访者对这一典型事件的看法即对诱发事件 A 的反应，找出情绪和行为后果 C。

3. 通过询问来访者产生情绪及行为后果 C 的原因，找出不适当的情绪和行为反应背后的根本原因，即认识评价 B。

4. 向来访者澄清其对诱发事件 A 所抱有的信念中合理及不合理的部分，将非理性信念作为结果列出，完成非理性信念辨析过程。

在非理性信念辨析的过程中，可能出现辅导者与来访者之间的辩论，此时辅导者要主动对来访者所存在的非理性信念发出启发性质疑，这种质疑带有指导性。在质疑的过程中，辅导者可以使用"黄金法则"说服来访者，即"像你希望别人如何对待你那样去对待别人"，从而引导来访者转变心理角色，由持有坚定的非理性信念转向理性的思考。

（二）合理情绪想象技术

20 世纪 70 年代，莫兹比（Maultsby）根据认知行为疗法，发展出一套系统的合理情绪想象技术（rational-emotive imagery），简称 REI。合理情绪想象技术基于以下假设，即来访者的心理问题尤其是情绪问题，在一些时候实际上源于其向自己头脑传播的烦恼——他给自己传播一些非理性信念、夸张的想象、不愉快或失败的情景，从而造成不适当的情绪和行为反应。在这种情况下，需要帮助来访者重新进入那种不良的情绪之中，找出当时存在的非理性信念，从而使来访者感受到改变非理性信念的重要性。其步骤如下：

1. 使来访者重新想象他所产生的不良情绪反应，即重新进入令其难受的情境之中，体验在这种情境下的情绪反应。

2. 在来访者继续想象这一情境的前提下，帮助其改变那种不适当的情绪反应，并使其体会适度的情绪。

3. 停止想象，请来访者讲述他的何种想法使得自己的情绪发生了变化。这时辅导者要注意继续帮助来访者强化那些（已经想到的）合理的信念，纠正某些不合理的信念，补充其他相关的合理信念。

4. 完成合理情绪想象的全过程。

第五节　阴阳辩证辅导的理论与方法

经过多年实践探索，郑日昌将现代西方心理学中的认知疗法与中国古代阴阳辩证思想结合，于 20 世纪 90 年代创立了具有东方特色的阴阳辩证辅导的理论与方法，在临床工作中取得了很好的效果，使无数焦虑抑郁、悲观绝望者摆脱困扰和痛苦，重现阳光心态。

一、阴阳辩证辅导的理论缘起

阴阳辩证辅导亦称阴阳辩证疗法，其理论既借鉴了西方的认知疗法、人本疗法和后现代建构主义哲学，又整合了中国古代太极图中的阴阳理论及当代中国一分为二与合二为一的辩证法思想。

（一）认知疗法

认知疗法的起源可以追溯到古罗马哲学家爱比克泰德（Epictetus）在公元 1 世纪所说的"人并不是被某个事件所困扰，而是被自己对于这个事件的看法所困扰"，这一论断构成了埃利斯理性情绪疗法的哲学基础。其基本假设是，我们的情绪主要来自于我们的信念、评价、解释，通过咨询使来访者学会用有效的、理性的认知来取代无效的、非理性的认知，从而促成情绪反应的改变。1962 年埃利斯总结了通常会导致神经症症状的 11 种信念，20 世纪 70 年代后又进一步把这些不合理信念归并为三大类，即人们对自己、对他人、对环境及事物的绝对化要求。但此种归纳并未对不合理信念的特点作出完整准确概括。

理性情绪疗法主要强调与不合理信念辩论，治疗师会质问来访者一些问题，帮助来访者改变不合理的信念。至于这些信念为什么不合理，怎样才能做到合理，却并未给予完满解答。

除上述局限外，埃利斯认为通情、治疗师的关怀等并不是有效咨询的必要因素，但是很难想象在没有通情和关怀的情况下会产生有效的咨询。

（二）人本疗法

人本疗法的倡导者罗杰斯认为，只要给来访者提供一种最佳的心理环境或心理氛围，他们就会动员起自身的资源去进行自我理解，产生自我指导行为，并最终达到心理健康的水平。他提出真诚、通情、无条件积极关注是心理治疗有效的必要条件。

真诚指治疗师表里如一，言行一致。只有治疗师的认识、情感、行为三者统一，才会导致和谐融洽的咨询关系。

通情又称做共情、同感、同理心，是指治疗师深入了解并能设身处地、感同身受地体会来访者的内心世界。

无条件积极关注是指治疗师要无条件地接纳和尊重每位来访者，多关注积极因素，正向地看待其一切。

（三）建构主义

自20世纪70年代以来，建构主义（constructionism）哲学成为西方后现代思潮的主要流派。建构主义认为，我们的知识并不是对真实世界原状的准确反映，而是我们自己或社会用语言建构出来的，真理存在于我们的语言和文化之中。既然知识和真理都是人创造出来的，就必然是主观的、相对的，不存在绝对的、超时空的永恒真理。

在建构主义思潮影响下，心理治疗完全被看做一种语言的艺术。一个人的问题是自己在用语言解释经验的过程中建构出来的，经由不断重复，对问题的叙说逐渐稳固为"真实"，于是陷入了自己所构造出来的现实里。这就是说，问题只存在于来访者有问题的叙说或语言中，治疗师的任务不是将自己的所谓理性或正确认知强加给来访者，而是引导来访者将目前对生命经验或问题的说法，转变为另一种有助于问题解决的说法。

（四）太极阴阳理论

中国古代的太极图（见图2-1）看似简单，其内涵则博大精深，是对宇宙、物质、生命和精神世界本质的高度概括。

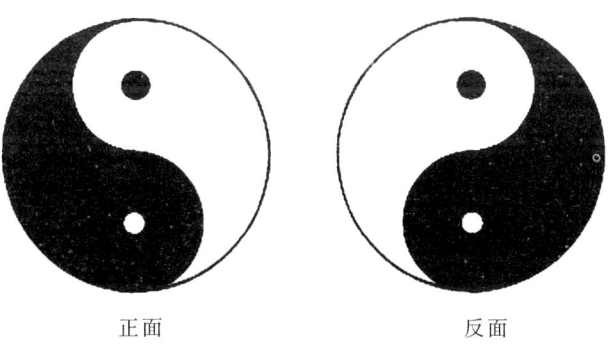

正面　　　　　　　　　　　反面

图2-1　太极图

图2-1中黑色代表阴，白色代表阳，寓意世界上任何事物都是一个复杂的系统。小至基本粒子，大至宇宙天体，从微观到宏观，从物质到精神，均是由无数方位和无限层次的阴阳组成的对立统一体。

图2-1中白里有黑，黑里有白，寓意无论阴还是阳，都不是纯粹的单一成分，而是你中有我，我中有你。世界上的人和事，无不好中有坏、坏中有好、得中有失、失中有得、假中有真、真中有假。

图2-1中黑白两部分，酷似两条游动的鱼，寓意阴阳在相互矛盾冲突的运动中此长彼消；而其中的两个小圆，则代表与外部条件相呼应、作为变化依据的内因；图中黑白交界的S线代表阴阳的交互作用和动态平衡。

概而言之，万事万物，皆有阴阳；阳中有阴，阴中有阳；阴阳互动，相反相成。太极图的这三点寓意，恰与辩证法思想完全吻合。

（五）一分为二哲学

20世纪五六十年代，毛泽东用"事物都是一分为二的"名言对辩证法作了精辟概括，著名哲学家杨献珍又用"事物都是合二为一的"论断作了重要补充。其实两句话都不错，合起来则更加完整准确。事物既是一分为二的，又是合二为一的，这就是辩证法的核心，即对立统一规律。

一个人既有优点又有缺点，这是一分为二；优点缺点合二为一，才是一个完整的人。世界上有无产阶级和资产阶级，有社会主义和资本主义，这是一分为二；两个阶级、两个主义合二为一才构成了当代人类社会，必须和平共处、共同发展。

"一分为二"与"合二为一"是对阴阳辩证理论的高度概括和形象表述，既方便记忆又通俗易懂，十分有利于在广大群众和学生中普及辩证法思想。

二、阴阳辩证辅导的基本原理

阴阳辩证辅导的基本原理是将上述几种理论整合起来，以人本为前提，与来访者建立良好关系，在此基础上辅导来访者学习掌握阴阳辩证的思维方式，逐步养成阴阳辩证的思维习惯，既一分为二又合二为一地看待一切事物，对人、对己、对事多看积极方面，往好处去想，往好处去说，改变认知结构，重建积极人生经验，从而摆脱心理困扰。

（一）太极三论

阴阳辩证辅导的核心理论是太极图三点寓意提示给我们的三论，即全面论、相对论、发展论。

1. 全面论

太极图的寓意之一是万事万物皆有阴阳，提示我们看待任何问题一定要全面。遇事不能以点代面、以偏概全，只见树木、不见森林；对人不能攻其一点、不计其余，全盘否定或全盘肯定。要学会多角度、多层次地看待事物。要看到尺有所短，寸有所长，凡事有利有弊。在大好形势下要看到阴暗面，在困难的时候要看到成绩和光明。盲人摸象的故事很富有哲理。无论自然科学还是社会科学，无论对宏观世界还是微观世界，人类的认识都仅仅是九牛一毛，沧海一粟，充其量是管中窥豹的一孔之见。每个人、每个团体都有自己的盲点和局限，意识到这一点，对增强理智、减少无谓争论十分必要。

2. 相对论

太极图的寓意之二是阳中有阴，阴中有阳，提示我们真理与谬误都是相对的。任何科学发现都受时间、地点、条件的限制，没有放之四海而皆准、千秋万代永适用的普遍真理。把真理绝对化，追求绝对准确、绝对公平、绝对完美，好就全面好，坏就彻底坏，这种看问题绝对化的人和片面性的人一样容易出现心理障碍。特别是一些所谓有知识的人，常常把知识当做绝对真理，不分场合地乱套乱用，这种教条主义者既害人害己，又误党误国。解决的办法是倡导相对论，废黜绝对化。学会在危险中看到机遇（危机），在痛苦中体验快乐（痛快）。领悟舍即是得（舍得）、得即是失（得失）的哲理。认识到和谐社会需要公平，但公平永远是相对的，差别只能减少不能消灭，我们在争取公平的同时，也要学会接受某些不公平。

3. 发展论

太极图的寓意之三是阴阳互动，相反相成，提示我们万事万物皆在发展变化之中。斗转星移，沧海桑田，只有看到变化，接受变化，不断与时俱进，才能永远立于不败之地。那种"好就永远好，坏就长久坏"的想法，均是鼠目寸光的愚人之见。塞翁失马，焉知非福。好事可以变成坏事，坏事也可以变成好事。取得成功不要得意忘形，遭到失败也不要一蹶不振。要警惕乐极生悲，坚信否极泰来。要牢记外因是变化的条件，内因是变化的依据，外因通过内因起作用。要懂得量变引起质变、小变带来大变的蝴蝶效应。要不断努力进取，勇于变革创新，促使矛盾转化。要寄希望于未来，"风物长宜放眼量"。

不合理信念或非理性认知的主要特点概括起来无非是片面性、绝对化、静止论，阴阳辩证辅导的主要内容就是辅导来访者在看问题时变片面为全面，变绝对为相对，变静止为发展，学会阴阳平衡的中庸之道。

（二）两种心理

太极图中隐含了一分为二与合二为一的思想，凡事有利有弊、有得有失，利中有弊、弊中有利、得中有失、失中有得，利与弊、得与失是可以相互转化的。由此衍生出的辅助理论是"酸葡萄"与"甜柠檬"两种心理。

1. 酸葡萄心理

《伊索寓言》中那只吃不到葡萄说葡萄酸的狐狸一直被作为反面教材，用于讽刺那些失败后不求进取而自得其乐的人。但在精神分析理论中却将这种酸葡萄心理看做一种既不积极也不消极的中性心理防御机制。实际上葡萄是一分为二的，既有甜的也有酸的。在无法吃到时，若假定葡萄是甜的心理就会失衡而痛苦，若假定其为酸的内心就会安然。

2. 甜柠檬心理

甜柠檬心理是由酸葡萄心理引申而来的。经过努力还得不到的东西就说它不好，这是酸葡萄心理；而自己所拥有的东西摆脱不掉就说它好，则是甜柠檬心理。

心理学家马斯洛认为，心理健康即了解并接纳现实；泰勒（Taylor）认为，心理健康即正面错觉。而笔者认为，对现实的积极关注和正面认知是心理健康的必要条件。说葡萄酸未必是错觉，因为它可能真的很酸；只要自己感觉好，说柠檬甜又有何妨。这两种心理，看似消极的自我安慰，实际并非自欺欺人的精神胜利法，其中隐含着辩证法的合理内核，运用得当也不失为一种接受现实、取得内心平衡、避免精神崩溃的积极调节方法。

当然，对这两种心理或精神胜利法也要一分为二。如果一个人时时、处处、事事"酸葡萄"、"甜柠檬"，那就真成了没出息的阿Q。

（三）五句箴言

将一分为二的哲学观点与无条件积极关注的人本思想结合，笔者把太极三论概括为方便记忆并具有可操作性的三句口诀：全面论的口诀是"这方面不好那方面好"，相对论的口诀是"不好中有好"，发展论的口诀是"现在不好将来好"。

将太极三论和两种心理组合起来，便构成阴阳辩证辅导精髓的五句箴言：

1. 不好中有好。

2. 这方面不好那方面好。

3. 现在不好将来好。

4. 争取不到的就说它不好。

5. 摆脱不掉的就说它好。

古希腊哲学家苏格拉底有句名言："真正带给我们快乐的是智慧，而不是知识。"何谓智慧？智慧就是辩证的世界观和方法论！五句箴言就是郑日昌积几十年人生经验悟出的人生智慧，对调整心态屡试不爽，非常管用。

三、阴阳辩证辅导的方法与应用

（一）具体方法

阴阳辩证辅导的具体方法技术有很多，简要介绍如下。

1. 悉心倾听。专注倾听来访者的讲述，要有耐心，不随意打断或作出道德评价，要随时给予积极反馈和正面评价。

2. 理论讲解。针对来访者的问题简要讲解相对论、全面论、发展论，以及酸葡萄心理和甜柠檬心理。

3. 举例说明。列举实例解释上述太极三论和两种心理。

4. 故事启发。通过古今中外的故事或寓言，使来访者加深对阴阳辩证思想的理解。

5. 讨论交流。与来访者分享个人经历，或让来访者相互交流人生感悟。

6. 学习名言。向来访者介绍一些名言警句，例如：

人生是一串无数大大小小的烦恼组成的念珠，乐观的人总是笑着捻完这串念珠。——大仲马

世界上的事情永远不是绝对的，结果完全因人而异。苦难对于天才是一块垫

脚石，对于能干的人是笔财富，对于弱者是一个万丈深渊。——巴尔扎克

片面的人生观得不到幸福。——傅雷

7. 熟记口诀。让来访者抄录并背诵五句箴言。

8. 搜集资料。让来访者在媒体和日常生活中搜集有关事例和资料验证阴阳辩证理论。

9. 分析解读。利用五句箴言对来访者的个人经历和生活事件加以分析解读。

10. 太极三问。根据太极三论提出问题，引导来访者化解对人、对己、对事的不满。

11. 学会平衡。结合具体问题辅导来访者掌握阴阳平衡的中庸之道。

12. 及时强化。随时随地通过口头语言和体态语言对来访者的每一点进步和正面认知予以赞赏。

13. 反复练习。要求来访者在日常工作和生活中联系实际，活学活用阴阳太极理论，养成辩证思维习惯。

14. 辅导他人。鼓励来访者用阴阳辩证辅导的理论和方法帮助亲友、同事，在助人过程中更好地掌握辩证的世界观和人生观。

(二) 实施要领

阴阳辩证辅导既可以个别进行，也可以团体实施。个别辅导针对性强，团体辅导效率高。

首先，在建立良好关系、来访者有了安全感的情况下，让其说出对人、对己、对事不满意的方面，辅导者悉心倾听，对来访者的心理困扰和痛苦给予接纳和通情。

然后，通过对阴阳辩证思想的理论讲解、举例说明、故事启发、讨论交流、学习名言、熟记口诀等方法逐项加以化解，引导其掌握这方面不好那方面好的全面论（例如，人穷志不穷，工作辛苦收入高，我很丑但我很温柔），不好中有好的相对论（例如，破财消灾，吃一堑长一智，嫉妒是变相的恭维），现在不好将来好的发展论（例如，否极泰来，没有不散的阴云，车到山前必有路）。

通常，还可用经过努力还得不到的东西就说它不好的"酸葡萄心理"，自己所拥有的东西摆脱不掉就说它好的"甜柠檬心理"，来对上述"三论"加以补充。例如，仕途不顺，可说"位高压力大，无官一身轻"；受到美女诱惑，可想想"丑妻家中宝，水性杨花不可靠"。

必要时还可布置作业，让来访者注意观察周边人和事，或从报纸、杂志、电视、网络等媒体上搜集资料，验证太极阴阳理论。

当来访者理解了五句箴言后，可让其联系实际，分析解读个人经历和生活事件，反复练习，逐步学会辩证的思维方式。

让来访者自觉主动运用所学方法帮助周边人摆脱心理困扰，不但使自己掌握

得更牢靠，还能增加个人成就感和幸福感。

许多人的心理问题或困扰来自于看问题偏激，爱走极端。过犹不及，真理超越一步便成谬误。中国传统文化的中庸之道，其合理内核是有助于克服阴阳失衡的思维方式。为此，在辅导时可让来访者深刻领会下面一些话的含义，从而学会平衡：

严格必须有宽容来平衡。

勤奋需要适当休息来平衡。

谦让必须要勇敢坚持自我来平衡。

慷慨大方必须用敢于说"不"来平衡。

认真没有灵活性来平衡就会变成刻板。

自由没有责任的限制就会成为洪水猛兽。

权利没有义务的制约会带来极大恶果。

信任没有必要的自我保护则易受伤。

无论个别辅导还是团体辅导，都可以用下面的太极三问引导来访者深入思考，走出误区，做到阴阳辩证、内心和谐。

1. 对自己不满：

全面看，我的优点和优势是什么？

相对看，我的缺点有无可取之处？

发展看，我的劣势如何改变？

2. 对他人不满：

全面看，他人有无优点及对我好的地方？

相对看，他人的缺点有无可爱之处？

发展看，他人是否也会改变？

3. 对事情或环境不满：

全面看，是否有例外和其他可能？

相对看，塞翁失马焉知非福？

发展看，冬天到了春天还会远吗？

每当来访者的看法符合太极三论时，辅导者都要给予鼓励赞赏，及时强化其正向思维。

以上便是阴阳辩证辅导的具体操作过程。此方法有效的关键是要求来访者将五句箴言熟记心中，随时随地结合日常生活反复练习，养成辩证思维习惯。

（三）适用范围

临床实践表明，阴阳辩证辅导最适合解决人际矛盾和一般情绪困扰。对抑郁症和有自杀意念的人效果尤为明显。对有明确对象的焦虑症、恐怖症也很有效，但对病情严重者需要适当配合放松和脱敏训练。强迫症患者大多追求绝对完美，做事过分认真，通过阴阳辩证辅导，有助于改变其绝对化思维方式，因而也可收到意想不到的疗效，倘若辅以注意转移训练则效果更佳。这里提到的放松、脱敏和注意转移训练对于克服上述神经症都是治标之术，而阴阳辩证辅导才是治本之策。

四、对阴阳辩证辅导的评价

（一）贡献

在理论上，阴阳辩证辅导融汇中西文化，有扎实的哲学基础和深厚的文化底蕴而无晦涩术语；在方法上，阴阳辩证辅导兼收并蓄，整合多种技术，简单易学并具有较强的可操作性。这是一种极富东方和本土特色的心理治疗和咨询的理论与方法，不但更符合中国国情，而且有助于打破西方在该领域一家独大的局面。

（二）局限

阴阳辩证辅导在理论和方法上的通俗简明使其失去了神秘感，人们会因其不够深奥而忽视其创新意义与学术价值。

任何一种方法都不能包医百病，阴阳辩证辅导对精神分裂症患者、智力低下者和年龄幼小的儿童均不适用，对性心理变态的治疗效果也有待验证。

【建议参考资料】

43

1. 郑日昌，陈永胜. 学校心理咨询［M］. 北京：人民教育出版社，2010.

2. 郑日昌. 后现代旗帜下的心理治疗［J］. 中国心理卫生杂志，2005，19（3）：219-220.

3. 郑日昌. 情绪管理　压力应对［M］. 北京：机械工业出版社，2008.

4. 吴增强. 学生心理辅导通论：原理・方法・实务［M］. 上海：上海科技教育出版社，2004.

5. 曾文星，徐静. 心理治疗：学说与研究［M］. 北京：北京大学医学出版社，2005.

6. ROGERS C. The necessary and sufficient conditions of therapeutic Personality change［M］. Boston：Houghton Mifflin，1989.

【问题与思考】

1. 本我、自我、超我之间存在着怎样的关系？它们与个体的不同精神层次有着怎样的联系？

2. 以行为主义理论为基础的治疗方法遵循怎样的共同原则和理念？选择这些治疗方法时需要注意哪些问题？

3. 人本主义心理学遵循着什么样的人性观？由此推出了怎样的咨询方法？

4. 个体的认知与其情绪和行为存在着怎样的关系？如何帮助来访者找出其非理性信念？

5. 用自己或他人的具体事例验证阴阳辩证辅导的五句箴言。

6. 设定几种不同求助者症状，分别使用精神分析疗法、行为主义疗法、人本主义疗法、认知行为疗法和阴阳辩证疗法进行治疗，并思考几种疗法结合运用的方式。

第三章 小学生心理辅导的主要内容

【本章提要】

小学生心理辅导是学生心理辅导工作的基础性内容之一。儿童从家庭教养到学校教育，经历了一个较大的转折，在这一过程中，他们的心理和身体机能迅速发展，并容易受到外界的影响。了解小学生心理发展的基本特征，准确判断和矫正他们可能出现的心理问题，尤其是学习问题和行为问题，系统预防和治疗其心理障碍，对学生一生的发展将会产生巨大的影响。本章从上述三个角度出发，结合心理学基本原理，系统阐述小学生心理发展的主要特征、存在的问题和辅导方法，为小学心理辅导教师进行临床实践提供有益的参考。

【学习重点】

1. 了解不同阶段小学生心理发展的特点，掌握针对心理适应问题、感觉统合问题、不良个性问题等的辅导方法。

2. 了解小学生主要的学习问题和行为问题，掌握进行学习指导和行为指导的主要方法技术。

3. 了解小学生常见的心理障碍，包括焦虑症、孤独症、多动症、依赖行为等，掌握其诊断方法和治疗技术。

【重要术语】

入学适应 感觉统合 自卑 任性 离群 学习动机 学习疲劳 学习困难 厌学 行为问题 焦虑症 孤独症 多动症 依赖行为

第一节 小学生心理发展的一般问题辅导

一、小学生心理发展的特点

（一）低年级小学生心理发展的特点

低年级小学生主要指小学一二年级，年龄约 7—8 岁的儿童。他们刚刚进入学校不久，处于逐步适应学校生活的过渡时期，虽然已经具有一定的自立意识，但因年幼而显得生活自理能力较差，依赖性强。在这一阶段，小学生心理发展的主要特点有以下几点。

1. 心理方面。低年级小学生已经发展出较为显著的自我意识，逐步学习和获得了社会角色，对社会、对自我的评价逐渐敏感，且表现出对他人评价的依赖性；对情绪的控制力不强，情绪易受环境影响，多变而冲动；意志力发展迅速，但整体而言自觉性较差，不善于为自己提出明确的目标，需要外界的经常性监督。

2. 学习方面。低年级小学生处于向系统化学习过渡的阶段，他们还不能完全适应学校的学习生活，主要表现在注意力不稳定，行为逻辑性不强；他们有很强烈的好奇心，但在观察事物时往往只注意到整体，不够精确；低年级小学生的思维主要凭借具体形象的材料进行，具有直接感知的特点。

3. 交往方面。低年级小学生进入学校之后，开始接触到更加广阔的人际交往世界。在这一时期，他们的社会角色感知逐渐形成，更加重视与同学建立友谊。然而由于自我意识仍然处于以自我为中心的阶段，低年级小学生的人际交往主要停留在满足自我暂时需求的层面。另外，他们对父母的依赖意识很强，对长辈持有崇拜的态度，对老师的关心具有强烈的需求。

(二) 中年级小学生心理发展的特点

中年级小学生主要指小学三四年级，年龄约 9—10 岁的儿童。在这一阶段，学生的思维能力发展迅速，学习理解力呈现出跨越式的进步。与此同时，中年级小学生的自我意识趋于成熟，开始产生对自己的独立评价，并意识到内心品质的重要性。最为重要的是，小学中年级是小学生从形象思维向抽象思维转变的关键时期。具体表现有以下几点。

1. 心理方面。在小学中年级阶段，学生的自我意识逐步由以自我为中心向注重客观转变，他们对外部环境和自身情感的体验更为深刻，并将习得的道德标准与自身行为联结起来，对现实世界的规则有了更深入的体验。在这一时期，学生的个性出现显著的差别，由于自信程度不同而产生明显的外向、内向性格分化；在意志力方面，中年级小学生出现了一定的下降，这主要是由性格中逐渐呈现的独立性与自我控制力仍然十分有限的矛盾所造成的。

2. 学习方面。中年级小学生的学习理解能力有了很大的提高，主要表现为由以形象思维为主到以抽象思维为主的飞跃。与此同时，他们的记忆方式呈现出从机械记忆到理解记忆的转变。在观察力上，他们对事物细节的注意力明显增强，并已具有初步的逻辑观察和思考能力。

3. 交往方面。中年级小学生与同伴的友谊进入了一个双向帮助但还不能共同患难的阶段。他们形成了一些同伴团体，并出现了领导能力的分化。值得注意的是，在这一时期他们逐渐发展出对异性的关注，并意识到彼此之间的区别。在与长辈的关系上，矛盾的萌芽开始出现，对老师的态度也从完全崇拜转变为开始有自己的独立评价。

(三) 高年级小学生心理发展的特点

高年级小学生主要指小学五六年级，年龄约 11—12 岁的少年。学生进入小

45

学高年级后，逐步开始向青春期阶段过渡，自我意识呈现出迅速发展的态势，性生理趋向成熟，这是其最主要的特点。在这一时期，学生的独立意识明显增强，并开始面临更加繁重的学业压力，造成烦恼和焦虑增多、心理发展处于不稳定的状态，更容易产生心理问题。具体表现有以下几点。

1. 心理方面。高年级小学生逐步开始拥有强烈的自我意识和独立意识，其对自身的评价已经基本摆脱了外部依赖，呈现出内化了的行为标准；他们的人生观和价值观处于初步形成期，并在不断的变动之中；在情感上，高年级小学生经历了更多的情感体验，道德情感、美感等高级情感迅速发展起来，情绪的强度和持久度也有了巨大的提升；由于部分学生（尤其是女生）已经进入青春期的初始阶段，兼有固执和依赖的矛盾心理特征；这一年龄段的小学生情感更加趋于敏感，对异性的关注进一步显现出来。

2. 学习方面。由于面临升学挑战，高年级小学生的学习压力明显增强；在这一阶段，学生的理解能力和反应速度提升较快，能够在较长时间内控制自身的注意力，并有了系统化的观察能力；他们的逻辑思维能力进入稳定的发展阶段，对事物的看法趋于辩证。然而，高年级小学生的自制力仍然不强，由于受到更多外界事物的干扰，其兴趣点容易发生转变。

3. 交往方面。高年级小学生已经能够较为深刻地认识友谊，其同伴间的亲密程度大大增强，逐步接受了同甘共苦的友谊观念，呈现出更加稳定的同伴群体。然而，这些同伴群体的排他性也趋于明显，容易造成部分学生遭到孤立而产生自卑心理。在亲子关系上，高年级小学生的独立意识和反抗意识增强，已经具有初步的逆反倾向。在学校里，学生与老师的关系逐渐疏远，甚至有对立情绪的出现。

（四）小学生心理发展的一般问题

总体而言，在小学阶段，学生呈现出以下四个一般性特征：首先，学生从自由成长转为进入学校接受正规的系统学习，学习成为带有强制性的主导活动；其次，学生逐步掌握书面语言符号，并从具体形象思维向抽象逻辑思维过渡；再次，集体生活占据学生的绝大部分时间，相应的人际交往经验逐渐增加；最后，学生的各种心理机能包括感觉、知觉、注意力、记忆力、思维能力、想象力、观察力和个性等得到全面综合的重要发展。

在迅速成长的过程中，小学生的心理发展也会面临一些问题，这主要是由其年龄特征和社会环境等多种因素决定的。其中，心理适应问题、感觉统合问题、不良个性问题等或多或少地体现于小学生的心理行为状态之中，需要家长、学校尤其是心理辅导教师的辅导和调节。与此同时，学习问题和行为问题作为小学生心理发展的突出问题，更应受到相关教师的特别注意。

在本节中，主要对心理适应问题、感觉统合问题、不良个性问题三项内容进

行阐述，其中包括问题的内容及表现、问题的成因和辅导方法等，作为小学心理
辅导教师临床实践的理论参考。

二、心理适应问题辅导

（一）心理适应问题及其表现

本部分中所提到的适应问题，主要指低年级小学生存在的入学适应问题，并
关联到其他因环境变化（如转学）而造成的适应问题。儿童进入学校成为小学
生，标志着他们走到了人生中第一个重要的转折点，它包括了生长环境的巨大转
变、社会接触对象的迅速拓展，以及心理发展的重要转折。在这个时间点上，如
果处理得好，则会为孩子打下良好的适应能力基础，并有利于其在整个小学阶段
的学习生活和心理健康；如果处理失败或没有得到合适的指导和帮助，则可能会
给孩子埋下缺乏适应能力的隐患，甚至引发自卑、焦虑、恐惧、孤独等心理症
状。因此，入学适应问题是小学生面临的第一个重要的心理问题。

那么，什么是入学适应问题呢？心理学研究认为，当个体与新的环境发生相
互作用时，一般情况下并不能立即融入其中且实现自己的需求，此时可能造成两
种后果，其一是形成消极悲观心理，其二是从失败中学习适应方法。当个体逐渐
适应了新的环境，久而久之就会形成一种适应性习惯，成功的适应能促进心理健
康、养成健全人格，失败的适应则会造成心理不健康和形成不良的人格。具体而
言，成功的适应需要同时符合两项条件：就主体来说，个体的需求已获得满足，
紧张情绪也已消除，其"需求——行动——目标"过程是顺利的；就社会来说，
个体需求的满足方法是社会所认可的，即应同时具有"需求满足"与"社会认
可"这两项条件。

对于刚刚入校的小学生而言，所面临的新的环境会对其造成一定的压力。由
于满足需求的规则和渠道发生了变化，儿童需要一定的适应期才能融入校园生
活。在这期间，就可能出现一系列的入学适应问题，一个最明显的表现在于，低
年级小学生可能对学校产生消极、逃避的态度，从之前的好奇、向往转为不积
极、不配合，甚至以身体不舒服等为理由拒绝上学等；还有一些学生在入学一段
时间后呈现出较为明显的学习障碍，对学习的内容不感兴趣、难以集中注意力，
甚至有厌学现象；另外，入学适应不良还表现为与老师、同学之间的交往障碍，
这可能导致孩子出现自闭心理和孤独症等。

（二）心理适应问题的成因

小学生的心理适应尤其是入学适应问题主要由主客观两个原因造成。其中客
观原因具有普遍性，主要包括陌生的校园自然环境和人际关系环境，同时学习压
力的增加与校规校纪的约束也会使小学新生难以迅速适应校园生活。除去这类较
难避免的客观因素，入学适应问题还受到学生自身经历和性格的影响，例如，曾

在幼儿园接受过学前教育并与老师、同学有过接触的学生，一般会表现出更强的适应能力；而未受过入学准备教育的儿童，尤其是性格相对内向、经历比较单纯的则会出现焦虑、恐惧等情绪障碍，难以与新朋友打成一片，甚至造成厌学心理。

（三）心理适应问题的辅导方法

一般而言，针对小学生的心理适应问题辅导应与入学教育紧密结合，辅导老师既是心理教师，也发挥着班主任的作用。由于小学生的入学适应问题主要表现在对新环境和新任务（学习）的不熟悉，因此对他们的辅导应从上述两个方面入手，即帮助学生正确认识新环境、了解新环境、认同新环境（环境适应辅导），以及辅导学生理解学习的含义，养成良好的学习习惯（学习适应辅导）。

1. 在环境适应辅导方面，首先要帮助学生认识到新的校园、老师和同学对他都抱有善意的态度，是他的伙伴，增进他对新环境的认同感和亲近感，尤其是要树立老师（包括辅导教师）的正面形象，增强学生对老师的信服感，从而提升其心理安全感。其次，要注意培养学生的自立意识，防止其从完全依赖家长转变为完全依赖老师；要积极帮助学生学习表达自身情感的正确方法，使其能够基本完整地讲出内心的感受，为发展更高级的稳定情感打下基础。

2. 在学习适应辅导方面，小学生的任务一方面是打好知识基础，另一方面是养成较好的学习习惯。作为心理辅导教师，首先应致力于帮助学生端正学习动机，包括培养学习兴趣，认识学习意义，将学习和游戏区分开来，养成认真学习的习惯。在此基础上，通过亲自示范、反复操作等方式指导小学生认识和遵守学校的相关行为守则和学习规范，也可以采取竞赛、评比等措施，对学生进行集体辅导，形成参照效应。

三、感觉统合问题辅导

（一）感觉统合问题及其表现

小学生处于由儿童向青少年过渡的重要时期，在这期间，个体身心的各项功能系统逐步完善，并在生活实践中不断积累经验和进行自我调节。对于 7—12 岁的学生而言，一个重要的身心健康指标就是感觉系统功能的完整程度，它涉及神经、知觉乃至中枢等多个构成部分。在少年儿童中，感觉系统最为突出的问题是感觉统合不良。

在人的感知过程中，机体利用自己的感官，以不同的感觉通道（视觉、听觉、味觉、嗅觉、触觉、前庭觉和本体觉等）从环境中获得信息输入大脑，大脑再对其信息进行加工处理（解释、比较、增强、抑制、联系、统一等），并作出适应性反应，这一过程就是感觉统合的过程。感觉统合是一种大脑和身体相互协调的学习过程，没有感觉统合，大脑和身体都不能有效发展。在日常生活中，一些儿童存在某种行为或心理症状，经常会被误认为是身体机理上的缺陷。事实上，许多儿童的非正常状态都是由于感觉统合不良造成的。感觉统合不良并非疾病，而是一种可以通过后天的教育和训练加以改变的问题，我国的有关研究表明，在儿童中存在不同程度的感觉统合失常者占10%—30%，其主要表现为：

1. 视觉统合失调。表现为阅读困难，常会出现看书"串行"、翻错页码、抄错题目等视觉上的错误，还有读书时容易疲劳、写错字、算错数、生活中丢三落四等。

2. 听觉统合失调。表现为经常听不懂老师、父母的话，注意不到父母对自己的喊叫，对老师布置的任务理解不够清楚，有些孩子记忆力差、听过的事容易忘等。

3. 平衡感失调。在重力感、方向感和距离感上存在问题。具体表现为写字过重或过轻、字体大小不一、出圈出格、横竖倒置、偏旁颠倒，以及害怕上下楼梯、好动而笨拙，经常将鞋穿反、无法正确掌握方向和估测距离等。

4. 触觉过敏。对别人的触摸十分敏感，他们的触觉防御过强，经常将正常触摸误认为是攻击行为，好动不安、脾气大、爱咬手指，怕剃头打针甚至怕换穿衣服等。

5. 本体统合失调。由于各方面协调能力差，造成孩子运动笨拙、四肢不协调、走路"顺拐"、常常撞倒东西或跌倒、唱歌发音不准，甚至出现口吃等。

（二）感觉统合问题的成因

有人曾提出，感觉统合不良的罪魁祸首是都市化生活和小家庭制度。这种观点未免过于偏激，但也不无道理。总结起来，造成儿童感觉统合问题的主要原因有以下几方面。

1. 先天影响。除了遗传因素外，母亲怀孕期间的生活习惯对子女的感觉系统发展有巨大的影响。母亲工作忙碌、紧张、缺乏运动、做家务动作不协调等会影响胎位，进而影响胎儿平衡的学习；孕妇吸烟或被动吸烟、饮酒、喝浓茶、喝咖啡等会造成胎儿大脑发育不足，引起出生后感觉发育不正常。研究表明，剖腹产的儿童感觉统合不良的比例比顺产的儿童高很多，这是由于出生时缺乏人生第一次触觉挤压体验的缘故。

2. 缺乏交流。0—3岁是建立感觉统合能力的最佳时期。由于现代的独生子女制度和都市生活方式，三岁以内的孩子缺少伙伴，也无兄弟姐妹可模仿，易养成依赖性强、独立生活能力差、任性的性格，甚至导致语言发育和社会交往方面的障碍。

3. 缺乏锻炼。对儿童而言，贴近自然、运动量大的游戏活动如奔跑、跳跃、爬树、翻墙、涉水、玩泥沙等都是发展感觉统合能力的最好课程。现代家庭大多溺爱孩子，过于注重智能培养，导致儿童缺乏户外活动和身体平衡锻炼，造成感

49

觉系统缺乏正常发育的机会。

（三）感觉统合问题的辅导方法

如上文所述，小学生的感觉统合问题通常是由于先天因素和后天幼儿时期不良的家庭培育环境造成的。然而感觉统合不良并非无法改变。要解决这一问题，辅导教师首先要为学生提供一个宽阔的锻炼环境，训练他们的平衡能力和视觉、听觉、触觉能力，具体方法如下。

1. 触觉训练。包括摩擦、按摩、挤压等，刺激学生神经系统的触觉模块。

2. 平衡训练。训练学生进行单脚跳、走独木桥、原地旋转、踮脚走路等。平衡能力的训练有助于集中学生注意力、减少多余动作、提高记忆力、提高书写质量等。

3. 游戏训练。摸爬滚打、跑跳追逐、打球跳绳等游戏和运动，对克服感觉统合失调十分有效。

4. 自信培养。在进行感觉统合训练时，不但要注重身体上的机能锻炼，更要经常对学生进行鼓励、赞赏，避免学生由于感觉统合不良而产生自卑和焦虑心理，促进其身心协调发展。

四、不良个性问题辅导

（一）不良个性问题及其表现

所谓个性，主要是指一个人在思想、性格、品质、意志、情感、态度等方面不同于其他人的特质，这种特质外在表现于个体的语言特征、行为方式和情感取向之中，是他人和自我评价的基本内容。小学生正处于心理、生理迅速发展阶段，从低年级到高年级，学生的个性逐渐从不稳定型向稳定型转变，具有很大的可塑性。对小学生进行心理辅导，最重要的目标之一就是培育学生拥有良好的个性心理品质，促使其身心健康发展，并成功地完成社会化的过程。因此，善于发现和分析小学生身上存在的不良个性问题，在小毛病、小问题转化为严重的心理障碍乃至行为障碍前加以纠正，是每一位合格的心理辅导教师应尽的义务，也是对其业务能力的考验。

个性是伴随个体一生的独特品质。对于个性的评论可谓见仁见智，难以作出绝对的优劣判断。然而对于处于少年时期的小学生而言，还是存在着基本的判别个性优良的标准：从长远角度来看，符合社会主流期望的、符合个人与他人共同利益的、符合基本道德标准和价值观念的个性特征应该被提倡和鼓励，反之则应得到重视乃至修正。这里简要列举一些小学生表现出的不良个性问题。

1. 自卑。过分低估自己的能力乃至品质，在自我与他人比较时片面看到自己的短处而经常性地产生不如别人的情感体验。

2. 任性。过度以自我为中心，放任自己的性子而不加约束、不考虑事情的对错、唯我独尊。如果未得到满足则耍脾气、过度不快甚至产生攻击行为。

3. 离群。在人际交往过程中表现得不合群，心态冷淡漠然缺乏感情，不愿与其他人一起活动，甚至不愿与他人交流，对他人的不幸无动于衷。

本部分将主要介绍上述三种不良个性问题的成因和纠正方法。另外，小学生的依赖行为、攻击行为、孤独症、焦虑症等行为和情感障碍通常也与不良个性相关，将于本章第三节"小学生常见心理障碍的辅导"予以详细介绍，在此不再赘述。

（二）自卑问题的成因与辅导方法

自卑感的成因比较复杂，从小学生日常接触的环境而言，自卑主要是由学校、家庭、自身三种因素共同造成的。

第一，学校因素方面，一些教师错误的教育观念和行为如过于严格、随意惩罚、表扬太少等，不但会增加学生的焦虑，还会使学生产生自卑；以学习成绩为主的评价方式也很容易造成一些学生的自卑心理；普通教师对学生的自卑潜质不够敏锐，还可能在无意中起到推波助澜的作用。

第二，家庭因素方面，家长的不良暗示，甚至是诙谐的昵称都可能给孩子造成自卑心理；一些家长采用对比的方式，苛求孩子的学习成绩，并随意设置现实生活中的标杆，极大地伤害了孩子的自尊；家长对孩子期望过高、管教过严、限制过多、溺爱和保护过度，都会导致孩子能力不足，也是造成孩子产生自卑感的重要原因。

第三，学生自身方面，由于小学生正处于自我意识的发展阶段，外界评价对其自我评价产生决定性的作用，因此容易受到外界不良因素的影响；一些性格较为内向的学生，由于交际能力较差而显得不够合群，造成自己"被瞧不起"的错误印象；此外，由于个人生理上的缺陷或不足造成自卑心理的情况也很普遍。

心理辅导教师在帮助学生解除自卑心理时，首先要弄清其自卑的原因，然后对症下药。一般而言，以下四种方法对纠正自卑心理较为有效。

1. 肯定性训练。一般包括情境分析、实际训练和迁移巩固这三个过程。情境分析的主要目的在于甄别学生产生自卑心理的情境，并讨论在此情境中应该作出何种适宜的反应；实际训练主要指学生在老师的指导下通过角色扮演、模仿等方式练习正确的行为反应；迁移巩固是指辅导学生在其他场合运用学到的正确反应，从而实现自主行为。

2. 逆向比较。简单地说就是用自身的长处去比较别人的短处。一般而言我们并不鼓励这种思维方式，但对于有自卑心理的学生而言，采取逆向比较有利于增强其自信，达到治疗的效果。

3. 降低期望。自卑心较重的学生通常处于没有成就感的状态，这并非因为他们的能力不足，而是由于自我期望过高、不善于分解目标造成的。可以通过辅

51

导他们降低期望，将目标分解成若干部分——达成来增强其成就感，从而实现自我激励。

4. 储蓄成功。学生的自卑心理直接源于对自己的成功认识不清或选择性忽略。可以帮助学生建立生活档案，将每一次成功的经历记录下来，使其有机会重温成功的心情，增强自信感。

（三）任性问题的成因与辅导方法

孩子任性的成因有很多种，但并不复杂。最常见的是由于娇生惯养而造成唯我独尊的心理，形成任性的个性；还有的学生是长期接触成年人的任性性格，导致模仿学习；而小学生的情绪不稳定，易冲动和固执，也是形成任性的因素。儿童进入小学后，离开了家中以自己为中心的环境，可能表现出较强的任性特点。通过对其加以适当的约束，有利于矫正其任性的不良心理。

1. 消退法。当小学生出现任性行为时，通过暂时忽略、不予讨论的方式，使其认识到哭闹的方法是无效的。事后与学生进行交流，指出他的错误。

2. 转移注意。一般而言，小学生的注意力集中时间较短，通过转移其注意，使其离开原有情境或话题，淡忘刚才的诉求。

3. 强化法。与消退法相反，当学生在处理某种问题表现出正确的个性和行为时，通过迅速表扬加深其印象，使其得到合适的心理反应，从而指导其行为。

（四）离群问题的成因与辅导方法

首先要强调的是，离群并不完全是不良的个性。离群有时源于学生某方面的特质，如较强的思维能力、较为成熟的心理等，小学阶段的离群并不意味着以后也会完全离群。然而作为一个社会人，增强与他人交往的能力还是非常必要的。离群个性发展严重可能造成孤独症、社交恐怖症等，在这个意义上，有必要对其进行矫正。

对待离群问题的核心方法是鼓励其多交往、进入学生群体，从根本上讲，就是帮助学生适应一系列环境和现实。其中包括校园中的群体环境（自然环境、社会环境）、校园中的群体生活（合作学习、集体活动）、校园中的群体关系（与同学、老师的关系等），以及群体中的自我角色。离群有时是由于学生在角色处理中出现困难，如想要获得领袖地位而缺乏足够的经验或遇到对手、在群体生活中找不到合适的圈子去适应等，这时要帮助其摆正自己的位置，在群体活动实践中逐步找到适合自己的角色，从而实现与人的正常交往。

第二节　小学生的学习指导和行为指导

一、小学生的学习指导

（一）小学生学习指导的概念与目标

学习是小学生的中心任务。儿童从家庭教育到进入学校，学习逐渐成为带有强制性的主线活动。对小学生来说，学习的意义不仅在于完成年龄阶段任务、打好知识基础、提升自我价值，更在于促进心理发展和保证心理平衡。这是由于学习的成果（包括成绩、能力等）是外界对小学生进行评价的根本性依据，小学生据此得出的自我评价将会影响到其身心健康。在学习上出现问题，可能导致自卑、孤独等不良心理，甚至造成焦虑症、自我抛弃等心理障碍。

学习指导，是指专业的心理工作者运用学习心理学等相关理论，对学生在学习过程中所发生的各种问题进行指导的过程。学习指导不同于教师的课后辅导，它强调的是对学生与学习相关的认知、情绪、方法、行为等进行科学培育，从而提升学生的学习兴趣和学习能力。

吴增强教授在《现代学校心理辅导》一书中曾指出，学习辅导的主要目标包括以下七点：协助儿童培养浓厚的学习兴趣；协助儿童建立正确的学习观念与态度；协助儿童发展学习的能力；协助儿童养成良好的学习习惯与有效的学习方法；协助儿童培养适应与改善学习环境的能力；特殊儿童的学习辅导；儿童升学辅导。

学习指导有积极的和消极的之分。积极的学习指导包括激发学习动机、辅导学习方法、制订学习计划等。消极的学习指导主要针对学生在学习过程中所产生的问题进行矫正，如学习疲劳问题、学习困难问题、学习适应问题、厌学问题等。本部分主要介绍积极学习指导中的动机激发，以及消极学习指导中有关学习疲劳、学习困难、厌学情绪等问题的辅导方法。

（二）小学生学习动机的激发

学习动机是学生进行学习活动的内在动力因素，是引起、维持和推动学生进行学习的心理力量。学习动机的内容和形式是多种多样的，既可以是学生对学习的必要性的认识和信念，也可以是其学习的兴趣、爱好和习惯，还可以是学生对未来的某种理想。因此，学习动机可以由内外部多种不同因素构成。无论是通过内部动力还是外部激励产生的学习动机，都会在学生学习中产生巨大作用，包括发动学习并指引学习的方向、帮助学生进行自我控制、集中学习注意力、维持良好积极的学习心态等。总之，学习动机决定了学生的学习积极性，进而间接决定了其学习效果。

一般而言，激发小学生学习动机的方法主要包括以下三种。

1. 帮助小学生明确学习的意义。在小学阶段如果能够较为端正、明确地理解学习的现实意义和长远意义，将会为学生一生的学习和思维习惯打下良好的基础。由于培养学习动机的黄金时期是在小学低年级，而这一阶段的学生通常难以构建准确的意义框架，因此在辅导的过程中要契合其形象具体的思维方式，通过较为直观的游戏活动和心理暗示帮助小学生认识到学习的重要作用。

2. 对小学生进行成就动机训练。成就动机是人的社会性动机的一种，是在

53

一定的社会、文化、教育条件下形成的，因而能够通过一定的方法来培养和提高。成就动机训练分为意识化、体验化、概念化、练习、迁移、内化六个阶段。成败经验是影响儿童成就动机的重要因素，辅导教师应该帮助学生体验到成功的喜悦，通过鼓励、表扬、比较等方式激发其寻求成功的兴趣。

3. 合理运用奖赏。研究表明，不适当的外部奖赏在一定条件下会削弱内在的动机，这主要是因为相对于外界压力的要求，个体更倾向于做自己想做的事情。因此在进行学习动机训练时，心理辅导教师应该注意淡化外部奖赏的控制作用。对于低年级小学生而言，实物性的外部奖赏更有作用；而对于高年级小学生来说，精神奖励则会收到更好的效果。

(三) 小学生学习疲劳问题辅导

疲劳包括生理疲劳和心理疲劳，生理疲劳主要是肌肉组织和神经系统的疲劳，心理疲劳则指由于心理因素的影响（厌倦、懈怠、缺乏兴趣等）造成的工作效率的下降。小学生的学习疲劳问题一般发生在高年级阶段，然而由于课业负担的加重，目前小学低年级部分学生也出现了学习疲劳的现象。在学习过程中，强烈或过于持久的用脑，引起大脑皮层神经细胞兴奋性的降低，会造成生理疲劳；而在学习时产生的烦躁、焦虑、忧郁、缺乏信心、注意力集中困难等则是心理疲劳的体现。

54

解决小学生学习疲劳问题需要家庭、学校等各方面的配合。首先，合理安排学习课程，减轻学生的课外学习负担，确保学生的休息和睡眠是减轻小学生学习疲劳的根本方法。在此基础上，注意学生的营养配合，设计有趣的教学环节，保证光线、空气流通等教学环境的适宜也是缓解学习疲劳的有效方式。对于心理辅导教师而言，面对的主要是较为明显的临床问题，此时可以采取深呼吸法和自我想象法帮助学生减轻疲劳。

1. 深呼吸法：请学生上体放松，将注意力集中于心肺，开始吸气；数秒后，将气深长缓慢地呼出。此过程需要循序渐进，开始可将时间定为 5 秒、10 秒，然后逐渐增加到 30—40 秒左右。注意提醒学生放松心境，待呼气已尽后方可再次吸气。

2. 自我想象法：请学生放松身心，做想象练习。闭上眼睛，想象自己睡在床上，双脚都是混凝土浇筑的；再想象手和脚都很沉重，身体已经沉到床下；改变想象的内容，想象自己的身体由气球组成，从脚到手缓缓飘到空中的情形。

(四) 小学生学习困难问题辅导

这里所说的学习困难，不是指在学习方法、学习态度上有问题而导致的学习成绩不良，而是指在智力基本正常的情况下，由生理上的神经系统功能性失调所造成的学习能力的缺陷。具体表现为：某种学习技能的缺失，如理解力差、记忆力差等；阅读上的困难，如不能正确辨认汉字和字母、不能将字形与发音联系起来等；计算上的困难，如不能理解数的大小关系、缺乏数的概念等；空间上的困难，如在绘画时不能准确定位、色彩辨认不正常等。学习困难是导致学习成绩落后的重要原因，在辨认学习困难问题时，一定要将其与智力问题和学习动机问题加以区别，它们属于不同的范畴。

一般而言，学习困难的辅导工作比较复杂，需要建立一套科学、缜密的个案辅导计划，严重的可能还需要到专业机构进行综合性治疗。对于小学生心理辅导教师而言，可以通过心理上的帮助和支持缓解部分学生的学习困难问题，其中最主要的是让学习困难的儿童获得成功的体验。学习困难的学生一般心理压力较重，有些还存在严重的自卑感和厌学情绪。针对这一问题，要让学生在较低的水平上尽可能多地体验成功的快乐，例如开展益智性游戏、针对学生的特长进行竞赛活动等。学生在取得小的成功时得到鼓励与奖赏，有利于提升他们对改善自我的信心和积极性，这是获得成功医学治疗的心理前提。

（五）小学生厌学情绪辅导

小学生的厌学情绪包括两个层面：对学校（包括课程、教师等）的厌倦和对学习的厌倦。这两个问题既相互区别又相互联系，通常前者是后者的诱发因素，后者的解决要从前者入手。小学生产生厌学情绪的主要原因有：家庭的教养方式不良，如期望过高、要求过严或者疏于管教等；社会不良风气的影响，如个别文盲暴富、书生穷困或就业困难等；学校因素的影响，如师生关系不融洽、课程设置不妥、教学方法不当、不良的同学关系导致自尊心遭受打击等；学生自身因素，如自律性差、缺乏自信心也会造成厌学；另外，厌学也可能是起初被作为一种错误的行为归因，最终却形成了自证预言所造成。

对厌学情绪的矫治，以下几种方法可供参考。

1. 心理暗示法。使用小卡片，或在学生常见的物品（如橡皮、书本封皮）上书写积极的心理暗示词语，例如"我很行"、"专心听课"、"别走神"等，使学生随时随地得到心理暗示，提醒自己的行为和情绪。

2. 代币疗法。与家长、任课教师配合，设计一套行为价值和奖励计划，例如按时完成作业、改善不良习惯等，采用奖券和实质性的报酬（如看电视半小时）等形式，强化其对奖励的重视程度，从而调整对学习的厌倦心理。

3. 引发学习兴趣，刺激行为动机。可参考本节"小学生学习动机的激发"部分。

二、小学生的行为指导

（一）小学生行为指导概述

小学生的行为指导，主要指在理解小学生心理发展特点的基础之上，利用心理学手段，对小学生存在的一些行为问题进行辅导与纠正。小学生行为指导不同于思想品德教育，其辅导的标准不是某种价值理念，而是作为相应年龄段的个体所拥有的正常、健康的心理状态和行为方式。从这样的观点出发，小学生行为辅导需要注意以下几个方面。

首先，学生行为辅导不能脱离其本身的发展阶段和年龄特点。小学生表现出来的一些行为问题在成人看来可能是比较严重的，但是，这些问题本身可能是个体在成长过程中所必然经历的，带有阶段性的特点。一旦平稳度过这一危机时期，这些问题可能自行消解。同时，有的问题带有普遍性的特点，即在某一年龄段中，大多数儿童都可能有这样的表现。度过儿童期后，这些带有问题性质的行为一般会自行逐渐消失。对这些阶段性、普遍性的心理与行为表现，心理辅导教师的任务在于帮助他们顺利度过这一特定阶段，没有必要言过其实、危言耸听。只有那些明显与同龄人一般行为表现有很大偏差的，才可能是行为问题的表现。

其次，要注重考查学生行为问题的环境关联。行为问题不同于品行问题，对学生行为问题的分析不能仅仅归结于其自身的品质或个性，而是应该放到具体情境中进行再现，理解行为背后的内在动机和外部影响因素。小学生在认识环境、获得社会经验的过程中，会以不同的方式（有意或无意）处理同类的问题，这是由于他们还没有形成固定的行为模式，仍处于尝试和探索的过程。因此，一些小学生行为问题具有情境性、偶然性、暂时性的特点。对于此类情况，心理辅导教师只要进行适当的教导就能够使学生理解问题的错误性。当然，保持对偶然行为问题的警惕性也十分重要，一旦小学生无意识的错误行为得到了非负面的反馈信号，就有可能导致其产生错误的认识，进而导致不良习惯的产生。

再次，切忌在辅导过程中对学生造成不良的心理暗示。对儿童行为问题的认定是一件非常严肃的事，必须谨慎，这不仅是由于行为问题关联着对学生的惩罚，更重要的原因是小学阶段的儿童具有很大的可塑性，极容易在教师、家长等成人的言行中受到暗示，并由暗示导致预言的自我实现。对于行为问题的处理，必须坚持就事论事的原则，不能以点代面，误解学生在心理或品质整体上都有问题，这样可能会使学生产生自卑心理和逆反心理，严重的会造成自暴自弃的后果。

（二）小学生说谎行为矫正

说谎是一种为了获得某种利益或避免惩罚而虚构或者捏造事实的行为。判定说谎行为的重要标准之一是具有说谎的动机，如在人的幼儿阶段，由于有时无法分清现实和想象的内容，常常说一些不着边际的话，因为不具有说谎的主观动机而不被视为说谎。在小学阶段，大多数儿童都能准确区分真实与想象，但有的学生在处境难堪或遭遇困难时，偶尔说些谎话来搪塞或掩饰，一般也不被视为严重的问题。

那么，究竟什么样的说谎可以视为需要进行心理辅导和矫正的不良行为呢？一般而言，如果一个学生经常为了达成自己的目的和愿望，如获得表扬、逃避责任、获得某些利益、报复他人等而有意说假话，使说谎成为一种待人接物的方式，就是行为问题了。说谎违背了真诚的做人原则，不但影响人际关系，损害了个人形象，而且久而久之自欺欺人，会使自己生活在虚假世界中，影响个人心理健康。常说谎的人总担心事实被揭穿，心理上处于紧张状态，因此说谎是一种极不健康的生活方式。

心理辅导教师对学生的说谎行为应首先查明动机，区分情况予以对待。一般而言，学生说谎的动机包括逃避责任、模仿成人、追求虚荣、逆反心理和报复心理。在治疗过程中最重要的是使学生形成"诚实是做人的基本原则"的认识和"说谎不会有好结果"的真实体验。具体而言，纠正说谎行为的主要方法有：

1. 采用"角色扮演"的方法，使学生获得更广范围的认识和体验，意识到说谎对自己和他人所造成的伤害。

2. 采用"认知行为"疗法，通过符合小学生年龄特点的认知辨析，使其认识到说谎所带来的麻烦和问题，尤其是让他们体验到由于一时说谎而带来的必须自圆其说所产生的压力。

另外，在矫正学生说谎问题的过程中，还要注意确立诚实的灵活性标准。即使在成人世界中，完全诚实、毫无隐瞒和掩饰的情况也是几乎不存在的，应向学生指出善意的谎言、适当的游戏和玩笑等是可以接受的，并与其讨论在什么场合下可以用说谎保护自己，以及在什么时候不能用说谎来达到目的。57

（三）小学生偷窃行为矫正

对成年人而言，偷窃是一种犯罪行为，其与小时候养成的不良品行有重要的关系。对学生而言，偷窃是一种严重的违纪行为，小学生的自我意识已经较为完整，有一定的自控能力，对于偷窃必须进行及时教育，防止不当行为受到默认而得到强化。小学生的偷窃行为较为常见，这是由其特殊的年龄阶段决定的；与此同时，偷窃行为也受到客观因素和社会因素的影响，如家教过严、正常需求得不到满足等。这里主要讨论小学生偷窃的主观原因，以便进行有针对性的心理辅导。

1. 纯粹是为了获取某种物品，这是最常见的原因。其背后又可能有其他原因，如家长管教过严、虚荣心强引发的炫耀心理、为了改善人际关系而帮其他同学获得物品等。

2. 嫉妒心理引发的偷窃行为。看到其他同学精巧的玩具或较好的生活待遇而引发嫉妒，导致偷取家中财物或者直接偷盗所嫉妒同学的物品。

3. 捉弄心理引发的偷窃行为。出于与同学开玩笑或者捉弄人的心态，将他人的物品拿走丢弃或进行破坏，属于部分学生调皮性格的表现。但如果经常出现此类行为且性质比较恶劣，则应视为不良心理和越轨行为进行对待。

4. 交友不慎引发的偷窃行为。由于受到坏人的唆使，为取悦这些"朋友"主动偷窃或遭到控制而被迫偷窃。

5. "偷窃癖"。这是一种冲动性障碍，其表现是反复出现不可克制的偷窃冲动，其目的不是为了满足个人的需要和利益，而是设法将偷来的东西隐藏起来、丢弃或暗地送还原主。偷窃行为发生之前，有不断增长的紧张感；偷到东西后，又出现极大的轻松感。间隔一段时间后，又再度出现偷窃欲望。

针对偷窃行为，主要采取行为疗法加以治疗。首先需要明确要矫正的偷窃行为的严重程度，根据对事件的调查，以及与辅导对象的谈话，了解偷窃行为所发生的特定环境和情境条件，从而确定治疗的方式。对于偶然或轻度的偷窃行为，主要通过思想教育的方式，摆明问题的严重性和错误性，加深学生对"偷窃可耻"观念的印象，在此过程中还要注意不要给学生留下不良的心理暗示；对于较为严重的偷窃行为甚至"偷窃癖"，需要采用厌恶疗法，让学生观看由于偷窃犯罪而受到审判和惩罚的录像，并用橡皮圈反复弹拉作为厌恶刺激，使之产生对偷窃行为的厌恶心理。另外，还要关心学生的家庭状况，与家长取得联系，避免家教过严导致的偷窃行为，引导学生正确使用零用钱。最后，要关注学生的社交情况，帮助其避免与品行不良的人交往，与同学建立健康的人际关系。

58

第三节　小学生常见心理障碍的辅导

一、小学生常见心理障碍概述

学生心理辅导以促进学生正常的心理发展为主，每一位专业的心理辅导教师都应该了解心理障碍治疗的基本原理，以便预防和及时发现学生出现的心理障碍问题，并给予初步的治疗。一般而言，临床医疗将心理障碍分为情绪障碍、行为障碍和人格障碍，其中小学生常见的情况包括焦虑症、孤独症、多动症、依赖行为等。

心理障碍的出现通常代表心理问题发展到了比较严重的阶段，也有可能是由器质性的病变引起的。对于小学生心理障碍的干预，最大的挑战在诊断环节。由于小学生并不能够完全理解"心理问题"的含义，也难以抽象地完整表达自己内心中的某种类型的感受，且对自身可能存在的心理障碍没有足够的重视，导致对心理辅导教师的询问和诊断持不合作的态度，提供无效甚至错误的信息。因此，在针对小学生心理障碍的判断过程中，要求心理辅导教师保持足够的耐心和责任意识，通过仔细观察日常行为表现，掌握与小学生交流心理问题的科学方法，来研究和判断出现心理障碍的可能性、程度和类型，并以此为依据开展小学生心理障碍的临床治疗。

二、小学生常见情绪障碍：焦虑症

（一）焦虑症及其表现

在生活中，每个人都面临着不同程度的焦虑，而对于心灵较为脆弱的小学生而言，上台表演、考试之前甚至上课回答问题等都可能诱发焦虑心理。焦虑一般包括一种主观体验的害怕或紧张（如恐惧、惊慌、手足无措、担忧等），并伴有躯体的不适（如心悸、呼吸困难、饮食困难、出汗、震颤等）。焦虑心理大多数情况下是暂时的正常情绪反应，但也有人因为长期焦虑而患上焦虑性神经症，即本部分所讨论的焦虑症。

焦虑症是一种以焦虑情绪为主的神经症，主要分为惊恐障碍和广泛性焦虑两种亚类型。惊恐障碍是一种以反复惊恐发作为主要原发症状的焦虑症，这种发作不局限于任何特定的情境，具有不可预测性；广泛性焦虑是一种以缺乏明确对象和具体内容的提心吊胆及紧张不安为主的焦虑症，并伴有显著的植物神经系统症状、肌肉紧张和运动性不安。在小学生中，广泛性焦虑的发病率较高。

一般而言，焦虑症的表现包括身体紧张、神经系统反应性过强、对未来的无名担心、过分警惕等，心理辅导教师可以根据具体的临床症状判断焦虑症是否存在。需要注意的是，由于焦虑是极为广泛的问题，因此在治疗过程中要避免扩大化，防止给学生造成不良的心理影响。

（二）小学生焦虑症的诊断和治疗   59

心理辅导教师在识别小学生焦虑症的过程中，可以参考以下症状特点：

1. 在较长的时间范围内，对某种未发生或即将发生的事件（考试、成绩等）有着持续性的过度担心，并难以控制自己的担心。

2. 焦虑症在临床表现中还包括以下内容：坐立不安、经常出汗、眩晕、心跳过快、容易疲劳、难以集中注意力、睡眠不良、易怒、肌肉紧张、胃部不适、喉头阻塞等。这些问题不能单一地作为焦虑症诊断的依据，但与之存在着可能的联系。

3. 焦虑、担心和躯体症状给个体的学习、交往和生活造成了显著的麻烦。

4. 在诊断焦虑症时，还需确定其临床症状不是其他心理障碍的特征，如强迫症、社交恐怖症、神经性厌食症等；同时不是由于药物的生理作用或者躯体疾病引起，也不是短暂的正常焦虑心理。

在治疗方面，重度的焦虑症有时可能需要采用药物控制病情，心理辅导教师要做好及时转介工作。对于较轻程度的焦虑症（包括焦虑心理），可以采取适当的心理辅导，具体方法如下。

1. 小学生焦虑症的重要原因之一在于他们可能存在错误的认知方式，将模糊的刺激视为严重的威胁，并过高地估计这种问题发生的可能性，例如将自己的症状误认为是精神病的前兆等。此时应注意改变学生的认知方式，帮助他将焦虑症状与精神病区分开来，消除恐惧性误解。

2. 采用放松疗法，指导学生进行静坐（卧）、凝视、默念、冥想等简单方法，有助于缓解轻度焦虑症或焦虑心理的影响。

3. 系统脱敏法。如果学生的焦虑症状与某些确定的情境有关，则首先帮助学生进行情境分析，进行想象脱敏以达到治疗目的。这里要注意进行脱敏的次序性，应按情境由弱到强的顺序进行。

4. 改善学生睡眠。焦虑症通常与睡眠不良有密切关系，通过教会学生进行自我催眠的方法（如在睡前默念"我很疲乏、我很疲乏、我想入睡、我想入睡"等），有利于改善精神状态，缓解焦虑造成的不利心理生理影响。

5. 小学生焦虑症患者经常感到无助，此时心理辅导教师应进行正面心理暗示，并帮助其学习有用的心理技巧（如自我安慰、社交技巧等），提高学生在日常生活中的自信。

三、小学生常见情绪障碍：孤独症

（一）孤独症及其表现

孤独是一种常见于儿童的个性，性格孤独的孩子可能不善交谈、内向，在人际交往中主动性差，多表现为被动。相对于喧闹的场所，他们更喜欢独处，喜欢人少的、安静的环境，喜欢逃避或躲闪。这种性格的形成与遗传和生活环境、家庭教育模式、父母夫妻关系等许多方面有关。老人带大的孩子和过度保护型家庭中的孩子较容易形成孤独性格。

孤独症不同于孤独性格。孤独症是一种认为自己被世界所抛弃，在心理上与人世隔绝开来，拒绝或恐惧与别人来往的主观心理感受。孤独症一般发生在婴儿时期，如果没有尽早治疗，在小学阶段会有明显的症状反应，并可能一直延续终生。

孤独症又称自闭症，最早于 1943 年在美国医生卡纳（L. Kanner）以"情感接触中孤独性障碍"为题的报告中提出，起初认为其病因可能与社会心理因素有关，但最新的研究认为，孤独症并不是缺乏温暖的教养环境所导致，而是遗传基因、脑部疾病或创伤及其他生理原因所造成的。因此，孤独症是一种较为严重的心理疾病，需要接受专业系统的心理辅导与治疗。

孤独症的一般表现为，在婴儿期就极为孤独，少言寡语，不愿与人接触，固执任性，墨守成规，反对作任何改变；有的孩子对玩具或某些奇怪的物体过分依恋，无法与之分离；另外经常出现情绪不稳，对刺激反应过度或者不足等。有人将孤独症患者的特征总结为以下四个方面。

1. 孤独离群，不会与人建立正常的联系。即缺乏与人交往、交流的倾向，如从小就和父母不亲，也不喜欢被抱，表现躲避，对呼唤没有反应等。

2. 言语障碍十分突出。大多数患儿言语很少，严重的病例几乎终生不语，对词汇的敏感性极差。有的孩子喜欢自言自语或只会模仿他人说过的话。

3. 兴趣狭窄，行为刻板重复。孤独症儿童常常在较长时间里专注于某种或几种游戏或活动，如着迷于旋转锅盖、单调地摆放积木块等无目的的动作。

4. 大多孤独症患者智力发育落后或不均衡。

小学阶段是孤独症发现和治疗的最后机会，一旦错过这个时期，孤独症可能会伴随患者一生，或需要非常困难的努力才能矫正，并会留下心理阴影和缺陷。因此，针对一些性格表现孤独的学生，既不能夸大症状也不能掉以轻心，应予以特别的注意和测试，尽早发现孤独症并转介专业机构治疗。

(二) 小学生孤独症的诊断和治疗

上文中介绍了孤独症的一般特征。在进行临床判断时，要注意以下各种具体行为：

1. 对声音没有反应；

2. 难以介入同龄伙伴群体；

3. 对环境和周围的人态度冷漠；

4. 拒绝接受变化；

5. 喜欢重复他人说话，并进行无意识的反复；

6. 喜欢无目的地摆弄和旋转物体；

7. 莫名其妙地发笑；

8. 抵抗学习，不愿采用正常的学习方法；

9. 玩耍方式奇特，与同龄人不符；

10. 动作发展不平衡；

11. 对疼痛或其他刺激不敏感或过于敏感；

12. 拒绝目光交流；

13. 特别依赖某种玩具，难以与之分离；

14. 不明原因地哭闹；

15. 特别好动或不动；

16. 拒绝拥抱等身体接触，或反应过度；

17. 对真正的危险情境不惧怕或无反应；

18. 不喜欢用语言，而是用动作表达需求。

孤独症的矫治极为困难，一般需要专业的心理治疗机构进行单独、系统的特殊辅导。作为心理辅导教师，可采用以下三种方法改善病情较轻者的孤独症状。

1. 教育疗法。由于目前对于孤独症的致病原因尚无定论，其治疗通常采用心理机能辅导和行为教育的方式，包括帮助孤独症学生加强社会人际交往、进行认知功能教育和语言能力培养三个方面。作为心理辅导教师，矫正孤独症最重要的是保持持久的耐心和亲和力，力图走入学生内心。

2. 语言治疗。由于许多孤独症患儿在语言能力方面存在问题，因此这方面的训练与提高就成为矫治的重点。通常可以从其对语言的接受和理解能力，以及对要求的应答能力入手。

3. 行为疗法。行为疗法主要是对孩子的社会化过程进行匡正，并帮助其克服刻板、自伤、侵犯性等行为。心理辅导教师在采用行为疗法时应注意及时与家长进行沟通。以家庭为基地，通过与父母、社区的紧密配合，制定出一套个性化的行为治疗方案。

四、小学生常见行为障碍：多动症

（一）多动症及其表现

多动症与好动有着本质上的区别。正常小学生因为好奇、淘气，或由于尚未适应校园生活，导致学习时"坐不住"的行为不能被轻易视为多动症。多动症又称轻微脑功能障碍综合症，或注意缺损症，主要表现为动作过多、难以集中注意力、多言多话、容易冲动等，它是一种神经性疾病。8—10岁是儿童多动症的高发期，调查显示，我国少年儿童多动症发病率为3%—13%，其中男生明显高于女生。

多动症的成因有多种可能性，最主要的是生物遗传因素的影响。父母近亲的遗传，以及外伤引起的脑损伤、神经递质系统功能紊乱引起的交感神经异常兴奋状态等神经系统损伤是多动症的诱发因素。另外，父母家教过严导致儿童精神紧张，以及学校学业过重和教师方法不当等，也是造成多动症的客观原因。

（二）小学生多动症的诊断和治疗

具体而言，多动症的临床表现如下。

1. 注意障碍。注意障碍是多动症最主要的表现之一，多动症学生一般难以主动集中注意力，常被外界各类事物吸引。上课不能专心听课，注意对象频繁地从一种活动转移到另一种活动，做事有始无终等，都是注意障碍的范畴。

2. 活动过度。活动过度是多动症的另一个主要表现。多动症学生的活动明显增多，经常无故躁动不安，来回奔跑或小动作不断，上课时常在座位上扭动，甚至擅自离开教室，有明显的攻击倾向。

3. 性格冲动。情绪经常处于不稳定的状态，易被激怒，自我控制能力差。容易受到外界的干扰而体会挫折，行为不计后果。

4. 学习困难。主要是由于注意力难以集中而造成学习成绩低下，不能及时完成学习任务等。

5. 神经系统发育障碍。有部分学生伴随有其他神经系统障碍，例如动作笨拙、活动不协调、不能直线行走、闭目难立、精细运动不灵活等。

62

多动症的治疗切忌随意性，应在专业医学和心理学知识的基础上开展系统矫正。这里主要从小学心理辅导教师的角度讲解三种辅助方法：

1. 认知治疗。目的在于提升学生自我监督和自我指导的能力。可以通过教会其言语暗示技术，不断地给自己提出指令，如"一定要集中听课"、"下课了，好好休息不要乱动"等。

2. 行为治疗。可以通过经常性地鼓励其适宜行为、批评其非适宜行为，使其形成条件反射和自我控制诉求，从而帮助学生减轻多动症引发的非适宜行为。

3. 饮食治疗。研究表明，如西红柿、橘子、苹果、人工调味品等带有甲基水杨酸类的食品对多动症具有诱发作用，应限制此类食品的摄入，同时辅以适当的药物治疗，减轻学生的神经性障碍。

五、小学生常见行为障碍：依赖行为

（一）依赖行为及其表现

依赖行为指对别的人或事物的过分依附，导致不能自立和自主。依赖实质是一种意志缺乏。这类学生的行为常常带有很大的盲目性，不知道自己做什么和为什么做，在行动过程中，即使是一个很小的决定也难以抉择，显得手足无措，只能依赖他人作决定。

实际上，依赖是个体生长发育过程中不可缺少的因素之一，人的发展都是逐渐从依附地位转向自主地位的。出生后的婴儿对父母、抚养人形成依附关系，他的一切生活都依赖成年人。在小学阶段，随着交往面的拓宽，孩子与同学的关系密切起来，正常情况下，中高年级以后便会出现由依附关系向自主地位转化的势头。

小学生产生依赖行为的原因往往与他们成长过程中所受到的影响有关，尤其是与父母的过多管束有关。在独生子女家庭，父母通常包办了大多数孩子本该自己做的事，导致孩子的动手能力、自理能力极差，最终造成长期依赖行为。

（二）小学生依赖行为的诊断和治疗

小学生的依赖行为一般分为两类。

1. 任务性依赖。属于此类症状的学生经常为了达到某一目的而到处寻求别人的帮助。此类依赖多见于年龄较大的儿童，以男孩居多。

2. 情感性依赖。有些学生常常试图寻求他人对自己的友好反应，或感情上的支持。此类依赖多见于年龄较小的儿童，以女孩为多。

心理辅导教师在辅导小学生的依赖行为时，首先要准确找出产生依赖的原因。如果是家庭的原因，则应从学生家长的角度入手，促使学生获得更多自主动手、锻炼自理能力的机会。

另外，还可以采取行为疗法辅导过度依赖问题。通过设定一定的实践任务，

以成功储蓄的形式为小学生建立成就档案，使孩子在完成任务的过程中体验到自主、独立的快乐，从而逐渐摆脱依赖心理。

【建议参考资料】

1. 吴增强. 现代学校心理辅导 ［M］. 上海：上海科学技术文献出版社，1998.

2. 郑日昌. 小学心理辅导 ［M］. 北京：团结出版社，2001.

3. 陶勑恒. 小学生心理辅导 ［M］. 北京：高等教育出版社，2004.

4. 郭黎岩. 小学生心理健康与辅导 ［M］. 北京：高等教育出版社，2008.

【问题与思考】

1. 小学生心理、学习、交往方面的特征在不同年级阶段有着怎样的发展变化？在这一过程中存在着哪些一般问题？

2. 小学生的学习指导包括哪几个方面？如何配合医学治疗进行小学生学习困难辅导？

3. 进行小学生行为指导要注意哪些问题？如何纠正说谎和偷窃问题？

4. 简述小学生焦虑症、孤独症、多动症、依赖行为等心理障碍的判断方法及其注意事项。

5. 以心理咨询教师的身份，在三个年级阶段中各选择一名学生进行观察，了解其行为、心理和思维方式的不同之处，并对其可能出现的学习或行为问题进行指导和纠正。

第四章　中学生心理辅导的主要内容

【本章提要】

　　中学阶段是学生身心发展的敏感时期，青春期的来临与课业、升学负担的加重，决定了中学生更易受到心理伤害，也更加需要进行心理辅导。了解并尊重中学生心理发展的阶段特征，包括智力与认识水平、自我意识、价值观、情感、意志力、性生理与性心理的成长状况；掌握中学生可能发生的心理问题如逆反心理、挫折心理和亲子关系问题的辅导方法，尤其是应试指导和职业指导的方法；预防自闭倾向、厌学、网瘾、失眠等心理和行为障碍，是中学心理辅导教师工作的应有之义。本章将从上述三个角度出发，结合心理学基本原理，系统阐述中学生心理发展的主要特征、存在问题及辅导方法，为中学心理辅导教师进行临床实践提供有益的参考。

【学习重点】

65

　　1. 了解中学生心理发展的基本特征及一般问题，包括逆反心理问题、挫折心理问题及亲子关系不良所引发的心理问题等，并掌握相关教育和辅导方法。

　　2. 了解中学生应试指导和职业指导的基本概念和目标，并根据不同特征和阶段掌握具体的方法技术。

　　3. 了解中学生常见心理障碍的表现和成因，包括自闭倾向、厌学、网瘾、失眠等，并掌握相关辅导和治疗方法。

【重要术语】

　　青春期教育　性心理　逆反心理　挫折心理　亲子关系　应试指导　职业指导
自闭倾向　厌学　网瘾　失眠

第一节　中学生心理发展的一般问题辅导

一、中学生心理发展的特点

（一）中学生心理发展特点概述

　　中学生的年龄范围一般在 13—18 岁，属于少年期和青年早期，也称为青春期。在心理学意义上，这个年龄的学生正居于"心理断乳"阶段，因此也是人生发展过程中的"多事之秋"。中学生的生理和心理发展十分迅速，并伴随着激烈的变化，处于成长的高峰阶段。

概括来说，中学生的心理特征可以用两个过程进行串解。第一个过程是：在生理上，学生的第二性征开始明显出现，这极大地影响了心理准备并不充分的部分学生，可能导致焦虑、恐惧、不安等心理；在经历了一段适应期后，中学生会对自身的现实产生新的、革命性的认识，其中一个显著的方面就是自我成人感的增强，学生们觉得自己已经长大成人，应该从父母营造的"温室"中走出来，在独立自主的前提下开辟自己的天地，从而形成独立心理和逆反心理；在孩子处于中学阶段时，部分父母已经进入更年期，"青春期与更年期"的冲突屡见不鲜，"代沟"在此时则变得火药味十足；由于在家中与父母观点不合，学生一般会将自身的社会关系从家庭转向同辈集体和友谊，通过这种新型的社会关系，他们希望能享受到与成人一样的待遇：自由地结交朋友并分享快乐。总之，在中学阶段（初中、高中是连续的过程），学生最大的特征就是心理和生理的迅速成人化（或准成人化）。当然，这种成人化有很大一部分是学生自身的理念，而非客观的评价。

然而，前面的过程究其本质仍然只是表面现象，中学生成人化的过程并非一帆风顺，而是会面临着诸多困难、矛盾与挑战，这就引发了第二个过程，即：中学阶段学生的自我意识不断增强，提出更多的独立要求和个性诉求，然而其自我形象并不稳定，尤其是人生观和价值观还处于形成过程之中，经常会发生激烈的变动；在这一时期，学生的意义系统开始有了质的飞跃，价值判断和事实判断能力都有了长足的进步，然而其构建世界的标准和看问题的角度却有着极大的不确定性，导致"纠结"情绪不时发生，归根结底就是自我的内心矛盾；在情感上，中学生的感情生活更加丰富，由于性生理的逐渐成熟，对爱情的理解开始出现萌芽，并产生亲身尝试的愿望，然而这种想法往往是幼稚、单纯、带有明显好奇成分的闪念，感情投注的稳定性极低。总之，中学生的心理特征呈现出极大的不确定性，处于典型的过渡时期。

从上面两个过程分析主线出发，我们可以归纳出中学生心理特征的主要内容：智力和认识水平迅速发展；自我意识不断发展，独立性急剧增强；社会责任感和世界观初步形成，并时常处于变动之中；情感丰富并趋向成熟，但缺乏稳定性；意志发展迅速，个性逐步形成；性生理和性心理迅速发展等。在本部分中，将着重阐述上述基本特征，并提出中学生心理发展的一般性问题。

（二）智力和认识水平的迅速发展

中学阶段是人的智力逐步定型的重要时期，在这一时期，学生的感觉、知觉灵敏度、记忆力和思维能力等不断增强，注意力呈现出主动性的特征，逻辑抽象思维也逐步占据主导地位。总体而言，中学生的智力和认识水平都在迅速发展，在反应力等方面则达到一生中的顶峰时期。

下面具体介绍中学生智力和认识水平发展的特征。

1. 生理基础方面，身体的迅速发育，尤其是脑和神经系统的结构与机能的快速发展，为智力和认识水平的迅速提高提供了必要的前提。

2. 思维方式方面，中学生的抽象逻辑思维逐渐占据了主导地位，开始用批判的眼光来看待周围事物，有了一定独到的见解，并喜欢质疑和争论。

3. 观察能力方面，中学生的知觉呈现出较强的目的性和系统性，更加仔细和深刻，能够发现事物的细节，并注意到其本质和因果关系。由于情感上更加敏感，青少年对世界的发现趋于细致，并表现出感性与理性交替发展的态势。

4. 学习能力方面，伴随着智力的提高和观察、思维能力的逐步增强，中学生更多地采用理解识记的方式进行学习，并能够进行深入系统的思考。因此，中学阶段是进行基础性学习最为关键的时期。

（三）自我意识的发展与独立性的增强

自我意识的发展，是中学生个性趋向成熟稳定的一个重要表现。他们能对自己和他人作出比较深刻和全方位的评价，逐步克服了评价的片面性和绝对主观性。具体表现为：中学生开始关心自己的外在形象，并对个人的内心世界有了更深刻的认识，他们更加倾向于了解自己的身心发展情况及其社会价值，并能较好地进行自我教育。

自我意识的迅速发展伴随而来的是中学生要求独立的倾向越来越强。在这一阶段，学生的独立性具有以下特点：首先是成人感的急剧增强，表现为中学生急于为自己树立成年人的形象，希望承担更多的责任，并在自我表现上趋于成人化；其次是反抗性的急剧增强，主要表现为逆反心理，不愿意继续被视做孩童，有时会做出一些不符合中学生身份的事情。

自我意识的发展与独立性的增强带来的还有中学生自尊心强的心理特点，他们非常注重自己是否受人尊重，想要了解别人对自己的看法。另外，许多中学生还表现出过分以自我为中心的缺点，这也是由自我意识增强过程的发展不良造成的。

（四）社会责任感和世界观、价值观的形成

中学阶段是个人世界观、价值观形成的重要时期。由于身心发展水平已经接近成人，中学生表现出更加广泛强烈的社会积极性、参与感和责任感。尤其是在高中阶段，学生已经掌握了较为全面系统的科学知识体系，积累了一定的社会生活经验，使得他们对许多社会问题和价值观问题、哲学问题开始进行更加广泛、理性的思考，虽然这类思考往往带有片面性和肤浅性，但仍是中学生社会责任感和世界观、价值观形成的重要体现。

（五）情感丰富并趋向成熟，但缺乏稳定性

随着年龄的增长和阅历的增加，中学生逐渐形成了较为丰富的情感和情绪内

67

容，包括集体荣誉感、社会责任感和义务感、正义感、民族自豪感等带有道德性质的高级情感逐渐发育起来。在这一阶段，情感是推动中学生发展进步的重要力量，他们通常办事积极、富有热情、行动迅速，情感易被激发和产生共鸣，整体而言趋于成熟，然而与成人相比则显得动荡不稳，情绪过易激动。具体而言，中学生情感特征主要体现为以下三个方面：

1. 中学生情感存在着两面性，情感的真实体验和情感的外在表现强度常常不一致，情绪表现的隐蔽性和表演性共存。

2. 在情感动力发挥重大作用的同时，中学生的消极心境也大量出现，包括烦恼、压抑、孤独等。由于具有心理闭锁性的特征，中学生往往不愿意与家长、老师谈及内心情感，而是与好朋友相互交流，并在很大程度上受到他们情感变化的影响。

3. 伴随着年龄的增长，中学生对异性表现出更多的好感，从小学的异性分离、疏远阶段逐步进入异性接近期，此时中学生对异性的心理不仅是好奇，还呈现出越来越多的接触愿望。

（六）意志发展迅速，个性逐步形成

在中学阶段，学生表现出更加明确的主动性，不再像儿童时期那样轻易求助于他人，而是力图独立思考、克服困难，这是中学生意志力迅速发展的结果。中学生的意志发展还表现在其控制和支配自己行为的能力逐渐增强。他们会努力使自己的行为服从于预设的目的和计划，并能较好地调节自己的情绪。此外，随着动机的深刻性和目的水平的提高，中学生行动的理智性也逐渐增强，并表现出坚韧、勇于成功等特点。当然，伴随着情绪的不稳定性和逆反心理，中学生意志力的发展也表现出易于冲动的特点。

在意志力迅速发展的前提下，个性作为伴随个体一生的主观特征在中学阶段逐步形成和定型。个性包括动机、兴趣、理想、信念、世界观等个性意识倾向和能力、气质、性格等个性心理特征。从初中到高中，学生的世界观由萌芽发展为初步形成，个性心理也逐步趋于完善。这一时期，青少年进入"心理断乳期"，力图摆脱成人的关照和约束，喜欢自我独立支配一切，然而其个性尚未成熟和稳定，仍具有较强的可塑性。

（七）性生理和性心理的迅速发展

由于性器官是人体内部发育成熟较晚的部分，因此性的成熟标志着人体接近全部发育成熟。中学时期是人的性成熟最快的关键阶段，表现为性生理和性心理的迅速发展。

性生理方面，中学生性发育的外部表现第二性征逐步凸显，已经具备较为完善的性机能，男生产生遗精现象，女生经历初潮。与此同时，对性满足的需要逐步增强，性意识开始觉醒。性心理方面，性生理的成熟使中学生呈现出明显的成人意识，他们对异性的好感和关注迅速增加，男女学生之间会产生出一种情感层次上的吸引，萌发出彼此接触的要求和愿望。

性生理与性心理的迅速发展推动着中学生群体中逐渐出现恋爱现象。随着大脑功能的逐渐完善、兴奋过程和抑制过程日趋平衡，中学生（尤其是高中生）的性意识比过去更为觉醒和强烈，逐步摆脱了盲目和幼稚，对异性的追求也不再单纯和莽撞，感情更加深刻和稳定，并体现出纯洁、真挚的特征。然而，中学生性生理和性心理的发展还不够成熟，自控能力较差，同时面临着学习和个性发展的重要任务，因此中学生对异性的追求常被社会规范所限制，处于一种来自外部的压力之下。这种需求与限制之间的矛盾如果处理不当，很容易形成性心理问题。

（八）中学生心理发展的一般问题

中学生心理发展的特点决定了其过程中出现的一般问题。首先，中学生处于青春期阶段，相关心理问题层出不穷，主要包括逆反心理、挫折心理和亲子关系不良所引发的心理不适等。这将作为一般性质的心理问题在本节中进行探讨。由于中学生的主要任务是进行知识学习和个性发展，他们面临着巨大的学业考试压力，并开始接触个人发展的长远问题，因此对这一群体进行应试指导和职业指导就显得尤为重要。这将在本章第二节中进行详细阐述。在心理问题没有被及时发现和诊治的情况下，处于身心发展迅速而不稳定阶段的中学生可能出现自闭倾向、厌学、网瘾、失眠等心理及行为障碍。这是心理辅导教师所要重点关注和帮助解决的问题，将在本章第三节中进行原因上的分析，并提出相关的治疗方法。

二、逆反心理问题辅导

（一）逆反心理问题及其表现

逆反心理是一种较为稳定的、对周围事物经常性地与他人相对立的情绪体验或行为倾向。它是客观要求与主观需要不相符合时所表现出的强烈抵触情绪。逆反心理是目前中学生中存在的一种比较常见的心理现象。中学生正处于生理和心理上发生重大变化的时期，他们产生了强烈的自我意识，但其情绪和理智发展还不够成熟，因此在接受学校、家庭和社会等各方面教育的过程中常常存在着逆反倾向，严重的学生还表现出习惯性逆反心理。

逆反心理是一种思维习惯，它表现出固执、偏激的基本特征。逆反心理使人无法客观、准确地认识事物的本来面目，而是采取错误的方法去反抗和逃避所面临的问题。如果个体经常、反复地呈现逆反心理，就可能形成一种狭隘的思维定势，容易造成情感失控、不听管教，甚至无论何时何地都违背正常的社会规范和要求的行动，并会直接影响到学生与父母、老师间的正常关系，严重妨碍其成长发展。

69

具体而言,逆反心理包括自负型逆反心理(过于娇惯,或成绩突出而导致任性、自负)、自卑型逆反心理(心理自卑造成自暴自弃、怀疑一切的态度)、失落型逆反心理(心灵过于敏感,受不了打击而逆反)以及困惑型逆反心理(对老师、家长产生怀疑,从而拒绝服从)等。

(二)逆反心理问题的成因

逆反心理一般发生在中学生成长的特定时期,在某种意义上讲具有普遍性和必然性。逆反心理是由多个方面的原因造成的,主要包括:

1. 青春期心理发展的内在特征。正常的逆反心理是刚进入青春期阶段学生萌发独立意识的一种外在表现。学生在知识学习和心理成长的过程中,逐渐学会了多种分析问题的方法,开始从不同角度看待事物,并发展出逆向思维和批判思维,从而表现得不再像儿童时期那样对教师和家长一味轻信、盲从。在这一过程中,许多家长没有习惯孩子的新变化,可能夸大其逆反心理的严重程度。

2. 家庭因素和父母教育方式的影响。在儿童时期,许多家庭对孩子予以无微不至的照顾;而到了中学时期,一些家长又对孩子提出过多的教育上的要求,超出了学生所能忍受的程度,给其造成过大的压力,加之较为粗暴、命令式的管教方式,极易导致学生产生逆反心理,甚至延及学校等其他场合。

3. 社会上的不良因素的影响。相对于家庭影响,社会因素更加广泛复杂,其内容、形态、渠道也多种多样,特别是当今社会上的一些不良风气,都可能影响到敏感而好奇的学生,有些歌星、影视节目还极力宣扬叛逆情绪,在潜移默化中加重了中学生的逆反倾向。

(三)逆反心理问题的辅导方法

心理辅导教师在对逆反心理进行辅导的过程中,要注意与任课教师和家长的配合,从多方面调适学生心理,引导其向健康的方向发展。具体方法如下:

1. 帮助家长了解学生的生理和心理变化,掌握其年龄特征和个性差异,提醒家长在辅导孩子确定奋斗目标或提出要求时,一定要考虑到孩子的智力发展水平,达到相互尊重、增加亲子相容的目的。

2. 顺势引导学生,帮助其挖掘自身的闪光点。根据马斯洛需求理论,自尊和受人尊重是生存的一种基本需要,这种需要若得到满足就会使人产生更大的动力和追求。心理辅导教师在对逆反学生进行调适时,应帮助其发现自身符合社会、学校和家长要求的闪光点,使其产生成就喜悦,从而自觉地克服不良逆反心理。

三、挫折心理问题辅导

(一)挫折心理问题及其表现

挫折从客观上而言,是人生中难以避免的普遍经历;从主观上而言,是个体发展过程中必不可少的经验。受到挫折与产生挫折心理不同，并不是所有不顺利或不完美的境况都会引发挫折心理。在心理学意义上，挫折心理指的是个体在从事有目的的活动过程中，遇到障碍和干扰，致使个人动机不能实现、需要不能满足时的情绪状态。

根据这一定义，我们可以总结出中学生产生挫折心理的必要条件：一是个体必须有一定的动机和目标，并采取了一定的手段和行动以达到这个动机或目标；二是在实现目标的过程中，遭遇了发生挫折的情境，同时不但在主观上意识到阻力的存在，还因此使自己处于一种焦虑、紧张的状态之中，或产生一种与此相对应的情绪反应。只有在这种情况下，我们才能认为学生产生了挫折心理。也就是说，不能片面地将学生在学习、生活过程中的受挫经历扩大化，有些学生可能经常产生挫折心理，有些学生在遇到困难时则并不会感受到严重的紧张情绪，而是适时进行行动和心理上的调整。心理辅导教师的任务，就是引导有挫折心理的同学自觉地过渡和转化到后者的处理方式，减少不顺利的事情对学生的伤害。

（二）挫折心理问题的成因

一般而言，挫折心理由内外部两类原因造成。一些困难是由于不可抗拒的因素，或客观环境的不足而导致，在这类情况下，无法避免学生产生挫折感，而是需要加以引导和控制，使挫折感不至于造成长期的心理伤害。与此同时，部分学生的挫折心理是由内部原因造成，这需要心理辅导教师予以足够的注意：

1. 动机冲突造成的挫折心理。动机冲突指同时具有两个不可兼得甚至相互排斥的动机，例如进退两难的情形，从而造成心理矛盾。如果这种心理矛盾长时间持续或程度较深，则有可能造成挫折心理。

2. 过高自我期望造成的挫折心理。当学生过高估计自己的能力时，会对自己提出不切实际的要求，制订过高甚至不可能达到的目标或计划。当目标未能实现时，一些学生又无法清醒地认识其原因，则会产生强烈的挫折心理。

3. 对自身生理或其他缺陷不满而造成的挫折心理。一些学生由于个人的容貌、身材、体质、能力等条件的限制，导致自己所要追求的目标不能达到，或认为受到他人的偏见而产生挫折感。

（三）挫折心理问题的辅导方法

对于挫折心理可以采用如下方法进行调适：

1. 帮助学生树立长远理想。挫折难以避免，但挫折心理可以进行适当调节。在学生遭遇挫折时，应注意帮助其树立挫折是暂时的、理想是永恒的这一理念，使其将挫折视为实现长远理想的正常过程和锻炼，从而减少不良心理影响。

2. 帮助学生调整需求结构。挫折心理的严重程度与个体所确立的成功标准有密切的联系。在不同的成功标准下，同样的客观困难作用于个体会产生迥异的

71

效果。因此，要帮助学生树立正确、合理、相对现实的需求观念，而尽量避免好高骛远或极端不现实的心态，减少挫折心理的发生。

3. 帮助学生增强对挫折的容忍和承受能力。由于个体之间经受挫折时的心理状态不同，因此在对待挫折的态度和方法上有着明显的差异。对挫折的容忍和承受能力主要通过学习获得，在生活经历中曾遭受较大挫折，并在正确的教育和指导下以积极的态度克服障碍的学生，挫折容忍力一般较强。心理辅导教师可以通过案例分析、心理暗示等方法，帮助学生增强挫折忍受力，减轻挫折心理造成的伤害。

四、亲子关系问题辅导

(一) 亲子关系问题及其表现

父母是孩子的第一任老师，家庭是个体在社会化过程中所经历的最初、也是最重要的场所。亲子关系对人一生的发展有着不可磨灭的影响，可以说，父母的性格印记和对亲子关系的初始印象伴随着个人的整个学习和职业生涯。对于中学生来说，处于青春期的年龄阶段和敏感的心灵特征，使亲子关系的好坏成为影响其身心发展的重要变量因素。

从年龄上看，当前我国中学生家长一般为 40—45 岁，与孩子存在着观念上的不同（即代沟），同时缺乏系统科学的家庭亲子关系训练。教养方式不当，便会导致各种亲子关系问题。例如，一些事业处于上升期的家长常常由于工作原因忽视了子女的成长；父母之间的矛盾也给孩子造成了巨大的心理创伤。概括而言有以下五种不良教养方式。

1. 支配型。父母在生活方面过度溺爱孩子，照顾得无微不至，而在学习方面又过于严格，要求过高，导致孩子缺乏自理能力或产生孤傲心理。

2. 娇惯型。父母盲目溺爱和娇纵孩子，导致孩子养成任性、过于以自我为中心，甚至专横跋扈的性格特征，难以正确处理人际关系，学习态度消极，生活懒散。

3. 专制型。父母由于工作太忙等原因缺乏与孩子沟通的耐心，管制方式粗暴，导致孩子得不到尊重，产生怨恨心理。

4. 放纵型。父母缺乏责任感，或只为孩子提供优越的物质条件，而忽视了其精神和人格的发展，容易造成孩子不负责任、放荡不羁的性格。

5. 冲突型。家庭成员关系长期不和谐，在价值观等根本问题上冲突不断，造成孩子缺乏安全感，心灵过于敏感，甚至出现人格分裂。

(二) 亲子关系问题的成因

亲子关系不良所引发的心理问题自古有之，多数是由于家长性格的缺陷和不良的教育方式造成的，且在现代社会又出现了一些新的特征和因素。亲子关系问题的普遍性成因包括以下三个方面。

1. 青春期学生的独立意识与家长观念转变不及时的矛盾。如上文所述，在青春期阶段，由于自我意识的发展和知识结构的逐渐完善，学生形成了较为完整的个性，尤其是产生了强烈的要求独立的意识。他们已经摆脱了在认识事物和处理问题时完全依靠父母的心理，转而谋求作出属于自己的判断和思考，因此出现了在许多问题上与家长观点并不一致的情况。在这样的转变过程中，许多家长并未能够及时、准确地把握孩子心理变化的新特点，继续以对待儿童的心态对待已经成为中学生的子女，盲目地认为其幼稚、不能独立，并加以过多的评价和干涉，从而引起亲子关系的恶化，对孩子心理造成不利影响。

2. 代际差异在现代社会中的突出体现。在现代社会，随着科技运转和信息流动的速度急剧加快，尤其是网络等新媒体的诞生和急速发展，家长与孩子在人生观、价值观、交际方式、生活方式、动机诉求等方面的差异越来越大，父母已经不能站在完全"神圣"的立场上对孩子发号施令。在这样的情况下，一些家长不能适应绝对权威的丧失，导致对孩子采取专制、严厉的教育方式，或干脆放任自流。

3. 父母不顾孩子年龄特征和实际能力提出过高期望。一些家长对孩子的要求集中在学习成绩上，而不考虑社会对人才的现实需求状况及孩子自身的能力、兴趣和愿望，忽视了对孩子健全人格的培养。过高或不恰当的期望会给孩子造成巨大的心理压力和误解，造成逆反心理，甚至导致亲子关系发生严重的裂痕。

（三）亲子关系问题的辅导方法

对于中学生心理辅导教师而言，亲子关系辅导恐怕是最为漫长、也最为棘手的领域之一。其原因在于，亲子关系问题不仅涉及学生本人的人格特征和心理偏差，更与学生从小到大所生存的家庭环境有着直接的、接近线性的联系。因此，亲子关系辅导应从辅导学生和帮助家长两个角度同时入手。

1. 对学生进行劝慰式辅导。所谓劝慰式辅导，本质上的目的在于摆明问题、讲清道理，但与单纯的说教不同，在方法上讲究从心理薄弱环节出发，进入学生的感情深层。例如一些学生由于亲子冲突和逆反心理与父母一方形成长期隔阂甚至怨恨，此时心理辅导教师应从情感角度出发，激发起学生内在的亲情诉求，引导其回忆温馨和谐的家庭场面，以缓解心理冲突的紧张性，在此基础上向其摆明"父母本意是好的"这一道理。

2. 对家长进行科学的亲子关系教育。在劝慰式辅导学生的同时，心理教师还应通过多种手段联系到学生家长，并以学生老师的身份对其进行劝说和帮助。针对一些持续时间长、破坏程度深的亲子冲突个案，最好能够召开有心理教师参加的家庭会议，或通过家访、家庭治疗等方式，进行面对面的多方商谈以解决问题。

73

第二节　中学生的应试指导和职业指导

一、中学生的应试指导

（一）中学生应试指导的概念与目标

考试是一种常见的教育现象，随着社会的发展和教育改革的开展，考试的内容、手段、方式等都发生了很大变化，但其评价教育质量、衡量教学效果以及选拔人才等功能并没有改变。因此，考试是每一个中学生必须要面对的主要应激源之一，良好的应试心态对学生身心健康大有裨益。

在中学阶段，学生必须要经历各式各样的考试，诸如摸底考、期中考、期末考、会考、毕业考、升学考等，难免会产生巨大的心理压力。因此，应试心理辅导就成为中学生心理辅导的重要内容。一般而言，应试心理辅导主要包括两个方面的内容：考试焦虑辅导和应试策略辅导。这两个方面是紧密联系的，要根据学生应试中的不同时段有针对性地进行辅导，以促进其身心的健康发展。

中学生应试指导的目标具有双重性质。一方面，应试指导的直接目的在于通过心理疏导等形式，增强中学生的应试能力，使其在考试中取得满意的成绩，实现自己的理想；另一方面，应试指导更加关注中学生心理健康的发展情况，以心理辅导等方式，促进中学生形成健全的人格和健康的心理。

（二）中学生考试焦虑辅导

1. 考试焦虑及其表现

考试焦虑是目前中学生所面临的现实而重大的问题，日益引起家长、学校和社会的强烈关注。一般认为，考试焦虑是一种特殊的、由整个考试情景引起的神经紧张状态。它可以分为两大类：一类是指在考前一段时间内持续存在的焦虑；另一类是指在考试过程中产生的焦虑，如怯场、晕场等。

考试焦虑产生时，会伴随一系列的生理反应和心理反应。生理反应如肌肉紧张、心跳加快、血压增高、额头出汗、手足发凉等；心理反应如苦恼、烦躁、无助、担忧等情绪体验，有时也会产生胆怯、缺乏信心和自我否定等心理。当考试焦虑加剧时，其状态反应也更为强烈，如眼花耳鸣、头痛脑昏、注意力无法集中、思维处于僵滞停顿状态，严重的还可能伴发呼吸困难、尿急、尿频、呕吐、腹泻甚至昏厥等，晕场就是其最为典型的一种表现。

值得注意的是，考试焦虑对学生的影响是双重的。适度的考试焦虑会成为学生积极学习、认真复习的动力，对学习和考试具有积极的作用。但是，过度的考试焦虑对学生的危害是不可忽视的。它不仅会降低学习效率、影响考试成绩，还容易导致学生焦虑人格的形成，对其身心健康造成潜在的危害。

2. 考试焦虑产生的原因

一是生理及身体健康状况不良。有一些神经类型属于弱型的学生对环境刺激较为敏感，易产生紧张反应。因此，这类学生的考试焦虑程度较高。同时，身体健康状况不好的学生，对将要面临的考试尤其是重要考试，会产生较强烈的焦虑反应。

二是认知偏差。学生对考试性质、考试利害关系的预测以及对自身应付能力的评价不当，容易导致考试焦虑。如果学生在个人的前途和名誉问题的认识上发生偏颇、过分看重，对自身的知识经验、能力评价过低，在考试时便会造成高度精神紧张，情绪反应强烈，产生过度焦虑。

三是知识准备和应试经验不足。如果学生考前对有关考试的内容、知识无准备或准备不充分，且缺乏相应的应试技能和经验，那么他们在考前和考试过程中极易产生焦虑情绪，尤其是遇到难题，更加茫然无措。

四是家长、教师及社会要求的压力过大。一般来说，家长对学生要求越严、期望值越高，学生也就越容易产生考试焦虑；学校片面追求升学率，大搞题海战术，以成绩为评价学生的唯一标准；教师对考试重要性的过多评论，对考试情况的不当评价和总结，对学生态度专制等，这些因素叠加在一起，使得学生考试压力大，长此以往，便会形成较为严重的考试焦虑。

3. 考试焦虑辅导

对于中学生考试焦虑的辅导，要坚持标本兼治的原则，既要求家长、老师以及学校积极配合，缓解学生的焦虑紧张感，又要求学生在心理辅导教师的指导下进行心理调适，以取得良好的效果。一般而言，对于学生的考试焦虑心理辅导主要从以下几个方面进行：

一是暗示法。暗示法是指通过语言或非语言的手势、表情等方式，来转移和改变学生某些不良情绪的一种心理治疗方法。在心理辅导教师的指导下，鼓励学生进行积极的自我暗示，再三暗示自己"准备得已经很充分，相信能够考好"，这样通过心理暗示来调节中枢神经系统的兴奋性，从而使神经系统得到调节改善。

二是放松训练。心理辅导教师可以指导学生选一段自己喜欢的音乐，以自己认为舒适的姿态靠着或平躺下来，然后闭上双眼，跟随音乐尽情想象，比如可以想象自己躺在海滩上晒太阳，也可以想象自己躺在绿茵如织的草坪上，或其他能让自己放松的方式假想。练习时间每次为10分钟左右。

三是转换法。深度焦虑时，心理辅导教师可以鼓励学生出去走一走或听听轻快的音乐、翻翻自己喜欢的报纸杂志等。总之先把考试放到一边，让学生的头脑和躯体放松一下。

四是系统脱敏法。在对考试焦虑进行脱敏时，可以将学生的焦虑度进行分级，然后按照每个同学的不同情况，与放松训练结合起来进行脱敏，从而缓解学生焦虑的程度。

（三）中学生应试策略辅导

应试策略辅导是中学生应试辅导的重要内容之一，它以学生应试过程中需要掌握的技巧作为辅导内容，是对应试心理辅导的有力补充。具体来说，应试策略辅导包括以下两个方面。

1. 考前应试策略辅导

教师在进行考前应试策略辅导时，可以教授以下一些常用的考前应试技巧。

第一，心理辅导教师应鼓励学生形成良好的学习习惯，包括学习计划明确、学习制度健全、学习过程中注意力集中等。良好习惯的养成对培养健康的应试心理具有基础性的作用。

第二，要帮助学生掌握科学的复习方法。根据中学生的实际情况，可以选择及时复习法、分散复习法、归纳整理法等相互配合。通过有效而充分的复习，减轻应试的焦虑感和紧张感。

第三，要提醒学生做好考前的充分准备工作，包括物质准备、知识准备、体能准备和心理准备等。

2. 临场应试策略辅导

临场应试策略对学生的考试成绩有着最为直接的影响，因而备受考生以及心理辅导教师的关注。一般而言，有如下几种临场应试策略供学生和教师参考。

76

第一，自信从容。考试是一种要调动多种积极因素的复杂劳动，需要在情绪稳定的前提下有条不紊地进行，遇到难题要从容、镇静、不急躁，保持平和的心态才能应对自如。

第二，先易后难。考生刚进入考场，心情一般比较紧张，记忆、思维未达到最佳状态。因此，答题时要避难就易。否则，一旦因为某个问题没搞清楚一直钻牛角尖，会极大地影响考试的心态，造成整个考试过程中的慌张、无措。

第三，身体放松。面临心理危机或精神紧张时，可闭上眼睛，想象自己身处一个非常惬意、愉悦的情景；慢慢地、逐渐地放松全身的肌肉；从头顶开始，逐渐下移，直到脚底；缓慢、均匀地呼吸。同时还可以通过按合谷穴或太阳穴提神，缓解临场的过度紧张。

第四，学会遗忘。对于已考科目，最好的办法是忘掉它，尽快投入下一场考试。

第五，注意休息。在考试期间要注意休息，不要参加那些剧烈奔跑、冲撞等对抗性运动。

二、中学生的职业指导

（一）中学生职业指导的概念与目标

职业指导是帮助学生选择职业、准备职业、安置职业，并在职业上取得成功的过程。由于各国的侧重点不同，职业指导有不同的名称：美国和英国称之为生涯辅导，苏联称之为职业定向教育，日本称之为出路指导，我国大多称做职业指导。

在欧美国家，生涯辅导分为三个层级，即就业指导、职业指导和生涯教育。就业指导是指为想要就业的人提供以获取工作岗位为直接目标的指导和帮助。职业指导是根据学校的培养目标，教育和引导学生加强职业意识，树立正确的职业观念和职业理想，全面提高职业素质和职业技能。同时，要根据社会需要和学生实际为学生就业、创业或升学提供教育和帮助，其理论基础是弗兰克·帕森斯的人职匹配理论。生涯教育，是让学生在充分了解自身素质特点与优势、兴趣与潜能的基础上，主动地确立生涯目标，选择适合自己的发展方向，对人生有一个明确的认识，制订出个人生涯发展规划尤其是职业生涯规划，在以后的学习生活中根据自己设计的生涯规划，科学合理地安排学习和生活，其理论基础是舒伯（D. Super）的生涯发展理论。

在我国，中学生职业指导的目标主要体现为四个方面。

1. 帮助学生树立正确的劳动观、职业观、择业观。

2. 帮助学生从身边职业开始，逐步深入社会，了解本地区各类学校和各类职业的情况。

3. 帮助学生了解自己（包括兴趣、能力、个性），引导学生扬长避短，提高学生综合素质，发掘学生的潜能。

4. 帮助学生正确协调个人志愿和国家需要之间的关系，根据国家需要和自己的特点确立初步的职业意向，提高升学和就业的决策能力。

具体来说，中学生职业指导本着解决实际性问题的原则，主要从了解职业辅导、了解自己辅导和生涯探索辅导三个方面着手进行。

（二）了解职业辅导

了解职业辅导，是指导中学生在多种活动中进行职业探索，培养学生的择业意识，帮助学生了解职业、专业和社会。在这个过程中，要求心理辅导教师协助个体学习如何规划人生，提高职业生涯的规划和决策能力。一般而言，了解职业辅导主要从以下三个方面进行。

1. 了解职业和专业。心理辅导教师应从多个角度和层面向中学生展示职业的种类，以及职业与所学专业之间的关系。一方面要对职业本身作出规定，另一方面要使学生了解每个职业对从业人员的要求。

2. 了解职业与中学课程的关系。可以通过制作表格的形式让学生了解中学课程与职业的关联，使其明白学习活动和未来职业的关系，进而激发学生的学习动机，提高学生的职业意识。

3. 了解社会的有关情况。首先，要了解社会文化观念。在不同的时期，有不同的主导价值观、不同的社会文化背景，人们的择业价值观自然也有所变化。因此，心理辅导教师要指导学生认清当前的就业形势，根据时事变化合理就业。其次，要对社会就业机会有所了解。不同的经济时期有不同的职业门类要求。社会经济的发展决定了就业门类和机会的多少。中学生应该在心理辅导教师的指导下，以社会需要和个人兴趣为基础，科学地选择适合自己的职业或专业。

（三）了解自己辅导

了解自己辅导，即了解自身对职业的适应程度，通常包括自己的职业或专业兴趣、自己的职业能力以及职业气质等方面。

1. 了解自己的职业或专业兴趣。职业或专业兴趣是指对某种职业或专业的倾向性和指向性。了解、诊断中学生职业兴趣的方法很多，一方面可以从学科或专业方向所相关的职业门类来了解学生的职业兴趣，另一方面还可以从学生愿意从事的工作类型来了解。与此同时，心理辅导教师还可以通过兴趣测验或量表了解学生的职业兴趣。

2. 了解自己的职业能力。职业能力是指直接影响职业活动的效率、使职业活动得以顺利完成的心理特征，包括一般职业能力和特殊职业能力。只有使中学生清楚地了解自己的职业能力，才能扬长避短，选择适合自己的职业或专业。例如口头表达能力较强的中学生适合于从事教学、外交、律师等职业或专业，而抽象能力和创新能力较强的中学生适合于科研、理工等职业或专业。

3. 了解自己的职业气质。职业心理学研究表明，人的个性气质与职业生活的适应性有着密切的联系，一定的个性气质适合从事一定的职业。因此，心理辅导教师可以指导学生采取多种方法了解自己的职业气质，例如轶事记录法、评定量表法、自省法、讨论法、问卷法等。值得注意的是，典型的属于某一类气质类型的人不是很普遍，很多人往往属于两种或多种气质特征的中间型或混合型，心理辅导教师要灵活地进行指导。

（四）生涯探索辅导

生涯探索辅导，指的是协助学生为升学选择和就业选择做好准备，教给学生填报升学志愿和求助面试的方式、方法和技巧。同时，也要帮助同学了解生活中其他各种可能的选择。一般而言，主要从填报升学志愿、选择职业、撰写求职信和面试四个方面进行生涯探索辅导。

1. 填报升学志愿的技巧。对于中学生来说，升学志愿对其以后的职业发展有着至关重要的作用。心理辅导教师要通过科学的方法、完善的步骤，指导学生填报志愿。首先，要搜集专业信息，包括各个专业的课程设置、培养目标、将来的就业趋向以及对考生一些特殊素质和健康条件的要求等。其次，要了解招生信息，了解招生的政策和方法，正确分析市场供求关系，认真推敲志愿的梯度。

2. 选择职业的技巧。有一些中学生在中学毕业后选择职业专科学校，或者直接就业参加工作，这都需要一定的职业选择技巧。在实际择业的过程中，要对能力、兴趣以及满足需要三者进行权衡。对于这个问题，辅导老师要正确引导学生的择业观念，指导学生在能力和兴趣一致的情况下，统筹考虑职业价值与社会现实，进而选择那些能够满足心理需要的职业。

3. 撰写求职信的技巧。撰写求职信有利于学生规范地概括自己的职业目标和本人的能力。一般来说，内容主要包括姓名、电话、地址、职业目标、学历、工作经历、特长等。求职的学生应该从积极的角度推销自己，但是不能过分夸张，要给招聘人留下良好的第一印象。

4. 面试的技巧。首先，要了解对方的情况，例如地理位置、单位概况等。其次，要做好面试的准备工作，这包括基本知识准备、服装准备、相关资料准备以及良好的心态准备。最后，心理辅导教师要提醒学生在面试中的注意事项，例如，要有信心、学会微笑、回答问题坦诚利落、随机应变等。

第三节　中学生常见心理障碍的辅导

一、中学生常见心理障碍概述

中学阶段是学生身心发展的关键时期，也是最不稳定的时期。在这一阶段，中学生的自我意识和智力认知水平发展到新的高度，情感变得更加丰富，但缺乏稳定性，这些特征决定了中学生既有巨大的心理发展空间，又面临很大的心理障碍风险。

一般而言，中学生常见的心理障碍包括自闭倾向、厌学、网瘾和失眠，这些都与其青春期独特的生理心理条件密切相关。心理辅导教师在判断和解决这些问题的过程中应注意掌握适当的方式方法，避免与学生产生冲突和误解，以平等的身份和关怀的态度走入学生的心扉，实现心理辅导的目的。

二、中学生常见情绪障碍：自闭倾向

(一) 自闭倾向的表现及原因

自闭倾向与自闭症不同，自闭症又称孤独症，是一种原因不明、较难完全治愈的先天疾病。而自闭倾向是在日常生活中自我封闭，不愿与人交往的倾向。有严重自闭倾向的人表现出极端不合群的性格，他们无法与他人保持正常关系，对世界充满敌意和不信任感，导致经常处于离群索居的心理状态。由于青春期的特殊心理特点，在中学生群体中有自闭倾向的约占 5%—8%。

有自闭倾向的中学生性格一般较为内向，待人比较冷漠，缺乏同情心和互动感，对周遭的人和事常常有厌倦、戒备甚至鄙视的心理，在人际关系上处理不良。

存在自闭倾向的中学生猜疑心较重，办事喜欢独来独往，不愿与他人结伴完

成任务, 也缺乏知心的朋友, 因此经常造成孤独、寂寞和空虚的心态, 给身心健康造成困扰。

严重自闭倾向者容易出现恐怖心理, 无法看到生活中的美好, 对阴暗面十分敏感, 导致消极、压抑、苦闷, 由于缺乏群体的支持而时常处于忧心忡忡的状态。

自闭倾向产生时期通常较早, 在幼儿、小学时代即有端倪, 一般是由于缺乏必要的社会交往技能和方法, 或在人际交往经验中曾遭到拒绝或巨大打击而造成的。一些学生在儿童时期受到经常性的耻笑、埋怨和训斥, 或体验过突然性的恐惧和惊吓, 容易造成孤僻心理, 严重的就会导致自我封闭。

(二) 自闭倾向的辅导

对有自闭倾向的中学生, 最重要的是帮助其重拾自信, 掌握与人交际的正确方法, 并树立对社会和他人的亲近感和归属感, 具体方法如下:

1. 帮助学生正确评价自己和他人。一般而言, 存在自闭倾向的学生通常不能正确地认识自己, 自视甚高, 只看到别人的缺点而认为不值得与其交往; 另一些学生则倾向于自卑, 认为自不如人, 导致在交往中怕被别人讥讽、嘲笑或拒绝。这两种学生都需要正确地认识自身和他人, 一方面要帮助他们了解自我封闭的危害, 敞开心扉, 追求人生的乐趣; 另一方面要鼓励他们多与别人交流思想和感情, 感受友谊和温暖。

2. 帮助学生学习交往技巧。心理辅导教师可以通过开展团体辅导的形式, 为学生提供社交的适当场合, 通过团队合作培养学生的性格, 使其意识到朋友和伙伴的价值。与此同时, 还应鼓励学生阅读人际交往的相关书籍, 培养重视人际关系的意识, 从而更多地主动参加正当、良好的交往活动, 培养自己开朗的性格。

3. 帮助学生培养自信心。针对一些由于自卑心理导致自闭倾向的学生, 应该着力帮助其培养自信, 提升对自己的客观认识。可以请学生在一张纸的两侧各列出自己的优点、强项, 以及弱点、不足, 然后进行归类整理, 发现自己平时未加留意的长处; 教会学生适时进行自我激励, 给自己以心理暗示, 暂时忽略不顺心的事情, 畅想好的结果; 鼓励学生培养某方面的兴趣, 在自己的专长和兴趣中找出一样加以特别培养, 从而在交往中找到自己的优势, 获得自信。

三、中学生常见学习障碍: 厌学

(一) 厌学的原因及表现

厌学是目前中学生诸多学习心理困扰中最为普遍的问题之一。引发厌学的原因有很多, 一方面, 由于基础较差、学习方法不当等原因, 在经过多次努力后仍不能取得理想的分数, 信心遭受巨大打击, 导致消极情绪体验; 另一方面, 社会、学校、家庭等外部环境的不良影响也起着消极的强化推动作用，家长和老师缺乏对学生的理解和关怀，导致"差生"心理恶性循环，从而越来越讨厌学习。

厌学的表现有多种，除了学习成绩差之外，还有如下具体特征。

1. 学习功能认识偏差，认为读书无用。在社会上存在某些脑体倒挂、分配不公的情况下，有的学生产生了"读书越多，收入越少"、"文凭越多，待遇越低"的错误认识，这是社会偏见在学校中的折射，也是导致学生厌学的重要社会文化因素之一。与此同时，"读书无用论"也是厌学学生调节心理平衡的精神支柱。

2. 学习态度认识偏差，消极对待学习。在理想状态下，学习应是一种愉快、轻松、富有吸引力的活动，但在教师和家长的压力下，有些学生勉强学习，时常伴随着不愉快的身心体验，如紧张、焦虑、恐惧、羞愧、内疚、厌恶等，造成对学习的恐惧、厌恶心理。这些学生完全失去了对学习的兴趣和求知欲、好奇心，无法主动开展学习，只能在外在压力下机械、被动、应付式地学习。

3. 学习活动认识偏差，远离学习活动。大多数厌学者对学习活动有着强烈的反感情绪，对学校和家长提出的学习要求时常故意抵触，不愿做作业、不愿听讲，经常违反学校课堂纪律，经常迟到、早退，甚至旷课逃学等，最为严重的甚至出现离家出走、辍学等情况。

（二）中学生厌学的辅导

1. 激发学习动机。心理辅导教师可以采取开启内部动机和诱导外部动机相结合的方法，刺激学生的求知欲，强化学生对自身生活与知识之间联系的认识，从而使其注重知识的价值。动机激发要通过学生的自我效能感、自我发展感、社会地位感推动，并辅以自我与他人期望、竞争和评价机制来保证。另外，还要帮助学生树立远大的理想，以及正确的人生观和价值观，从根本上激发成就动机。

2. 强化学习成功。心理辅导教师应利用成功的正强化作用，为学生呈现成功刺激，推动其积极主动地学习。具体步骤如下：创设成功机会，通过设置特定情境使具有不同特征的学生获得学习表现机会，扬其所长、避其所短；降低学习目标，帮助学生树立起点低、层次鲜明的学习目标，使其容易察觉到自身的进步，体验成功的喜悦；建立奖励机制，在学习成功本身的喜悦之余，为学生提供额外的精神奖励和适当的物质奖励，帮助其获得心理满足感与自豪感。

3. 引起学习兴趣。对于厌学的学生，要将他们的兴趣转移到学习上来，必须着力强化学生对学习的有意注意。在任课教师的配合下，首先要帮助学生转变观念，淡化学习之苦，强调学习之甜，倡导轻松愉快学习；在具体操作过程中要通过新奇性、形象性、变化性、对比性等特点，刺激学生的感官，增强其学习兴趣和求知欲。

4. 进行正确归因。要引导学生将自身学习成败的原因归之于个人努力而非客观条件或天分命运。成功主要由于努力到位，失败则是因为努力不够，而不能归因于能力。否则，成功可能助长骄傲情绪，失败必定产生颓废心理，而后者极易导致厌学现象的发生。当学生认为自己天生愚笨时，很容易灰心丧气，丧失信心，失去继续学习的勇气。

四、中学生常见行为障碍：网瘾

（一）网瘾的表现

中学生的网瘾行为是近年由于网络技术迅速发展而出现的新型心理问题。网络具有综合报纸、广播、电视等多种传统媒体特点的优势，其信息量大、传播及时的特征已经深入人心，给人们的日常生活带来了极大的方便。然而，在互联网高速发展的同时，一种主要表现为过度使用互联网的心理障碍"网络成瘾"也随之出现。这种心理障碍的主要症状为：大量的时间花在上网或与上网有关的活动上，以至于影响了正常的学习、工作和家庭生活，如果在一段时间内不上网，就会出现类似戒断症状的表现，如焦虑、烦躁不安等。

中学生产生网瘾行为的原因多种多样，一是现实中青少年的孤独空虚、缺少精神关怀、心理需要不能满足；二是学习和考试的压力所造成的心理无法承受、需要倾诉的状态；三是网络的巨大诱惑，主要是网络游戏、网络聊天、网上交友、情感信息等；四是青春期的心理特点如自我控制力差、不良逆反心理、自卑心理、挫折心理等。

一般而言，中学生的网瘾行为表现为以下三个方面。

1. 沉迷网络游戏。好奇、争胜心理是中学生沉迷于网络游戏的重要原因。在多人在线的网络游戏中，每个人都想战胜对方，而难度颇大，因此需要花去大量时间或千方百计寻找机会才能取得游戏的胜利，有些游戏还设有赌博式的奖励，对自制力还很弱的中学生造成了极大的诱惑。

2. 沉迷网络聊天。中学生面临着巨大的学习和考试压力，同时处于青春期情感丰富阶段，从而造成了厌学、逆反等心理状态。在现实世界中，中学生不愿意与家长、老师等对象进行倾诉，部分学生甚至对同学、朋友也心存芥蒂，此时匿名的网络聊天就成了倾诉烦恼的最好选择。在网络上大家都是陌生人，不存在思想负担和心理压力，因此可以使内心的烦恼和压抑得到宣泄，精神上得到满足。

3. 沉迷网络交友。网络交友是中学生网瘾行为最常见的现象之一，中学生的网友大多都是异性，这是由于中学生性生理和性心理发育迅速，对异性产生好奇和好感，而谈恋爱则被视为早恋行为遭到学校和家长的严格禁止，中学生内心情感需求不能得到很好的满足，于是，网络世界成了情感的"避风港"。他们通过网上聊天交友，了解异性内心的情感世界，感受异性的体贴和理解，同时释放、缓解自身的情感压抑。

（二）中学生网瘾行为的辅导

1. 认知治疗。心理辅导教师应与具有网瘾行为的学生像朋友一样交谈，采取双方互相尊重的态度，帮助其明确学习是青少年的主要任务，身心健康是青少年发育、发展的关键。与此同时，帮助学生梳理网瘾对自己的危害，如荒废学业、损伤身心健康、养成说谎习惯、疏远亲情友谊等。

2. 代币制疗法。心理辅导教师可以与学生协商，定出总体计划，在一定时间内逐步减少上网时间，最终达到偶尔上网或不上网。例如过去每天沉迷网吧8小时以上，则第一周减为6小时，第二周4小时，第三周3小时，直到2小时甚至更短的时间。如果学生能够按计划执行则给予奖励（代币），定期替换为学生的精神或物质奖励。

3. 替代疗法。青少年需要充实的精神生活和娱乐生活，因此需要帮助学生培养能够替代网瘾的其他爱好，以疏解戒除网瘾后产生的空虚感和无聊感。例如鼓励学生参加游泳、打球等体育运动，发展文体特长等。

五、中学生常见行为障碍：失眠

（一）睡眠障碍的表现

中学生多为12—18岁的青少年，他们正处于生理、心理、智力成长的关键时期，睡眠质量是否达到理想状态对于中学生的体格生长、神经和智力的发育，以及心理的健康成长都具有重要的影响。当前中学生面临着巨大的课业压力，承受着老师和家长的期望，如果不能保证良好的睡眠质量，进而产生睡眠障碍，极有可能引发智力发育、情绪、行为和注意力等多方面的问题，导致学习成绩和生活质量的严重下降。因此，排除睡眠障碍不仅是一个生理医学问题，更是需要心理辅导教师帮助学生克服的心理问题。

睡眠障碍的主要表现是失眠，导致中学生失眠的主要原因包括学业负担过重、负面环境影响以及个人情绪不良等三个方面的因素。首先，学习压力过大，学习负担加重，使得学生的精神处于高度紧张状态，长此以往便会引起失眠；与此同时，学生睡眠环境本身也会对其睡眠质量产生影响，如开灯睡觉会扰乱人体的自然平衡，使体温、脉搏、血压都变得不协调，心神不能安定，不易入睡，睡后也易醒；个人的不良情绪也是学生产生睡眠障碍的重要因素，睡前思想杂乱或忧虑、焦急，易致学生失眠而影响健康。

目前我国中学生大多数都在早上6点左右起床，睡觉时间约为晚上11—12点，因作业过多而睡眠不足，能保证标准8小时睡眠的学生很少；另外中学生自我控制能力还未达到成人状态，睡眠质量也有待提高。其睡眠障碍呈现出如下特点。

83

1. 年级越高失眠越严重。随着中学生年龄的增长、年级的升高、课业负担增多，心理负担也日益加重。许多中学生面对来自学习、家长以及学校的压力，经常在睡前陷入焦虑、抑郁以及恐慌等心理，致使出现了失眠、多梦、睡眠质量低下等严重的睡眠障碍。

2. 毕业班学生睡眠障碍突出。面临着中考、高考的中学生，承载着父母、老师以及学校的希望，他们的心理压力远远大于非毕业年级的学生。因此，他们不仅面临高压学业负担导致的睡眠时间减少的问题，还承受着心理压力造成的睡眠障碍，给其身心带来危害。

（二）中学生失眠的辅导

1. 积极自我暗示法。对于难以入睡的中学生，心理辅导教师可以鼓励他们在睡前采取积极的自我暗示。教师要指导学生消除对自身难以入睡或入睡障碍的预设，不断激励自己可以顺利入睡。自我暗示要认真、专注，以求达到良好的效果。

2. 放松法。帮助学生掌握一些放松的方法，可以有效地缓解他们的睡前焦虑、紧张和疲惫，具体包括深呼吸和全身放松等多种方式。睡前的有效放松能够使学生消除对于预设压力的焦虑和恐惧，从而克服睡眠障碍。

3. 成功经历想象法。中学生的睡眠障碍主要是由来自各方的压力而产生的紧张、焦虑以及恐惧造成的，因此，树立舒缓压力的信心是缓解和治疗睡眠障碍极为有效的方式。成功经历想象法便是帮助学生树立信心从而舒缓压力、缓解睡眠障碍的有效方法。比如当学生因害怕考试而失眠时，心理辅导教师可以通过指导学生详细回忆考试成功的过程，包括当时怎么轻松复习，怎么应对压力，怎么从容走进考场，怎么镇静回答考题，在面对难题时怎么应对，交卷时的心情以及知道成绩后喜悦、快乐的情绪等，帮助学生消除对考试的恐惧和紧张，从而顺利入眠。

【建议参考资料】

1. 伍新春. 中学生心理辅导［M］. 北京：高等教育出版社，2010.
2. 刘晓明. 中学生常见心理问题解析与辅导［M］. 北京：世界图书出版公司，2008.
3. 胡德辉. 中学生心理健康与辅导［M］. 北京：科学普及出版社，2000.
4. 郑日昌. 中学心理辅导［M］. 北京：团结出版社，2001.

【问题与思考】

1. 亲子关系问题具有哪些类型？与学生的挫折心理、逆反心理有着怎样的联系？

2. 应试指导分为哪些阶段？每一阶段应该注意的问题有哪些？

3. 简述自闭倾向、厌学、网瘾、失眠等心理问题的辅导方法。

4. 寻找或构建一个家访情境，寻求与中学生家长共同解决亲子关系或其他心理问题的方式（可将学生的自闭倾向、厌学、网瘾行为和失眠等辅导列入其中一并进行）。

第五章　大学生心理辅导的主要内容

【本章提要】

　　大学生心理辅导是高校心理辅导工作的重要内容。大学生从中学走进大学，生活与学习环境的改变对他们的心理产生了一定的影响。本章从大学生心理发展的基本特征、心理发展的一般问题及常见心理障碍入手，系统阐述大学生心理辅导的理论和方法，为辅导教师的临床工作提供参考性建议。

【学习重点】

　　1. 了解大学生心理发展的基本特点，掌握针对学习压力问题、人际交往问题、恋爱心理问题、性心理问题以及择业心理问题的心理辅导方法。

　　2. 了解大学生主要的校园适应问题，掌握对校园适应问题进行辅导的主要方法技术。

　　3. 了解大学生常见的心理障碍，包括强迫症、抑郁症、社交恐怖症，掌握其诊断方法和治疗技术。

85

【重要术语】

　　学习压力　　人际交往　　恋爱心理　　性心理　　择业心理　　校园适应　　强迫症　　抑郁症　　社交恐怖症

第一节　大学生心理发展的一般问题辅导

一、大学生心理发展的特点

　　随着社会的不断发展，当代大学生作为较高层次的知识人才、祖国未来的建设者和接班人，在学习、感情、就业、生活等方面承受的压力日益增多。然而，大学生的心理发展正处在迅速走向成熟而又未真正完全成熟的时期。在这一时期，面对来自各方的压力，大学生的心理发展呈现出其独有的特点。

　　（一）心理发展的阶段性

　　大学生在校期间的学习和生活，可以分为入学适应、稳定发展和就业准备三个阶段，不同阶段的心理状况有所不同。

　　1. 入学适应阶段。首先，入学适应是每一个迈进大学校门的新生都要经历的第一道难关。大学生对新校园适应的时间长短因人而异，一般为一个学期左右。处在这一阶段的大学生，面临着从中学生活到大学生活的急剧变化，包括环境、角色、人际关系、生活方式和学习方法等方面的不同。这些变化容易打破大学生原有的心理平衡，使他们内心交织自信与自卑、轻松与压力，产生心理矛盾。因此，崭新的大学生活将给新入校的大学生带来诸多不适，如生活环境的差异、自我价值的丧失、学习方法的不适以及人际交往的障碍等。这样的心理不适感，如果不加以调适，会直接导致个人诸多能力的下降以及不良行为习惯的养成，严重妨碍个人身心的健康发展。

2. 稳定发展阶段。经过一段时期的调整适应后，大学生进入稳定发展阶段，这也是大学生活中最主要、最长久的时期，基本可以持续到大学毕业前夕。这一时期大学生心理发展的基本特点是对专业学习兴趣浓厚、求知欲强烈、兴趣广泛、思维活跃，对自我认识进一步深入、人际交往增多，一些大学生还可能建立了比较稳定的恋爱关系。然而，在这一阶段中，大学生也会遇到许多困难和问题，甚至出现某种程度的心理障碍。尤其是随着学习的不断深入，以及生活阅历的不断增加，大学生面对的压力越来越多，因此产生诸多情绪、行为以及人际交往上的问题，例如社交恐怖症、失眠，甚至有自杀意念。

3. 就业准备阶段。大四时期，大学生活即将结束，大学生进入了就业准备阶段，这是他们从学生生活向职业生活的过渡时期。毕业在即的大学生大多面临着毕业设计、论文答辩、求职择业、恋人去向等诸多问题的抉择和思考，因此心理压力和冲突会不断出现。其中绝大多数同学经过几年的专业学习和心理发展，已具备较为稳定的人生观、丰富的知识、良好的心理自我调控能力，但也有少数学生因在学业或求职中遇到挫折，会产生种种心理问题，如面对出国留学压力产生的紧张心理、就业竞争激烈导致的焦虑心理、对社会上不公现象的仇视心理以及对自身发展不足的自卑心理等。

（二）需要复杂、情感丰富而不稳定

需要是情绪与情感产生的基础，大学生丰富而不稳定的心理情绪源于其复杂的心理和情感需要。它们既包括衣食住行等基本生活的需要，又涵盖迫切的交往需要和成就需要、对理解和尊重的渴望，以及寻求友谊和爱情的需要。与此同时，随着心智的不断增长和发展，大学生还有自我实现和求真、求善、求美的高层次需要。复杂强烈的需要导致大学生的情绪与情感体验丰富而深刻，使得他们不论在日常生活、学习、交往，还是从事社会活动时，无不带有浓厚的感情色彩。但是，由于大学生生理、心理和在社会性发展上的不平衡，使得他们的情绪和情感具有不稳定因素，突出表现为情绪与情感的波动性特点。此外，大学生精力充沛、血气方刚，具有勇往直前的气魄，但有盲目蛮干倾向，尤其是在感受到挑衅和敌意时，容易情绪失控，呈现出冲动性特点。因此，大学生常常会由于情感问题以及学业问题，产生心理上的抑郁、焦虑之感，情况较为严重的可能导致抑郁症、进食障碍等心理和生理问题。

（三）智力发展的内在矛盾

智力是一个多种基本能力的综合，包括观察力、记忆力、注意力、思维力、想象力、创造力等，它的核心是逻辑思维能力。人的智力水平从出生后开始迅速发展，20—35岁时达到顶峰。大学生经过十几年的学习训练，到大学阶段，各项智力因素均达到相当高的水平。他们记忆力强、观察敏锐、思维活跃、反应敏捷，表现出强烈的求知探索、开拓创新的倾向。尤为可贵的是，随着知识的拓展、经验的积累和思维能力的提高，大学生不再满足于停留在事物的表层或定论上，而是倾向于从自己的价值观念出发，通过对客观世界的了解形成对事物的再认识。然而，由于知识、经验的局限和认识方式的不足，大学生在分析问题时往往容易钻牛角尖，过于主观片面，得出与事实相去甚远的结论。因此，从某种程度来说，大学生的心理发展程度与其高水平智力之间形成了一定的矛盾，这也是大学生的心理与社会性发展尚不成熟的表现之一。

（四）自我意识趋于完善

自我意识是人对自身及自身与周围世界关系的认识。人的自我意识从儿童期开始发展，到青年期逐步走向成熟。大学生由于生活环境的变化，脱离父母的呵护，开始了独立生活，因而成人感、独立感骤然增强，自我意识进一步发展。在大学期间，学生们更多地把目光从外部世界转向自己的内心世界，致力于自我认识、自我体验、自我评价、自我监督和自我约束。他们加强自省、注重对内心的分析和体验，力图了解自己的情感和心理，关心别人对自己的评价，渴望得到尊重和理解。他们十分注重塑造自身形象，并设计出理想中的自我模式，同时对现实自我与理想自我开始明确区分。大学生的自我意识发展虽正逐步走向成熟与完善，但也容易出现一些偏差，如有时尚不能正确认识自己，往往产生过高估计，一旦遭遇挫折，又容易出现自卑感等。因此，自我意识的过度膨胀可能对大学生的心理健康产生不良的影响。心理上的预期和现实之间的巨大落差将滋生严重的心理问题，从而导致生活上各个方面的问题，如严重失眠、抑郁、强迫症，甚至会导致自杀等极端行为。

（五）爱情与性意识的发展

随着大学生性生理、性心理的发展，爱情需要与性意识也快速发展起来。他们对异性充满好奇，并开始认真关注异性。他们追求纯洁美好的爱情，加之大学宽松的环境，不少学生已开始考虑恋爱问题，并试图建立相对稳定的恋爱关系。许多大学生都能合理选择恋爱时机，处理好学业与爱情的关系，并采取文明健康的恋爱方式，使之成为人格完善的契机和美好人生的华章。但也有部分大学生在尚不了解爱情真谛时就匆忙涉足爱河，陷入感情漩涡，影响学业，或者不能慎重处理两性关系，结成悔恨的苦果。对爱情以及性心理的处理与调节不当，会造成

87

多种心理问题。尤其是由于失恋等情况导致自暴自弃、仇恨社会甚至伤害他人的行为，都是由严重的心理障碍造成的，需要心理辅导教师的系统调节和辅导。

（六）大学生心理健康问题的特点

总体而言，大学生的心理发展是以如上文所述的五大基本特征为基础的。从宏观的层面来看，大学生的心理健康问题呈现出如下四个特点：普遍性、扩展性、多样性以及道德素质多元化。普遍性，顾名思义，是指大学生心理健康问题已经成为各高校的一种常见的现象。同时，从大学生心理健康的整体水平来看，在校大学生患有心理障碍的比重也较大，因此心理问题已经成为大学生群体中的普遍问题。扩展性，主要指大学生群体中存在心理问题以及患有心理疾病的比例呈逐年扩大的趋势。与此同时，相当比例的青年大学生存在比较明显和复杂多样的心理障碍与疾病，这使得大学生心理发展问题呈现出多样性的特征。值得注意的是，当代大学生道德素质的多元化，也直接导致了其心理发展的一些问题。总体上看，大学生群体思想道德情操是积极向上的。但一些消极腐败的观念如功利主义、拜金主义、极端个人主义、享乐主义等在高校中仍占有一席之地，对大学生心理健康的影响是不容忽视的。

大学生心理发展的诸多问题，主要是由其自身性格、家庭背景以及社会环境等多种因素决定的。其中，学习问题、人际交往问题、恋爱与性心理问题以及求职与就业问题等成为大学生心理问题的重要表现形式。与此同时，校园适应问题极为突出，更应受到心理辅导教师的重点注意。

在本节中，主要对学习问题、人际交往问题、恋爱心理问题、性心理问题以及择业心理问题五项内容进行阐述，包括问题的内容及表现、问题的成因和辅导方法等，以作为大学生心理辅导教师临床实践的理论参考。

二、学习压力问题辅导

（一）学习压力问题的表现

学习压力问题，又称学习焦虑问题，始终贯穿于每一个大学生的学习生活。这种学习压力不同于在小学、中学时期的压力，具有大学生活特有的面貌。具体来说，主要表现在如下两个方面。

1. 学习目的不明确，缺乏学习动力，不能集中精力学习。大学生活的自由宽松，使得许多大学生不再将学习视为自己的首要任务。尤其是有些大学生并不喜爱自己的专业，学习兴趣不浓厚，更无长期的人生规划和理想。

2. 理想与现实的落差太大，难以适应学习压力。学生在进入大学之前，都认为大学的生活非常宽松自由，但实际上大学生活的压力是无形的。面对理想与现实的巨大落差，许多大学生会对现实中的压力感到无所适从，从而产生多种心理问题。

（二）学习压力问题的成因

大学生学习压力问题的形成可以从主观和客观两个层面进行分析，其中主观层面的原因是最重要的因素。从主观层面上来说，首先，大学生对大学学习生活的认识，尚处于初级阶段。他们只强调大学的宽松特征，而掩盖了其学术上的严谨性。其次，许多大学生未能找到适合大学生活的学习方法，因此在学习生活上顾此失彼、捉襟见肘。从客观层面上来看，社会竞争的不断加剧是大学生感到强大学习压力的最直接原因。另外，还有来自入学前家长、亲友对大学生活的扭曲描述，极大地影响了大学生对于大学时期学习生活的态度，因此产生种种的障碍和困难。

（三）学习压力问题的辅导方法

学习压力问题的辅导，应该与大学生入校的心理辅导密切配合，在入学时期就形成对学生的心理暗示，促使其加强、重视学习，同时不被暂时的学习压力所吓退。具体说来，应该从学习观念辅导和压力疏导两个方面来进行。

心理辅导教师应从大学生的学习观念入手，调节其心理问题。很多同学由于根深蒂固的对大学学习的偏见，产生了如厌学、网络成瘾等心理障碍。因此，心理辅导教师的首要任务，是通过深入的沟通和交流，让大学生对其所在阶段的学习情况、任务、内容和目标有一个较为清晰的认识。只有这样，学生才会有解开心结的动力，并通过学习和思考，完善地规划自己的人生道路。

另外，压力疏导也是应对学习压力问题不可忽视的方法。首先，心理辅导教师要引导学生正确认识压力。压力太大或太小都不好，只有合理的压力水平，才能创造最高的学习效率；正确认识压力，不仅可以缓解焦虑和恐惧的心理，更有助于掌握正确的压力应对方式。其次，要让学生的压力得到合理的宣泄。帮助学生了解宣泄压力的适当方式和相应场所是十分重要的。宣泄压力的方式包括推心置腹地倾诉、写信、公众演说等，每种形式都为学生提供了机遇，让学生的心理压力在适当的环境中流露出来。另外，心理辅导教师还应该引导学生合理利用时间，掌握科学的学习方法。当学生感到有压力时，可以在教师的指导下进行有效的时间管理，例如制订计划。制订的计划可大可小，时间可长可短，但以细致具体为好，这样便于合理安排时间，提高学习效率，可在无形之中缓解学习中的焦虑感和恐惧感。

三、人际交往问题辅导

（一）人际交往问题的表现

人际关系已成为当代大学生的一个敏感问题，大学生身处异地孤身在外，相比初中、高中阶段更加渴望人际交往。但是，对于如何与来自天南海北、具有不同家庭背景、不同文化修养和性格各异的同学交往，有些学生显得不知所措，从

89

而产生出戒备、观望、多疑、掩饰等心理和行为表现。然而，大学生如果长时间处于这样的心理状态，必然会感到孤独、不安、精神抑郁和心情烦躁，更为严重的甚至会导致社交障碍和社交恐惧。

(二) 人际交往问题的成因

大学生都希望自己处于良好的人际关系之中，但是事实上，大学生在交往中并非时时、处处都一帆风顺，人际交往障碍时有发生。一般而言，人际交往问题的产生有以下三个方面的原因。

1. 过分以自我为中心。随着自我意识的发展，大学生越来越多地把关注的中心投向自我，因而会比较多地从自身的角度考虑问题，容易出现以自我为中心的倾向。当这种倾向与某些不健康的思想意识和心理特征结合时，就会表现出过分的、扭曲的以自我为中心的行为，例如想问题和做事情常常过多地考虑自己的感受，不能设身处地地进行客观思考，导致经常与人发生冲突，人际关系多不协调。

2. 人际交往自卑感。人际交往中自卑心理的产生，主要来源于心理上消极的自我暗示。一般来说，表现为对才能、体貌等自身因素评价过低，心理承受能力差，谨小慎微，多愁善感，行为畏缩，瞻前顾后，等等。产生这种消极自我暗示的原因主要包括：现实中交往受挫的经历导致的消极反馈、生理上的某些不足引起消极的自我意象、对自己能力估计过低带来的极度不自信、对自身性格和气质评价过低造成的消极自我评价等。

3. 人际交往恐惧感。大学生渴望友谊，希望广交朋友，但是有些大学生对人际关系特别敏感、害怕，极力回避与人接触，不得不交往的时候则会紧张、恐惧。为此，他们常常陷入焦虑、痛苦之中，严重影响到身心健康和日常的学习与生活。人际交往上的恐惧感一般来说是后天形成的条件反应。有些大学生在交往过程中屡遭挫折，就会在心理上形成一种阴影，在情绪上产生种种不愉快的甚至痛苦的体验，久而久之，就会不自觉地形成一种紧张、恐惧、不安的情绪状态。另外，看到或听到别人在某种交往情境中遭受挫折，陷入困境，自己就会不自觉地依据间接经验预测自己在特定的社交场合也会遭受令人难堪的对待，于是造成紧张不安、焦虑、恐惧的情绪。

(三) 人际交往问题的辅导方法

人际交往是一种重要的技能。在人际交往的过程中，个体需要了解人际交往的原则，掌握人际沟通的技巧与方法，学会有效表达自己的情感和对他人的诉求，并能准确理解他人的意图和情感。一些大学生由于人际交往能力差，因而交不到朋友，久而久之出现人际交往障碍。对于人际交往问题，建议采取以下四种方式进行辅导。

1. 自信心训练。自信是成功的基石，在人际交往中自信不可缺失。因此，心理辅导教师要引导学生发现自己的优势和长处，多说积极的话，多做成功的事，多给自己积极心理暗示，在努力争取成功中不断增强自信。

2. 系统脱敏法。学生可以在心理辅导教师的指导下，采取系统脱敏等方法，逐渐消除对社交的恐惧，克服自卑和羞怯，学会坦然自若地与人沟通，不怕失败，不怕被人讥笑。

3. 社交技能练习。心理辅导教师可以指导学生进行相关技能的练习，例如学会与人对视，学会换位思考，甚至学会完整地讲完一个笑话、完整地唱一首流行歌曲等。在进行交谈时，可以让学生先和自己亲近的人练习，让他们告诉自己哪些地方不够自然，然后再逐渐与同学进行主动的交流和沟通。

4. 满灌法。当来访者的心理过于焦虑或者紧张之时，心理辅导教师可以引导学生问问自己，再坏又能坏到哪里去？这样可以使学生得到适度的放松。想通了这个道理，一切就会变得容易起来。

四、恋爱心理问题辅导

（一）恋爱心理问题的表现

随着时代的发展，大学生谈恋爱的情况越来越普遍。感情生活已经成了大学生活中的一个重要组成部分。与之相随，大学生的婚恋观也越来越趋于开放，恋爱现象在大学校园里更加司空见惯。不排除有些大学生可能会在大学校园里找到真爱，但也有为数不少的情侣由于各种各样的原因会分手。然而，有些学生却因此抑郁成疾、焦虑成癖，最终形成了心理障碍。爱情可以让人甜蜜，让人激情四射，但也可能摧毁一个人的意志。因此，这种由于恋爱失败而导致的心理问题甚至心理障碍已不鲜见。

（二）恋爱心理问题的成因

大学生恋爱心理问题形成的原因是多方面的，但是从心理学的角度来看，主要是由于归因偏差所造成的。所谓归因，即人们运用所获取的各种信息对自己或他人的行为进行分析、解释、判断、推测的过程。在情感生活中，归因偏差可能会直接造成大学生恋爱问题的心理失常。具体而言，在对于恋爱问题的思考中，有以下三种形式的归因偏差。

1. 个人归因强于情景归因。这是指人们在对行为进行归因时，有一种高估内在倾向的作用而忽视情景作用的一般倾向。更简单明确地说，是指个人归因多于或强于情景归因的现象。因此，一个人在恋爱的过程中，往往喜欢强调自身的客观条件、显示自己的能力，这在一定程度上为恋爱中的自尊伤害埋下了隐患；在恋爱失败时，又多喜欢将罪过强加于对方身上，而忽略环境上的不适合和性格上的不匹配，导致心里怨恨、无法自拔。

2. 利己责人归因偏向。在社会生活中，每个人都处于一定的社会位置，有

91

自己特殊的利益，会形成自己观察和处理问题的立场。于是，在大学生恋爱中，如果追求成功了，这个人会说是由于自己各方面的条件打动了对方，才赢得对方的好感。如果失败了，却会将原因归于他人、环境，甚至天气等与自身毫不相干的因素上来，并可能产生对对方的偏见。

3. 低估一致性信息偏向。大学生在恋爱的过程中，尤其是感情发生裂痕时，通常会偏重于某一方面的原因，不给其他方面一致性的信息以同等的关注和重视。因此，很多恋爱受挫的大学生会因为感情问题钻牛角尖，严重者会激发对恋人的仇恨，从而做出一些极端的行为伤害他人。

（三）恋爱心理问题的辅导方法

根据对大学生恋爱心理的各种归因偏差的分析，对于大学生谈恋爱所带来的种种问题，心理辅导教师要对症下药，采取可行的策略帮助大学生确立积极的恋爱观，从理论上指导大学生的种种思想困惑，学会正确归因，尽可能克服错误归因所造成的负面影响，使大学生正确认识和把握恋爱与学业、事业、婚姻乃至整个人生的关系。这是恋爱心理辅导的治本之策。

除此之外，还可以辅导大学生采用以下几种方法摆脱失恋烦恼。

1. 倾诉法。过分压抑不良情绪，一旦超过个人的承受能力，后果将十分严重。因此，心理辅导教师应该积极倡导恋爱苦闷的大学生找自己信任的人（包括亲友、同学和教师本人）进行倾诉，从而宣泄苦闷，获得心理平衡。

2. 转移注意力。爱情不是生活的全部，对于失恋的同学，心理辅导教师应该鼓励他们把精力投入到学习、运动等其他自己感兴趣的方面。通过有意识地转移注意力，把消极情绪转化为积极行动。

3. 自我放松法。可以指导学生找一个安静舒适的地方，从头部开始，依次面部、胸部、腹部、四肢、手脚，让每一块肌肉先紧张再放松。仔细体会放松的感觉，感情的创伤会随着心态和身体的放松慢慢缓和，有利于身心健康。

五、性心理问题辅导

（一）性心理问题的表现

大学生处于个体发展的青年期，年龄一般在 17 岁至 23 岁之间，性生理已经发育成熟，基本上完成了自我性角色的认同，性意识和性体验的冲动十分明显。然而，大学所处的特殊阶段和任务，导致大学生的性需求与性满足之间的不协调，引起心理矛盾和冲突。大学生性心理问题主要表现在如下几个方面。

1. 与异性交往不适的困扰。有部分大学生由于传统观念的影响，头脑中还残存着一些男女授受不亲的封建观念；还有的大学生由于性格内向，缺乏自信而不敢与异性交往。久而久之，他们就害怕与异性交往，紧张与羞怯使其在交往中局促不安，这种恶性循环使得这一部分大学生不能结交异性并维持情谊，致使自己沉浸在孤独、痛苦的情绪体验之中。

2. 性行为失当的困扰。大学生的性行为失当主要是边缘性行为和婚前性行为。边缘性行为包括儿童期的游戏性性交，青春期及青年期的接吻、拥抱、抚弄性器官等。对这种边缘性性行为和婚前性行为，如果不能给予较好的控制和应对，则会导致心理的困扰和心灵的伤害，甚至造成悔恨终身的苦果。

3. 对自己性别认同的困扰。性别认同是指个体在生理上觉得自己是男是女，以及对自己现有性别的喜恶和是否有选择相反性别的倾向。调查表明，男女大学生对自己性别认同中的问题，影响着自己性别角色的社会表现。随着网络信息社会的逐步开放，性别认同困扰及同性恋已经成为大学生性心理不可忽视的问题。

（二）性心理问题的成因

1. 成熟的性生理与不成熟的性心理存在矛盾。目前，我国在校大学生的性的成熟与整个身体的发育已基本完成，但是性心理的发展并未达到成熟。与此同时，大学生一直难以获得系统、完整、科学的性生理、性心理、性道德等方面的知识，导致大学生走向独立、全面、成熟的性自觉的时间相对推迟了。

2. 性意识的内在强烈性与表现隐蔽性存在着矛盾。在大学阶段，性的生物性需求与性的社会性要求的矛盾，使得与性成熟相关联的性爱行为，往往只能表现得比较隐秘曲折。

3. 社会环境中不良性信息的刺激。随着高科技的发展，网络技术的普及，越来越多的大学生钟情于网络。然而，淫秽黄色的性文化无孔不入地闯入了网络世界，侵蚀着大学生的心灵。

（三）性心理问题辅导的内容与方法

性心理问题的辅导内容，主要包括性意识、性行为、性道德意志以及性心理障碍辅导四个方面，其目的在于帮助学生增进性心理健康。

1. 性意识辅导。使大学生对青春期性意识发展的过程和特点具有正确的认识，避免因性无知、过分性压抑而导致的各种性心理困惑。

2. 性行为辅导。在辅导教师的指导下，使大学生了解性行为的表现形式及其发展特点，对性冲动、性自慰和边缘性行为有科学和理性的认识。

3. 性道德意志辅导。鼓励大学生充分了解良好的意志品质对发展健康性心理的重要作用，增强道德意志的自制力，防止性罪错，从而建立起在自觉基础上的性抑制力。

4. 性心理障碍辅导。即帮助大学生对各种常见的性心理障碍的症状及表现形式有所了解，提高自我预防性心理异常的能力，指导他们掌握对性心理障碍的鉴别和调适方法，学会寻求心理治疗并加以矫治。

93

六、择业心理问题辅导

（一）择业心理问题的表现

1. 择业自卑感。在择业问题上，自卑感强的人表现为对自己的潜能优势缺乏了解，缺乏自信心，这是大学生很容易产生的消极心理。

2. 择业焦虑。毕业分配制度改革使大学生求职择业呈现多元化的趋势，拓宽了大学生职业选择面。而对职业选择的自由度越大，职业选择行为的责任越重，择业心理压力便越重。

3. 茫然心理。部分大学生过高估计自己的知识和能力水平，对一般用人单位不屑一顾；还有一些大学生过低估计自己的水平，对自己缺乏自信，优柔寡断，不能向用人单位充分展示自我，从而错失良机。

4. 择业嫉妒心理。择业嫉妒心理就是在求职过程中对他人的成就、特长或优越的地位等持既羡慕又敌视的情绪。有些大学生甚至借助贬低、诽谤以至报复的手段来求得心理的补偿或摆脱恐惧和愤怒的困扰。

5. 盲目攀高心理。大学生求职择业时盲目攀高，即对主客观条件的估量不够准确，不能正确评价自己的素质和条件，一心追求大城市、高报酬、条件好的用人单位，而不顾自己的专业或自己的某些缺陷是否适合这一行业。

6. 消极依赖心理。一些大学生在社会为其提供的就业机会面前顾虑重重，不能主动地参与就业市场的竞争，依赖自身的努力去赢得用人单位青睐，而是寄希望于学校、地方就业主管部门、家庭，或静候学校和地方的安排，或依靠家长去四处奔波，缺乏择业的主动性，等靠思想和依赖心理严重，使自己在就业中处于劣势。

（二）择业心理问题的成因

大学生择业心理问题的成因，一般而言，可以从择业观念、社会风气、家庭因素、就业指导以及自身素质这五个方面进行分析。

1. 择业观念滞后于就业制度的改革。计划经济时代分配工作的方式还在影响着部分学生和家长的思想。

2. 社会上不正之风的影响。由于新的就业制度还不完善，社会上不正之风的影响渗透到了大学生就业领域，双向选择过程中凭借关系择业还有一定市场，优生优荐、优生优选的原则不能得到充分的体现。

3. 家庭因素的影响。一些家庭在传统思想和观念的支配下，为上大学的子女设计了一个理想的就业蓝图，由于家长和子女思想不统一，往往导致大学生择业的矛盾心理。

4. 就业指导工作的滞后。一些学校只注重专业知识技能的学习与传授，放松了对毕业生的思想教育，忽视了就业指导工作，对大学生择业中出现的心理问题缺乏分析和研究。

5. 大学生自身素质的影响。一些大学生自身素质不高，他们或者心理发展不成熟，承受不起挫折与失败；或者由于不努力，学习成绩差，动手能力不强，缺乏实践经验；或者由于放松对自己的要求，道德修养差，胸无大志，只考虑眼前利益；或者由于缺乏对自己的正确认识，不能正确评价自己。这些素质的欠缺导致竞争实力欠缺，直接影响大学生的就业，造成求职过程中一些心理障碍的产生。

（三）择业心理问题的辅导方法

对于上述择业心理问题的解决，不仅需要家庭、社会以及学校在观念上的转变和政策上的努力，更要求大学生本人转变就业观念，掌握择业方法和求职技巧，从根本上克服择业问题的心理障碍。

除做好以上工作外，心理辅导教师还要指导学生进行心理调适，从而消除择业问题引起的心理症状。这里介绍几种简单易行的心理调适方法。

1. 自我心理暗示。自我心理暗示是利用语言或非语言的手段，对自己施加影响，从而达到心理治疗的一种方法。在择业中，大学生可以经常用一些诸如"沉着、冷静"、"谦虚"、"我一定能行"等简短而积极的自我心理暗示调节自己的情绪。

2. 注意转移法。注意转移法是通过转移注意，使个体的注意力由消极情绪转移到积极情绪的一种方法。为此，大学生可以在辅导教师的指导下有选择地参加一些有益的活动，将注意力转移到积极的活动中，使自己没有时间沉浸在那些由各种原因引起的不良情绪中。

3. 适度宣泄法。在心理辅导教师的引导下，鼓励大学生通过某种途径把内心的冲突发泄出来，以使心理得以平衡。当感到紧张或焦虑时可以进行适度宣泄，向老师、同学、亲人、朋友倾诉自己的忧虑和不满，也可以参加一些体育活动以消除心理压抑。

4. 放松训练法。放松训练法是通过练习，学会身心放松的方法。心理辅导教师可以指导大学生利用某一物件来发挥自我想象，使自己的头脑清醒、心情愉悦，减轻或消除焦虑、紧张、头痛等各种不良反应。

第二节　大学生校园适应指导

一、大学生校园适应概述

进入大学后，大学生的生活环境、学习方式、人际关系、个人角色等都发生了重大变化，这就要求个体能够在较短的时期内在上述方面作出相应的调整和改变，以适应环境的变化。如果个体自身改变与环境变化脱节，就容易出现适应问题。倘若这一问题得不到及时解决，还会带来其他心理问题，影响大学期间乃至今后的学习与生活。

95

西方一些心理学家认为，大学新生要经过分离、过渡、融入三个阶段的洗礼，才能真正适应大学生活。分离是大学新生适应大学生活的起点。青少年从中学毕业进入大学深造，从离开家庭走进大学校园的那一天起，就意味着与家庭和昔日中学朋友的分离。分离意味着个体要重新定义与家庭和昔日朋友之间的关系。过渡是指新生适应新的自然的、社会的和精神的环境。融入则指学生在新环境中形成了适当的学习和生活方式，建立了新的社会网络。在以上三个阶段中，最为重要的是第二个阶段——过渡。因为分离事实上是由入学而客观造成的，而融入是适应的最终目的和结果，新生过渡期延续的时间长短以及他们在过渡期的状况直接影响这一结果。因此，对于新生适应的大多数研究都集中在过渡阶段。

一般而言，新生校园适应主要包括以下三个方面的内容。

1. 适应客观环境的改变。为适应客观环境的改变，就要主动调节自己的生活方式、行为习惯、学习方式，学会独立地面对生活，从学习、交友到衣食住行都要学会独立处理。

2. 人际关系的改变。建立新的人际关系，是对大学新生的又一考验，这既是环境的客观要求，也是个体逐渐走向成熟和向成人转化的必要条件。大学生需要重新思考人际关系的内涵，学习与不同性格的个体相处，掌握建立和维护人际关系、化解人际冲突的技巧。

3. 对自己认识的改变。大学新生的社会比较系统发生了很大变化，在新的人际环境中，面临着重新认识自我和树立自我形象的重要问题。新的自我的确立应建立在对自己的客观认识与评价的基础之上，这一过程可能是缓慢的，很可能贯穿在整个大学生活之中，入学适应只是一个开端。

二、大学生校园适应问题的表现

随着我国高等教育向大众化阶段转型，越来越多的独生子女步入大学校园。大学的学习、工作、生活完全不同于高中。由于学生存在个体间的差异，有的学生能够很快完成高中向大学的转变，有的学生却需要较长时间才能完成这种转变，一些学生甚至于无法完成这种转变，从而产生了厌恶学习、生活不能独立、情绪波动大、焦虑恐惧等心理以及生活上的问题。具体表现为以下几个方面。

1. 学习适应不良。影响大学生学习适应的主要因素有学习动机、学习能力、教学模式等方面。大学的教学模式具有信息量大、呈现速度快、理论程度深，以及自由支配时间多、以自我监控为主等特点。高中的学习有三股力量：牵引力——考上大学的目标；内驱力——不甘落后的上进心；推动力——家长的督促。进入大学后，作为牵引力的目标没有了，作为推动力的家长督导也没有了，一些自控能力差的同学便失去了学习的动力。还有些学生因继续沿用高中的学习方法，不适应大学老师的教学方式，以致对学业产生抵触情绪，从而产生厌学心理，甚至引发抑郁情绪，进而产生轻生的念头。

2. 人际适应不良。进入大学，也意味着人际关系的变迁与重建。大学的同学来自于五湖四海，学生间的生活习惯、性格、生活经验等方面存在很大差异。在交往中，由于个性上存在以自我为中心等特点，导致一些学生与同学交流困难，从而造成强烈的孤独感甚至敌对情绪。一些学生因此不得不休学、退学，以逃避人际交往的困境。严重的甚至产生社交恐怖症、焦虑症等。

3. 专业适应不良。由于我国大学生在入学前大多没有接触过职业生涯规划的教育，一些学生在高考填报志愿时带有盲目性，根本不知道自己志愿中所填写的专业的学习内容、发展方向、学习强度。进入大学后，发现理想与现实差距很大，从而导致专业适应不良。还有部分新生因高考发挥不理想，没被自己喜欢的专业录取，在入学后的较长一段时间内都认为自己"不幸"，感到压抑，从而陷入专业困境，不能安心学习，一些学生甚至退学并重新参加高考。

4. 环境适应不良。环境适应包含了气候适应、城市和校园氛围适应等。北方人到南方求学、南方人到北方求学、东部地区的到西部地区求学、西部地区的到东部地区求学，这种区域的差异性导致了环境适应的困难，一些学生入乡容易随俗难。这种适应困难有时会有躯体症状出现，比如脱发、出皮疹、肠胃不适、失眠、头痛等。

5. 生活适应不良。大学里更讲究独立生活，一些新生由于来大学前养成了强烈的依赖心理，此时突然远离父母，缺乏自理能力和自主性，不能接受独立自主的生活，顿失安全感。一些学生缺乏对财物的管理能力，缺乏合理安排大量空余时间的能力，缺乏自己拿主意、想办法的能力等。这些能力的缺失，导致新生不能适应大学生活、极端想家、生活混乱、思想迷茫等，严重的只得让父母来陪读。

6. 情感适应不良。一些新生在入学前，就已经有了心仪的异性。考上大学后，由于各自进入了不同的大学，产生了空间上和心理上的距离，如何接受高中的恋情终结，是一些人所要面临的问题。一些新生进入大学后，由于内心空虚，就会去寻找生活中的异性伴侣。所谓"几月份恋爱，十月份失恋，来也匆匆，去也匆匆"，由于各自并不了解对方，并且恋爱动机值得怀疑，因此失恋的比例相当高。还有一些新生看到别的同学很快有了异性朋友而自己没有，因羡慕、嫉妒导致了焦虑情绪和强迫行为。

三、大学生校园适应问题的心理因素

大学新生校园适应不良，主要同其自身的不良心态有关。

1. 喘歇心理。经过中学阶段超负荷的拼搏以及身心能量的过度透支，大学生入学后几乎身心俱疲，相当一部分学生滋生了对学习的厌倦情绪。由于心理紧

张系统解除，学习上无动力，行为上提不起劲，喘口气、歇歇脚的心理比较普遍。

2. 茫然心理。中学阶段学生们的奋斗目标非常明确、强烈，即一切围绕中高考而拼搏。考入大学后，出现目标的丢失和理想真空。许多新生不知自己该干什么，不善于自主地安排生活和学习，导致焦虑、茫然、百无聊赖的感觉比较明显。

3. 自卑心理。产生这种心理有三种情况：一是部分同学高考成绩不理想，录取到较低层次的学校，自尊心受挫。二是高校的某些价值标准与中学不同。在高校，衡量个体价值和能力的不仅仅是学业成绩，而那些来自偏远贫困地区或者一心埋头苦读而很少注意全面素质发展的同学，深感自己在这些方面的劣势而滋生自卑心理。三是角色地位变化诱发的自卑心理。大学生多是中学时期的学习尖子，自我感觉良好，进入高校后，却发现山外有山、天外有天，这种角色位置重新洗牌的情况造成巨大的心理落差，一旦遇到挫折，往往导致他们自我评价失真，从而诱发自卑心理。

4. 失落心理。这种心理的产生与两种因素有关：一是没有录取到理想的学校或专业，只是抱着权宜之计入学，入学后心情别扭和沮丧，退学或转系的意念强烈。二是有的新生入学前把大学生活想象得浪漫、神秘和多姿多彩，过高的期望值与大学的现实生活反差较大，导致其入学后出现情绪波动和失落。

5. 怀旧心理。大学生来到新的学习和生活环境，面对生活方式、习惯、环境的急剧变化，加上远离家乡、亲友和同伴，自然会产生对往日生活的怀旧之感。尤其是某些年龄小、以自我为中心、习惯于依赖家庭的女生，哭鼻子、人际关系紧张的事情时有发生，怀旧心理油然而生。

6. 从众心理。从众指个人受到外界人群行为的影响，而在自己的知觉、判断、认识上表现出符合公众舆论或多数人的行为方式。通常情况下，多数人的意见往往是对的。然而，这种心理导致的缺乏分析、不作独立思考、不顾是非曲直的一概服从多数，随大溜，则是不可取的，是消极的盲目从众心理。

四、大学生校园适应问题辅导

为了让大学生尽快地适应大学校园生活，以及积极有效地对大学生的适应性心理问题进行疏导和帮助，可以通过以下六种方式给大学生以辅导。

1. 团体心理行为训练。对新生开展团体心理行为训练，可以提高团队凝聚力，满足大学生的归属感。辅导教师通过创设积极情境，使学生学习人际沟通的方法和技能，可以有效地解决大学新生适应不良的问题，是一项充满生机和活力的教育活动。团体心理行为训练具备受益面广、见效快、易于操作等诸多优点。

2. 认知行为疗法。认知行为疗法可以有效地解决大学新生因适应不良所致的严重心理问理。心理辅导教师可以运用贝克的认知疗法，帮助来访者识别自动化思维，从而改变其错误观念，使其接纳新的认知模式，并产生积极行为。通过咨询和辅导，学生的负性情绪、躯体化症状及社会功能等均会有明显改善。

3. 新生教育。新生教育是帮助新生适应大学生活，实现从中学到大学的人生过渡，以为四年的大学生活甚至将来的人生发展打好基础的一种阶段性教育。新生教育可以涉及大学生活的方方面面，使大学生的学业、人际、生活等各方面从一开始就进入良性循环。在新生教育中，心理辅导教师发挥着不可替代的作用。

4. 新生研讨课。新生研讨课是一种以小班教学为特色的专为大学新生开设的研讨课程。在新生研讨课中，经验丰富的教师直接与学生交流。这种形式能在新生向大学学术角色的过渡中发挥重要作用，可以帮助学生尽快完成大学学习生活的适应。

5. 同伴支持制度。所谓同伴支持制度是为了能让新生顺利融入大学新生活，由老生向新生提供从获取学分方法到校园生活各方面建议的制度。这种新生适应辅导制度在国外高校中十分普遍，可以有效地提升新生与校园之间的亲切感，缓解新环境、新生活带来的紧张、焦虑以及不安情绪。

6. 健康家庭教师制度。这种辅导方式力图打破心理咨询的神秘感，同时避免延误治疗时间。具体方法是，心理辅导教师进入学生宿舍，在类似家庭的环境中为学生及时解决心理问题，营造亲切感，提升心理辅导的效率和作用。

第三节　大学生常见心理障碍的辅导

一、大学生常见心理障碍概述

心理障碍是指心理疾病或心理失调。它出现在大学生身上的多数原因在于心身疲乏、紧张不安、心理矛盾冲突、遇到突如其来的问题或面临难以协调的矛盾。一般而言，大学生心理障碍存在的时间短、程度较轻微，会随情境的改变而消失或减缓。但也有个别学生的症状时间长、程度较重，以致不得不休学甚至退学。心理障碍不仅影响学习，而且会给患者带来精神和肉体上的痛苦，如果处理不好还会诱发严重精神疾病。

大学生心理障碍的产生，除了先天遗传因素和家庭、学校、教育方式不当以及社会的有害影响外，大学生自身的人格不健全以及上一节提到的多种不良心态也是导致各种心理障碍的原因。

在临床工作中，经常遇到的大学生心理障碍主要有强迫症、抑郁症和社交恐怖症。

二、大学生常见行为障碍：强迫症

（一）强迫症及其表现

强迫症是以强迫症状为核心的一种心理疾病。病人常有无法自我克制的、重复出现的某种观念和行为，深陷其中而又无法自拔，因此，病人感到非常痛苦和不安。

强迫症的临床表现多种多样，一般分为强迫观念和强迫行为。强迫观念是指某些思想或某些想法不断重复出现，明知没有必要，但就是无法摆脱；强迫行为则是指病人为了减轻因强迫观念所引起的焦虑，不由自主采取的各种相应的行为。其中，前者又可细分为强迫回忆、强迫联想、强迫疑虑、强迫性穷思极虑和强迫性对立思维；后者包括强迫性计数、强迫性检查、强迫性洗手、强迫性仪式等。

（二）大学生强迫症的成因

强迫症作为一种心理障碍，是一种危害极大的心理疾病。患有强迫症的大学生在相关症状出现时，一般会用很强的克制欲望和毅力，试图努力摆脱这些症状，却无论如何也摆脱不掉。因此，他们内心会感到非常的苦恼、焦虑和不安。一般而言，大学生强迫症的成因要从以下几个方面来进行分析。

1. 生物学因素。生物学因素指由于生理或遗传的病因导致强迫症。强迫症与生物学上的脑的病理相关。即由于脑的某种病理，引起了强迫症的发生，这是其形成原因之一。有许多强迫症患者对自己强迫行为的产生常常说："不知怎么就出现了。这样的行为好像不是自己的。"一些患者是脑神经系统方面出了问题，导致大脑中枢指令变异。

2. 性格心理因素。人的个性特征与强迫症的产生有一定关系。一般来说，强迫型人格可以分成两种类型：一是多疑虑，缺乏决断力，遇事犹豫不决，类似轻微的强迫症。二是固执、倔强、易激动、脾气坏。这两种类型都具善良、注重细节、求准确、爱整洁的共同点。第一种人做事缓慢，迟疑不决；后一种人则固执求全。以上这些特点作为强迫症患者的人格特质，在诊断和评定该症状的过程中有一定参考作用。反过来，这些性格特征最终可能发展成为强迫症，也是诱发强迫症的关键因素之一。

3. 社会环境因素。强迫型人格的形成除了与遗传有一定的关系外，个人的心理状况、家庭教育与社会环境的影响也起重要作用。家庭教育对强迫症的形成有重要影响。据研究发现，强迫症学生与其父母的家庭教育方式过分严格、刻板及追求完美无缺的生活模式有着重大关系，特别是具有强迫个性的父母，更是对患者有着潜移默化的影响。环境刺激因素与强迫人格特质的结合，加之较弱的心理承受能力，使患者长期存在着明显的抑郁和焦虑情绪，由此也容易诱发强迫症的产生。如大学生在校期间，学习压力过大、家庭不和睦等消极因素可使其长期紧张不安。其他心理社会因素和精神创伤也可诱发强迫症。

（三）大学生强迫症的辅导和治疗

强迫症对大学生患者的学习、生活等方面都造成了严重影响，尤其是在精神上给他们带来极大痛苦，使其思想扭曲并脱离了正常的轨道，结果会越陷越深，不能自拔。这不仅影响到他们的学业，从长远来看，还影响到了他们的前途，对于国家培养人才也极为不利。因此，积极开展对患有强迫症的大学生的治疗或转介到专业机构，是每一个心理辅导教师的当务之急。

对强迫症的辅导治疗，可从以下几个方面入手。

1. 让当事人面对并认识心理不适应问题或症状。一般说来，对于症状，精神病患者没有自知力，而强迫症等心理疾病患者却具有自知力。让心理患者洞察、反省其自身的问题，这是心理辅导和治疗的第一步。

2. 对来访学生进行感情调整，使其情绪从苦难、痛苦、不安转变为缓和、安定的状况。其目的是使学生产生积极愉快的情感和追求生活的能力，因为心理疾病患者的生活乐趣多多少少受到阻碍，缺乏活力，需要尽快调整。

3. 发现个体的潜力。学生的个人能力被封闭时，经常会感到悲观、失望。心理辅导过程中要发掘个体的特长，主要是释放个人意识和潜意识背后存在的紧张、矛盾、冲突等，使患者被封闭的内心得到解放。要把患者对生活的创造性开发出来，改变其自我的生活态度。

101

4. 培养对环境的适应能力。对环境适应不是盲目的妥协，而是旨在与其朋友、环境、他人的接触交流中，提高应变能力，改变不合理的生活环境。

5. 增进自主性。也就是使来访学生对自我的问题能加以认知，摆正位置，提出自我解决的主张。对自我的发展既不能无限膨胀，又要确立自我发展（不被埋没）的方向。

6. 一旦发现来访学生有生理的、器质性方面的功能障碍时，应懂得积极寻求专业心理医生和医学方面的治疗和调整。

以上几点对于其他神经症患者也同样适用。对于强迫症来说，一种更直接、更有效的治疗方法是源自日本的森田疗法，即引导患者听其自然，为所当为，通过转移注意力来消除症状。森田疗法既可以在门诊进行，也可以住院治疗。

三、大学生常见情绪障碍：抑郁症

（一）抑郁症及其表现

抑郁症是一种以抑郁情绪为突出症状的心理疾病。病人有凄凉感，对人和事物失去兴趣，常头痛、心烦、多梦、惊恐、乏力、腹泻等。此病症严重时，人会感到强烈厌世，甚至有轻生念头。抑郁症的临床表现如下。

1. 抑郁心境。这是抑郁症患者最主要的特征。轻者心情不佳、苦恼、忧伤，终日唉声叹气；重者情绪低沉、悲观、绝望，有自杀倾向。

2. 快感缺失。对日常生活和各种娱乐或令人高兴的事情体验不到乐趣。轻者尽量回避社交活动，重者闭门独居、疏远亲友、杜绝社交。

3. 无明显原因的持续疲劳感。轻者感觉自己身体疲倦、力不从心，学习、生活和工作丧失积极性和主动性；重者甚至对吃、喝、个人卫生等基本需求都无暇顾及。

4. 睡眠障碍。约有70%—80%的抑郁症患者伴有睡眠障碍，患者通常入睡无困难，但几小时后即醒，故称为清晨失眠症、中途觉醒症及末期失眠症，醒后又处于抑郁心情之中。还有少数的抑郁症患者睡眠过多，称为多睡性抑郁。

5. 食欲改变。表现为进食减少，体重减轻，重者则终日不思茶饭，但也有少数患者有食欲增强的现象。

6. 躯体不适。抑郁症患者普遍有躯体不适的表现。患者常去医院检查和治疗不明原因的疼痛、疲劳、睡眠障碍、喉头及胸部的紧迫感、便秘、消化不良、肠胃胀气、心悸、气短等病症，但多数对症状缓解无效。

7. 自我评价低。轻者有自卑感、无用感、无价值感；重者把自己说得一无是处，有强烈的内疚感和自责感，甚至通过自残来自我惩罚。

8. 自杀观念和行为。这是抑郁症最危险的行为。患有严重抑郁症的患者常选择自杀来摆脱自己的痛苦。

(二) 大学生抑郁症的成因

大学生的抑郁心理是大学生群体中一种比较普遍的不良情绪表现，是负性情感的增强。悲观、自卑、心灰意懒、悲伤、抑郁的情绪经常占优势，什么事都不能令其高兴。较轻的抑郁情绪，仅表现为对以前感兴趣的事物缺少兴趣，不愿和人来往，但外观上对人的态度变化不明显。严重抑郁情绪则表现出苦闷、悲伤、面带愁容、行动减少等抑郁症的症状。抑郁症是大学生一种常见的心理障碍。具体来说，大学生抑郁症产生的主要原因如下。

1. 对大学环境的不适应。大学生进入大学后，面对的是宽松与自律并存的学习环境，统一与独立并存的生活环境，多彩与严谨并存的组织环境，与老师、父母、社会及网络交往并存的人际环境。这些环境给人生经验不足、思想游移不定、是非观念薄弱、情感比较脆弱的大学生带来较大的心理压力。部分学生一时较难适应变化了的新环境，不能及时调节自己的失衡，从而导致心理紧张、烦闷、抑郁，甚至出现消极悲观的情绪体验，对人不感激（有敌意），对物不爱惜，对生活不满意，久而久之势必产生心理障碍。

2. 人际关系矛盾。大学校园属于人群密集型场所，面对来自不同地域，文化背景、价值观念不尽相同又具有鲜活个性的学子们，人际关系矛盾尤为突出。有相当一部分学生对自己的人际关系不满意，深感人际关系复杂而孤独压抑。在图书馆、自习室、食堂、水房，因抢座、占座或买饭、打水时加塞儿而造成的人际摩擦现象屡见不鲜。也有一些学生因缺乏交往的经验、技巧和方法，为找不到真正的知己而烦恼，出现不同程度的人际关系焦虑。生活在单亲家庭中长期缺少父爱或母爱的学生，以及童年时有过受虐和家庭暴力经历的人，均在人际关系中显露出性格内向、孤僻、与同学格格不入的特点。另外，个别沉迷于网络交往的网瘾者，也表现出了厌学自闭、情绪低落、精力不足、神情呆滞等抑郁心理症状。

3. 家庭贫困。由于我国经济发展不平衡，因此高校大学生的经济水平也存在一定的差异。就高校的贫困生而言，尽管谁也不愿被贴上"贫困生"的标签，但他们无法逃避的现实却是：在生活条件方面，从吃穿乃至言行举止，都与经济条件好的学生有很大的反差。除了学习上的竞争外，他们还要承受因高额的学费和生活开支而带来的经济方面的压力，这就导致有些贫困学生因缺乏经济保障而忧郁不安。

4. 失恋。大学生正值青年期，渴望得到异性的友谊和爱情，目前在我国高校中，恋爱现象逐年增多，但恋爱的成功率却比较低。有许多大学生经受过恋爱挫折，有过失恋的心理体验。但有的学生由于不能正确对待失恋，出现了失恋后情绪低沉、精神萎靡不振的状况，丧失自信，产生自卑及强烈的失败感和挫折感，甚至产生轻生的念头。

103

（三）大学生抑郁症的诊断和治疗

众所周知，心理治疗是矫治大学生抑郁心理的重要手段。因此，心理辅导教师应该通过采取专业的疗法或转介到专业医疗机构，对患有抑郁症的大学生进行积极治疗。

1. 治疗抑郁心理最常用的就是支持性的心理治疗，通过倾听、通情、解释和指导等帮助学生正确认识和对待自身抑郁心理的性质，调动其积极性和主动性以配合治疗，其中支持和鼓励占重要地位。

2. 认知疗法对于人际关系不良、抑郁、焦虑等症状的缓解效果较好。通过纠正不正确的思想、认识，抑制和改变那种过分的、狭隘的情绪反应，使学生对人、对事、对己重新建立一个新的认识结构，提高其自尊心、自信心，使他们的社会适应能力得到恢复，心理状态达到平衡。

3. 还可以采用娱乐疗法、音乐疗法等来陶冶性情，消除抑郁情绪。在治疗过程中，心理辅导教师应注意运用语言和行为策略，采用系统的、活跃的、能使学生充分合作的调整干预方式，帮助他们改变对外界信息所作的不良反应，增强适应能力。

4. 对于严重的抑郁症患者或有强烈自杀意念的学生，一定要及时转介到专科医院或专业机构进行治疗，切忌因疏忽大意造成严重后果。

四、大学生常见人际交往障碍：社交恐怖症

（一）社交恐怖症及其表现

在当今的大学生中，普遍存在这样一种心理：担心在公开场合出丑、害怕当众表现某种动作、努力回避社交或表演性场合，如果非去不可则会极端紧张或者发生恐惧，这种情况就是社交恐怖症。

社交恐怖症也叫社交焦虑障碍，是一种过分的境遇性害怕，害怕在社交场合被众人注视，害怕自己会在众目睽睽之下丢人现眼，因此努力回避公开场合。大学生的社交恐怖症大致表现在生理和心理两个方面：生理上可能会因紧张而不停流汗、心跳加快、发抖等，心理上可能会感觉自己正被所有人盯着而且他们在心里还嘲笑自己，因此非常想逃到不被人注意的角落，从而减轻自己的紧张情况。

（二）大学生社交恐怖症的成因

大学生社交恐怖症产生的原因多种多样，一般归纳为青春期特殊原因、家庭环境原因、自卑和害羞等心理原因、性格原因以及生理原因。

1. 青春期特殊原因。很多大学生在自己熟悉的环境里可以不受任何拘束地夸夸其谈，而在陌生人面前却寡言少语。这种现象主要是由大学生所处的这个特殊阶段——青春期所造成的。处于这一阶段的大学生，年少气盛，自尊心强，对外界的反应比较敏感，很在乎别人对自己的评价和看法，怕自己一旦说错话会遭到他人的排斥、鄙视。尤其在异性面前，他们有着更大的思想负担，因而总是保持沉默，从而导致社交恐怖症的出现。

2. 家庭环境原因。有些大学生并不是天生做事、交往就束手束脚，而是与其家庭教育方式有着密切的联系。学生在其成长的过程中，家长会不断地给予教育，一旦家教过于严格，极易使其产生压抑的心理。尤其是女生，家长对其管束会更加严格，会不断提醒其自敛，所有这些都毫无疑问会成为社交恐怖症的隐患。

3. 自卑心理原因。有的大学生不愿意过多地与人接触交流，是因为他们总觉得自己在任何地方都低人一等。尤其在进入大学之初，发现自己身边的人都是多才多艺、能歌善舞，而自己却什么都不会，每次表演或开会都只有当观众的份儿；有时又会过多地在意自己是从农村来的，觉得自己的言谈举止都显得土里土气，跟不上所谓的"潮流"；有时还会不自觉地将自己和别人作比较，比如家境、相貌等。因而，他们总觉得自己在人前抬不起头，久而久之就形成了自卑的心理并且拒绝与人过多交流来往。

4. 害羞心理原因。有的大学生可能是从小极少与人接触，从而一旦与人交谈就显得很不好意思，很容易脸红，希望尽快结束交谈。尤其在与异性交流时，或者在自己崇拜的人面前，显得手足无措，不知道该做什么，很是害羞，这种情况可以称为害羞心理引起的社交恐怖症。

5. 性格原因。有些大学生之所以会畏惧在社交场合出现，是因为其错误的思维方式，而性格其实就是人自身思维方式的一种外在体现，因而可以归结为性格原因导致的心理障碍。例如，有的大学生过分自恋，当受到打击之后，就极有可能陷入自暴自弃的境况而逃避一切交往，总觉得会遭到嘲笑。有的大学生过分追求完美，害怕做自己不熟悉的事，怕做错事让别人看到自己的缺点，一旦真的做错事又会进行过分的自我反省，从而开始逃避社会。

6. 生理原因。社交恐怖症的产生，也可能是天生的，即生理原因造成的。研究表明，社交恐怖症的发病是由于人体内一种叫"5-羟色胺"的化学物质失调所致。这种物质负责向大脑神经细胞传递信息，其数量的过多或过少都可能引起人们的恐惧情绪。

值得注意的是，这些情况可能不是单独出现，有可能几种情况一起出现在同一个大学生身上。

（三）大学生社交恐怖症的辅导和治疗

对于大学生社交恐惧的治疗，一般分为心理治疗和自我治疗类。

首先，心理治疗包括催眠疗法、暴露疗法、情景治疗和认知疗法。

由于心理辅导教师不可能时时刻刻在学生身边进行督促、调整和诊治，而来访学生却无时无刻不处于社交环境之中，需要自己锻炼社交能力，提高社交胆量。因此，辅导教师在使用心理治疗方法的同时，还要积极辅导有社交恐怖症状的学生进行自我治疗，教会他们自我安慰、自我提高、自我鼓励的方法，从而增加在人群中表现自己、获得朋友、赢得社交主动权的能力。实际上，社交恐怖症是一种带有综合性质的心理障碍，需要长期配合使用两种治疗方式，方能取得良好的效果。

1. 催眠疗法。对患有社交恐怖症的学生进行催眠，可以挖掘心灵或记忆深处的某件事物，了解其潜意识中的真实想法和经历，如儿时是否有过某种窘迫的事件造成心理阴影、是否有内在的心理诉求导致社交时难以开口等，从而找到学生症状的根源，以便对症下药。

2. 暴露疗法。心理辅导教师引导学生通过想象暴露在引起自己紧张情绪的事物面前（如心仪的异性、敬仰的老师等），达到"其实这也没什么"的心理暗示，从而增加学生在日常社交生活中的勇气。这种疗法需要循序渐进，从低到高有序进行。

3. 情景治疗。在心理辅导教师的指导下，让学生不断地模拟发生社交恐惧的场景，不断重复练习应对办法。与此同时，要在其身旁不断鼓励他面对这样的场景，让学生从假想中适应这种产生焦虑紧张的环境。

4. 认知疗法。通过讲解和讨论，使学生认识到这种恐惧是非正常的、不合理的，让学生掌握人与人交往的程序，同时可以教给学生一些与人交往的方法。

105

其次，自我治疗即自疗方法。鼓励学生不要轻易否定自己，要不断地告诫自己"我是最好的"、"天生我材必有用"等；不要苛求自己，在做事情时只需要尽到自己最大的努力，即使不成功也没有关系；不要回忆不愉快的过去，"过去的就让他过去，没有什么比现在更重要的了"；友善地对待别人，理解助人为快乐之本，在帮助他人时能够忘却自己的烦恼，同时也可以证明自己的价值；找个倾诉对象，有烦恼时一定要说出来的，找个可信赖的人说出自己的烦恼，可能他人无法帮你解决问题，但至少可以让你发泄一下；每天给自己 10 分钟的时间进行思考，不断总结自己如何才能面对新的问题和挑战；到人多的地方去，让不断过往的人流在眼前经过，试图给人们以微笑等。

【建议参考资料】

1. 王民忠，郭广生. 大学生心理成长进行时［M］. 北京：中国轻工业出版社，2008.
2. 胡凯. 大学生心理健康理论与方法［M］. 北京：人民出版社，2010.
3. 陈鹏. 大学生心理健康概论［M］. 北京：北京大学出版社，2009.
4. 郑日昌. 大学心理辅导［M］. 北京：团结出版社，2001.

【问题与思考】

1. 大学生心理发展一般问题，如学习压力问题、人际交往问题的产生有哪些共同的原因？需要哪些基本的心理学方法进行调适？

2. 大学生校园适应问题受到哪些因素的影响？需要哪些心理调适的方法和技术来帮助大学生缓解校园适应问题？

3. 简述大学生强迫症、抑郁症、社交恐怖症的主要症状和治疗方法。

4. 请思考如何在大学生校园适应问题教育中融合本书提到的一般问题教育（包括学习压力问题、人际交往问题、恋爱问题、性心理问题以及择业问题等），这些教育可以预防哪些可能出现的心理障碍？

第六章　学生常见心理问题辅导

【本章提要】

　　学生心理问题是指学生在身心的发展上明显偏离正常，即在身体、行为、语言、智力、人格的发育上与正常同龄学生有很大差异。学生常见心理问题包括学生发展的各个方面。本章着重介绍学生自我意识问题、学业问题、情绪情感问题、人际关系问题、生涯规划问题、生活适应问题、性心理问题的辅导方法与技巧，旨在帮助学生应对发展的各个阶段中可能遇到的问题，促进学生的健康发展。

【学习重点】

　　1. 了解学生自我意识问题辅导的方法与技巧。
　　2. 了解学生学业问题辅导的方法与技巧。
　　3. 了解学生情绪情感问题辅导的方法与技巧。
　　4. 了解学生人际关系问题辅导的方法与技巧。
　　5. 了解学生生涯规划问题辅导的方法与技巧。
　　6. 了解学生生活适应问题辅导的方法与技巧。
　　7. 了解学生性心理问题辅导的方法与技巧。

【重要术语】

　　自我意识　学业　情绪情感　人际关系　生涯规划　生活适应　性心理

第一节　自我意识辅导

　　一个人在一生中，一方面要取得社会认同，实现社会化；另一方面，要逐渐认识自我和发展自我，了解自己的生理、心理及与他人的差异，认识自己的形象，发展出对自己的观念——自我意识。

　　自我意识是一个人对自身存在的体验。它包括一个人通过经验、反省和他人的反馈，逐步加深对自身的了解。自我概念是一个有机的认知机构，由态度、情感、信仰和价值观等组成，贯穿整个经验和行动，并把个体表现出来的各种特定习惯、能力、思想、观点等组织起来。

107

正确认识自己、评价自己是建立良好自我意识和自我概念的基础，同时也是健全人格形成的重要保证。当今学生出现各种各样的行为问题和心理问题，很大一部分原因是由于学生自我定位不准，没有形成良好的自我概念。因此，积极促进平衡、和谐而统一的自我概念的建立，对提高学生心理健康水平具有重要的意义。

一、关于自我的理论

（一）主体我与客体我

最早研究自我意识的心理学家是詹姆斯（W. James，1892），他将自我分为主体我（I）和客体我（me），前者表示"自己认识到的自我"，主动体验世界的自我；后者表示人们对于自己的各种各样的看法，如人的能力、社会性、人格特征以及物质拥有物等。客体我由三个要素构成：物质我（material self）、社会我（social self）和心理我（mental self），这三个要素都包括了自我评价、自我体验和自我追求等侧面。

物质我是指个人的身体及其属性，包括自己身体的各个部分，以及自己的服装、家中的亲人、家庭环境等。社会我即他人看到的我，是指我们被他人如何看待和承认，包括我们给周围人留下的印象、个人的名誉、地位，以及自己在所参加的社会群体中起到的作用。社会我在很大程度上取决于我们所扮演的角色，在不同的社会情境中，我们的自我是不一样的。心理我是指内心自我，它由一切自身的心理因素构成，包括感知到的智慧、能力、态度、经验、情绪、兴趣、人格特征、动机等。

詹姆斯认为，三种客体我都接受主体我的认识和评价，对自己形成满意或不满意的判断，并由此产生积极或消极的自我体验，进而形成自我追求，即主体我要求客体我努力保持自己的优势，以受到社会与他人的尊重和赞赏。

（二）本我、自我、超我

精神分析理论创建者弗洛伊德将人格分成本我、自我、超我三个部分。他认为本我属于人性的非社会化部分，代表本能需要，总是寻求快乐和满足；超我代表良心，是属于符合社会道德规范的部分；自我介于本我和超我之间，发挥着引导本我用社会能接受的方式满足需要的作用。自我的三个部分具有不同的功能。本我力图表现自己，超我努力压抑本我，这就形成本我与超我的冲突。当超我较强而本我经常受到压抑时，本我的需要会隐藏到潜意识中去，并继续影响着人的行为。自我控制着本我的冲动和超我的需要，并运用各种心理防御机制，调整本我与超我的关系。弗洛伊德认为，当一个人的本我、自我、超我协调一致时个体就能得到很好的发展，而当三者不协调一致时则会出现各种各样的问题。如果本我与超我的冲突不能再被压抑时，就会出现两个方面的结果：一是出现精神疾病；二是人在痛苦的挣扎中实现人性的升华。

（三）自我同一性危机理论

埃里克森（E. H. Erikson）修改并发展了弗洛伊德的理论，提出了自我同一性危机理论。他认为，人的一生要经历一系列自我同一性危机（identity crisis），对于这些危机，人们会采取积极或消极的方式面对，从而对自我的发展产生重大影响。他指出，通过适当的方式渡过危机，会促进自我成熟，建立稳定的自我同一性。根据埃里克森的理论，青春期是人生发展的关键期。在这个阶段，个人会面临能否建立自身同一性和克服同一性混乱的危机。所谓同一性（identity），是指青少年心中自身的形象、角色、价值、目标等人生重要方面建立起成熟的自我意识，并且达到个人的内部认识与自身外部特征相一致。埃里克森指出，如果在青春期没有建立起同一性，就可能会产生同一性混乱，出现各种心理问题。

埃里克森在他所提出的人生八个发展阶段中，认为青少年处于自我辨识与自我认定的时期，这个时期亦即自我对自己的看法、角色任务认定与社会地位形成的重要时期。埃里克森认为，青少年时期的发展危机主要与其辨识、认定与认同自我的同一性有关。如果个人对自己的了解深入，熟悉个人应扮演的角色，并知道人生的意义与方向，将有助于个人价值体系的形成，使个人的生活哲学得以建立，并使人生具有方向与目标，不至于产生迷失与混淆。如果青少年时期的心理危机不能被克服，就会造成自我同一性危机，将不利于未来成人角色的适当发展。

109

（四）自我概念理论

罗杰斯（1951，1959）将詹姆斯的主体我和客体我的概念统整到一起，使自我概念的内涵包含对象与作用两个方面。罗杰斯认为，自我概念是个人现象场中与自身有关的内容，是个人知觉的组织系统和看待自身的方式。对一个人的个性与行为具有重要意义的不是真实自我（real self），而是自我概念。自我概念控制并综合着对环境知觉的意义，决定着个人对环境的反应。罗杰斯认为，所有的人都生活在只有他们自己才明白的主观世界中，正是这种现象学的实在（主观世界、现象场）而不是物理客观世界的实在决定着人们的行为。现象学的实在，是人们眼中所见、脑中所想的东西。罗杰斯将自我分为理想自我和现实自我两部分，他认为，个人的理想自我是人们向往的自我。理想自我与真实自我越接近，个人就越感到满足和幸福；如果真实自我与理想自我差距很大，就会造成冲突，产生不满足和不愉快。而如果真实自我与期望的理想自我差距过大，则意味着自我价值定位过高，使现实自我的价值得不到承认，从而产生各种心理问题。

罗杰斯的自我概念理论，可以简要地归纳为以下四点。

1. 个人对自己的了解与看法称为自我概念，其中主要包括"我是个什么样的人"、"我能做什么"，还包括个人的知觉、意见、态度、价值观等，这些共同构成具有独特性的"我"。

2. 自我概念是主观的，个人对自己的看法未必与自己所具有的客观条件相符合，有的人客观能力颇高而且颇有成就，但可能在他自己看来却是一个失败者。

3. 个人时时以自我概念为依据，评量自己待人处事的经验。如果所得的经验与自我概念不符合，就会产生焦虑，焦虑累积过多难免引起情绪的困扰。因此，生活适应良好者多能适当地吸收经验，并调节自我概念，使两者相符合。

4. 自我概念可随个人经验的增多而改变，而且由自我概念可发展形成高层次的社会我与理想我。前者是一种个人相信别人对自己看法的自我观念，后者是一种自己希望做什么样人的自我观。与理想我相对的是现实我，理想我与现实我越接近，或者理想我是以现实我为基础发展而来的，个人的适应将越良好，生活也将越幸福。

（五）自我影像理论

心理学家弗洛姆（1997）提出自我影像理论，他认为青年期最重要的课题是寻找和确立一个自我影像。自我影像就是自己对自己的看法，包括：我是一个怎样的人、我能做什么、我该往哪个方向前进……每个人都在进行这样的自我追寻，希望勾绘出一个清楚、明朗、积极的自我影像。自我是多方面的："我健康吗？"这是生理的自我。"我行不行？""我能不能？"这是智能的自我。"我喜欢什么？讨厌什么？"这是兴趣的自我。"我很稳定？还是很神经质？"这是情绪的自我。"我该跟哪些人做朋友？""我的人缘怎么样？"这是社会的自我。"我的人生目标是什么？""我心目中最重要的东西是什么？"这是价值的自我。因此，个体是处在自己的主观世界里的，很需要找寻一个积极而稳定的自我影像才不会迷失。

（六）镜像自我理论

1922 年，美国社会心理学家库利（C. H. Cooley）从自我和社会之间的关系上提出"镜像自我"的概念，认为自我和社会的概念相互联系，难以分割。库利指出："自我知觉的内容，主要是通过与他人的相互作用这面镜子而获得的。通过这面镜子，一个人扮演着他人的角色，并回头看自己。"也就是说，自我概念是他人对个体判断的反映。这里强调的是我对自己的看法反映着他人对我的看法。从这个意义上说，个体的自我概念是在与"重要他人"（如父母、老师、兄弟姐妹、邻居、亲朋好友等）的交往中通过"镜像自我"而逐渐形成和发展的。

（七）符号相互作用理论

美国心理学家米德（G. H. Mead）提出了"符号相互作用论"。米德认为，那些特别重要的人物和有意义的个人是"重要他人"，而众人是"广义他人"，这两类他人的反馈都是社会镜子，决定着自我概念的形成。在米德看来，我们所属的社会群体是我们了解自己的一面镜子。我们有能力在想象中处于他人角色，如同他人看我们那样看待自己。米德关于自我概念的观点是建立在人的反省能力的基础上的，这种能力常常被认为是人类特点的精髓。反省或自我觉察，即人类对自己来说既成为主体又成为客体的一种能力，可以通过"主格我"（作为自我的体验者）与"宾格我"（作为自我的被体验者）之间的对话，即一种内部交谈，予以概念化。这种概念化是随着语言的出现而出现的。语言要求我们承担与之交往的他人的角色，并且在这一过程中，语言使我们能从他人的角度审视自己。一般情况下，自己对自己的看法与自认为他人对自己的看法基本上是一致的，但与他人对自己的实际看法并不经常相符。这是由于我们设想的他人对自己的看法影响着我们对自己的看法，我们对他人看法的设想不一定正确。

111

二、学生自我认识训练

学生能否正确认识自己，将会直接影响他们的心理健康水平，使之产生不适当的情绪和行为反应：要么自负、自傲、目中无人，成绩都是自己的功劳，失败都是别人的错；要么自卑、自责、害怕见人，一切过失都是自己的无能所致。因此，学生要正确认识自己。

心理辅导教师可以运用如下活动帮助学生进行自我探索。

（一）训练一——自画像

艺术家将为自己所绘的肖像作品称为自画像。雕塑家类似的创作则称为自塑像。自画像用非语言的方法将画者的内心投射出来，是一种独特的自我探索、自我分析、自我展示的方法，促进了画者对自己的认识。

你想认识自己吗？那么现在请你在白纸上画出自己，测试你对自己的了解。

说明：

1. 这个自画像不是测试你画画的水平，而是测试你对自己的了解。

2. 自画像可以有标题，也可以无标题；可以很具体，也可以很抽象。

3. 你可以用彩色的笔，也可以素描，总之任意使用你认为最好的方式画出最能代表你自己的东西。

4. 然后，再欣赏自己所画的画，体验一下你从这幅自画像中感受到了什么。

5. 再请周围的亲朋好友看看自己的自画像，请他们谈谈从这幅自画像中感受到了什么。

6. 与亲朋好友谈谈自己为什么这么画，表示什么含义。

这种画自画像的方法虽然简单，却可以使你发现隐藏在潜意识层面的自我，在不知不觉中对自己作出评估和内省。你以前或许对自己的性格或多或少地有所了解，但通过画自画像的方法，你可以将一些片段整理，使得一些可能隐藏在潜意识层面里的我都因此浮现出来，能对自己有一个较具体的掌握。在画自画像以及与人分享画像的过程中，有人或许会发现以前没有注意到的优势和潜能而感到欣喜和开心，有人或许因此触及自己内心深处的情感和体验而感到伤痛。但无论如何，这都是一个促进个体了解自己的好机会。

（二）训练二——20个"我"

请你在一张白纸上书面回答："我是谁?"写下20个"我是……"的句子。

说明：

1. 不要作太多的思考，想到什么就写下来。

2. 内容可以很具体，比如，我是一名学生、我是一个爱笑的女孩等；也可以较抽象，比如我是一片云、我是一棵小草等。

3. 然后，与亲朋好友讨论你的描述，或自己分析自己。

112

如果你不知道该如何写，那么完成以下未完成的句子或许对你认识自己有帮助：

（1）我是_____

（2）我最大的优点是_____

（3）我最大的缺点是_____

（4）我最喜欢的是_____

（5）我最憎恶的是_____

（6）我最重视_____

（7）认识我的人对我的看法是_____

（8）我个人需要改进的是_____

（9）我最遗憾的是_____

（10）我最害怕_____

（11）我最大的成就是_____

（12）我最大的期望是_____

（13）我最开心的时刻是_____

（14）我人生中最痛苦的时刻是_____

（15）对我来说，人生是_____

（16）对我来说，爱情是_____

（17）对我来说，婚姻是_____

（18）对我来说，家庭是_____

（19）对我来说，学习是_____

（20）与其他人比较，我觉得我_____

（21）回想过去五年，我_____

（22）展望未来五年，我_____

（23）我需要_____

（三）训练三——理想的"我"与现实的"我"

你希望自己是什么样的人？把它具体写下来。用"我希望我是这样一个人……"开始。在白纸上写出你理想中的"我"。

真实的"我"是什么样的？也把它具体写下来。用"现实的'我'是这样一个人……"开始。

然后将理想的"我"与现实的"我"进行比较，一般而言，两者会有差异，这很自然。如果理想的"我"与现实的"我"相近，说明两个"我"是协调和谐的。但当两个"我"不协调时，我们就该问问自己为什么，找到协调一致的方案与措施。

多数人会把理想的"我"作为奋斗的目标，不断向理想的"我"靠近。当然也有人被理想的"我"与现实的"我"之间的差距吓住，感到绝望，觉得现实中的"我"一无是处，这种人感到抑郁，一旦遇到挫折容易出现问题。

对现实的"我"的认识必须客观，否则会压抑自己的潜能。心理学研究表明人们常会验证"自我实现的预言"（self-fulfilling prophecy），即个人对自己或他人的心理预期，将会影响个人或他人的行为，而导致预先的心理期望在个人或他人日后的行为中得到验证。换句话说，世界上的不少事情不会因我们对它有什么看法而受到影响，但有些事情却会因我们对它们持某种看法（包括作出某种预言）而受到影响。这个预言本身导致所预言的事情出现，这就是所谓"自我实现的预言"或"自我应验预言"。简单来说，就是"你认为自己是什么，就会有一种力量使你变成什么"。比如，有个中学生，智商在125分以上，属于偏高性的，但他认为自己是个笨蛋，他会连最简单的练习题都做不出来，以此来验证自己真的是笨蛋。如果他在别人的鼓励下正确认识自己，认为自己智力水平偏高，他就变得会做练习题了，也会觉得自己果真很聪明。又比如，如果你认为自己是可怜虫，那么你就会无意识地自找一些倒霉事，而不会关注或无视发生在你身上的好事情。

除了上述的处理外，我们也可以运用以下简单的列表（见表6-1），填写和默想之后，再进行自我分析。

表 6-1　两个"我"协调一致吗

理想的我：_____

　　　　　_____

　　　　　_____

现实的我：_____

　　　　　_____

　　　　　_____

（四）训练四——别人眼中的"我"与父母眼中的"我"

"不识庐山真面目，只缘身在此山中。"对自己的认识、了解总有不全面的地方。听听别人的意见，你对自己会有新的认识，会有新的发现。

别人眼中的"我"是指向周围的人征求他们对自己的看法，请他们说出对自己的认识。父母眼中的"我"则是询问父母对自己的看法，父母养育我们，是最了解自己成长经历的人，看看父母对自己的评价。将上述答案记录在一张白纸上。

可参考填写表 6-2。

表 6-2　别人眼中的"我"与父母眼中的"我"

114

父亲眼中的我	兄弟姐妹（亲戚）眼中的我	朋友眼中的我	自己眼中的我
母亲眼中的我	同学眼中的我	老师眼中的我	

在填写完表 6-2 后，有些人可能展现出积极向上的自我，有些人可能会引发一些长期压抑的感受。着重从以下几个方面进行分析：

1. 表 6-2 中你自己对哪一个人的看法最重视？为什么？

2. 最难填写的或资料最少的是哪部分？为什么？

3. 对于男生，宜对"父亲眼中的我"一栏加以注意；对于女生，宜对"母亲眼中的我"一栏加以注意。

4. 为什么有的栏目填不出来，成为空当？除非有充分的理由，否则尤其应作出探索。

5. 填写的内容正面积极的多还是负面消极的多？

这个活动可以从多个角度来探索自我，有助于全面认识自己。比如，有的人自我探索的结果是发现了一个积极而可爱的自我，感觉很开心；也有人引发出一些长期压抑的感受,或一些未完成的事项。再比如,有位男生在"父亲眼中的我"一栏是完全空白的。细想之下不禁泪流满面,原来他以前只知道自己喜欢妈妈,但作这个自我探索后才知道自己对父亲有很深的畏惧。自己实在不知道父亲眼中的自己是什么样子的。事实上,这么多年来,自己与父亲之间没有一次真正的沟通……当发现父母或他人对自己有一些恶劣的评价,甚至是羞辱性的标签时,会引发痛苦的回忆,需要他人的帮助来处理这些伤痛。

最后,把他人的评价和自我认识进行对照。如果别人对你的看法与你对自己的看法一致,说明你了解了"我是谁"以及你的外在行为表现出了真正的你。如果别人对你的看法与你对自己的看法不一致,说明你还没有真正了解自己,或者是,你的行为没有表现出真正的你,以致造成"别人眼中的你"与"自己眼中的你"有所差异。

从对照中对自己有些新的认识,也反思了今后该怎样完善自己。在现有自我认识的基础上,通过分析、综合他人的评价能逐步建立起相对成熟的自我认识,从而接受自己、悦纳自己。

(五) 训练五——谁塑造了我

这个活动可以协助学生探索个人的发展历程,增强自觉。一个人的人生成长历程中会有几个重要人物影响着他/她的发展,或促进或阻碍着他/她的成长,这便是个体人生中的重要人物。一个人的个性及特征的塑造往往是有根可寻的,找出这些影响你成长的人物,填写在表6-3中。

表6-3 谁塑造了我

请在各方格中简单描述不同人物对你的看法、评语以及任何难忘的正面或负面的经历			
父亲	母亲	教师	自己
一位重要人物 请注明_____	一位重要人物 请注明_____	一位重要人物 请注明_____	一位重要人物 请注明_____

115

（六）训练六——自我肯定

这个活动帮助学生界定个人的长处和短处，学习接纳自己和欣赏自己，同时肯定自己是一个独特的人。请填写表6-4。

表6-4　自我肯定

我的长处	我的短处
1.	1.
2.	2.
3.	3.
4.	4.
5.	5.
当我再一次看清楚自己的长处和短处之后，我感到：	
1.	
2.	
3.	
4.	
5.	

填完表6-4后，可以请你周围比较亲近的人帮助自己检视一下是否客观公正。如果你所填的长处太少，就需要你具体地发掘、界定和作出肯定。因为，你或许太过关注自己的短处，而忽视自己的长处，如果自己实在找不出长处，可以尽可能多地请周围亲近的人帮助寻找，并相信他们对你的肯定。对于多数人来说，这是一个全新的经历，会因此发现自己很多被忽视的优点与长处，体验更加积极、正面的自我形象，充分肯定自我。

在短处方面，需要将一些不能改变和可以改变的短处加以区分。对于不能改变的短处，需要加以接纳和包容，须知"每个人都有不足的地方，人不是万能的"。对于可以改变的短处可以进一步定出改进的计划和方法。

总体而言，尽可能使得表6-4中的长处多于短处，体验一个全新的、积极的自我形象，增强自信和自我肯定。

（七）训练七——安全感的追寻

在自我探索的过程中，人生是否有植根的感觉，是一个十分重要的问题。植根的感觉，是由被接纳、被承认、被尊重、被理解而产生的一种归属感与安全感，也因个人的参与和投入而达到的一种满足感与愉悦感。请填写表6-5，看看你的安全感是否稳固。

表6-5　安全感的追寻

请以简洁的文字进行描述，并作出评估：	很不肯定	不肯定	肯定	很肯定
我的个人形象：＿＿＿＿＿＿＿＿＿	（　）	（　）	（　）	（　）
家庭：＿＿＿＿＿＿＿＿＿＿＿	（　）	（　）	（　）	（　）
学业：＿＿＿＿＿＿＿＿＿＿＿	（　）	（　）	（　）	（　）
人际关系：＿＿＿＿＿＿＿＿＿	（　）	（　）	（　）	（　）
世界与人类：＿＿＿＿＿＿＿＿	（　）	（　）	（　）	（　）
信仰：＿＿＿＿＿＿＿＿＿＿＿	（　）	（　）	（　）	（　）

在安全感的追寻中，试简单描述你的感受：

　　填写表6-5，可以帮助你追寻安全感和生命的意义。每个人都不容忽视自身的安全感问题。因为，没有安全感或安全感不强，会有漂浮的感觉，感到不踏实，做任何事情都无法沉下心来，严重影响整个人生，没有快乐感与幸福感。

（八）训练八——生命线

　　你对自己过去的人生历程感到满意吗？你觉得人活着有什么意义？你认为自己的生命质量如何？你觉得自己的生命有价值、有意义吗？请你认真填写表6-6，留心自己内心的反应。

117

表6-6　生命线

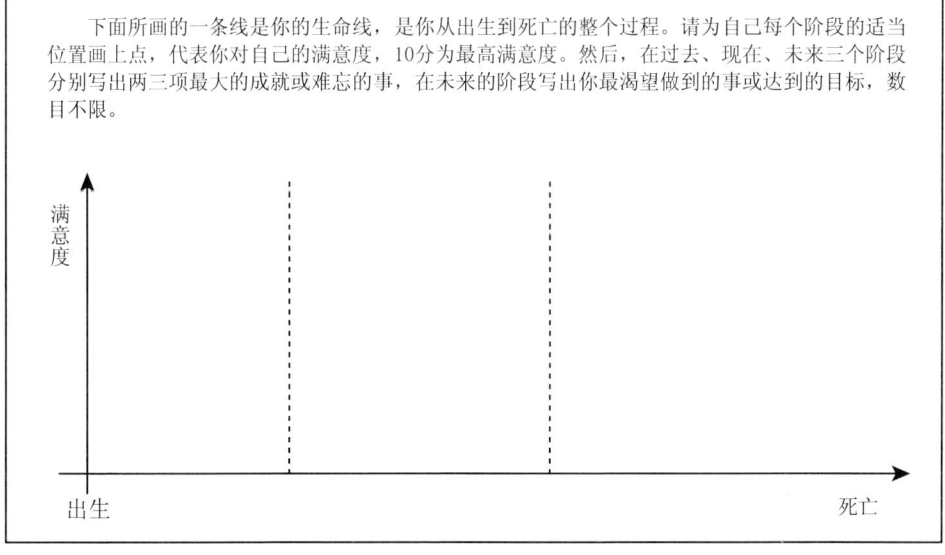

　　　下面所画的一条线是你的生命线，是你从出生到死亡的整个过程。请为自己每个阶段的适当位置画上点，代表你对自己的满意度，10分为最高满意度。然后，在过去、现在、未来三个阶段分别写出两三项最大的成就或难忘的事，在未来的阶段写出你最渴望做到的事或达到的目标，数目不限。

满意度

出生　　　　　　　　　　　　　　　　　死亡

（九）训练九——我生命中的最后一个月

请你填写表6-7，用以对你的人生作出反省。

表6-7 假如我只剩下一个月的生命

假如你今天发觉自己只剩下一个月的生命，你最想做的和最想完成的是什么？
请你在此时此地对以往的日子作出评估，你感到满意吗？若有机会让你重头再开始你的人生，你会作出修改吗？修改些什么？为什么？

（十）训练十——我生命中最珍贵的五样

你希望对自己的价值观有所了解吗？那么，请你拿出一张白纸，认真做下面的练习：

1. 请写出你生命中最珍贵的五项事物。这些事物可以是人物，也可以是事件；可以是已经过去的，也可以是未来的；可以很具体，也可以很抽象。

2. 现在假如你面临一个特殊环境，你不能再拥有这五样珍贵的东西，你必须要放弃其中之一。作出决定后，请你画去这个被放弃的东西。

3. 体会一下你放弃过程中的感受。

4. 好，现在你又遇到特殊的情况，需要再舍弃剩下四样珍贵东西的一种。作出决定后，请画去你舍弃的东西。

5. 体会一下你舍弃过程中的感受。

6. 以此类推，逐项舍弃你生命中珍贵的东西，体会舍弃时的感受。

7. 最后，看看你最终留下的是什么。

相信你在做这个练习的过程中，已经找到了自己生命中最珍视的东西，促使你对现在的生活作出调整。

（十一）训练十一——我的学业

你想了解你的学业对自己的重要性吗？你想了解你的学业对自己的影响吗？那么，请填写表6-8。

118

表 6-8　我的学业

学业类别：＿＿＿＿＿＿＿＿＿＿＿＿＿＿＿＿＿＿＿＿＿＿＿＿＿＿＿＿

选择的原因：

＿＿＿＿＿＿＿＿＿＿＿＿＿＿＿＿＿＿＿＿＿＿＿＿＿＿＿＿＿＿＿＿＿

＿＿＿＿＿＿＿＿＿＿＿＿＿＿＿＿＿＿＿＿＿＿＿＿＿＿＿＿＿＿＿＿＿

＿＿＿＿＿＿＿＿＿＿＿＿＿＿＿＿＿＿＿＿＿＿＿＿＿＿＿＿＿＿＿＿＿

满足与快乐的来源：

＿＿＿＿＿＿＿＿＿＿＿＿＿＿＿＿＿＿＿＿＿＿＿＿＿＿＿＿＿＿＿＿＿

＿＿＿＿＿＿＿＿＿＿＿＿＿＿＿＿＿＿＿＿＿＿＿＿＿＿＿＿＿＿＿＿＿

＿＿＿＿＿＿＿＿＿＿＿＿＿＿＿＿＿＿＿＿＿＿＿＿＿＿＿＿＿＿＿＿＿

烦恼与压力的根源：

＿＿＿＿＿＿＿＿＿＿＿＿＿＿＿＿＿＿＿＿＿＿＿＿＿＿＿＿＿＿＿＿＿

＿＿＿＿＿＿＿＿＿＿＿＿＿＿＿＿＿＿＿＿＿＿＿＿＿＿＿＿＿＿＿＿＿

＿＿＿＿＿＿＿＿＿＿＿＿＿＿＿＿＿＿＿＿＿＿＿＿＿＿＿＿＿＿＿＿＿

119

在学生的生活中，学业往往是人生快乐与否的决定性因素，其影响力有时甚至可以超越父母与家庭。表 6-8 可以帮助你对自己的学业作出系统、深入的评估。借助表 6-8 你可以审视一下自己在学习中是否感觉快乐，自己的学习与自己的价值观是否一致，你在学习中不快乐的原因是否因为学习内容与自己的价值观不一致。

（十二）训练十二——其他自我探索的方法

1. 做标准化的个性测验

比如做艾森克人格问卷（EPQ）测验、卡特尔 16 项人格因素测验（16PF）、气质问卷等。这些测验须在专业机构或专业人员的指导下进行，不可自己望文生义地解释，以免带来负面的影响。

2. 做非正式的个性问卷

比如，列举你人生经历中最值得骄傲的十件事情，列举你的十大优势和十大劣势等。在列举自己的事例中，促进自我反省，以便对自己有一个更全面的了解。

第二节　学业问题辅导

学习心理辅导是学生心理辅导的一个重要课题，其主要对象是因心理问题而引起学业不良的学生。研究与事实表明，学生大量的心理问题，都与其学习心理有关。

学习辅导有广义与狭义之分。广义的学习辅导是对学习者学习过程中发生的各种问题（如认知技能、知识障碍、动机、情绪等）进行辅导；狭义的学习辅导是对学生在经历学习挫折和困难时产生的心理困扰和行为障碍进行辅导。本节讨论的学习辅导主要是对学生学习动机、学习兴趣的辅导。

一、学习动机辅导

学习动机是指激发个体进行学习活动、维持已引起的学习活动，并使学习行为朝向一定目标的一种内在过程或内部心理状态。

学习动机水平低是学业不良学生普遍存在的问题。他们在学习态度、动机、意志以及自我意识方面存在较多的障碍，他们的能力更多为学习动机的不足所抑制。如何调动这类学生的学习积极性，帮助他们树立积极的自我概念，激发学习动机是一个关键。学习动机激发的途径主要包含外部动机激发和内部动机激发两个方面。

（一）外部动机激发

首先，适当运用奖励和惩罚。奖励要与学业不良学生实际付出了的努力相一致，使他们感到无愧于接受这种奖赏。奖励要注意以精神奖励为主、物质奖励为辅，因为对学业不良学生而言，最大的奖励莫过于得到别人的称赞和肯定，尤其需要教师的鼓励和微笑。惩罚包括施加某种痛苦或厌恶的刺激和取消某种喜爱的刺激（如取消娱乐活动等）。但若惩罚不当，非但不能改正学生的错误行为，反而会强化这种行为，引起学生产生对立情绪。

其次，创设合作的课堂学习环境。目前教学中的弊端之一是过于强调竞争而忽视合作。由于课堂竞争中优胜者只是一小部分，大多数学生是竞争的失败者，因而更容易诱发学业不良学生的自卑、自暴自弃心理。因此，应通过创设合作的课堂学习环境，来激发学业不良学生的学习动机。如改进评分方法，采用鼓励性评价，淡化竞争气氛，用类似分层作业的方法提倡互助与协作，强调教师与学生之间、学生与学生之间的互助与协作，有效地调动学业不良学生学习的积极性、主动性和参与性。

（二）内部动机激发

内部动机激发的措施主要包括以下几方面。

1. 进行有效的归因训练。它有利于学业不良学生分析失败的主客观原因。

2. 帮助学业不良学生实现角色转换。

3. 为他们创设成功的机会。

4. 增强他们的自信心、胜任感。自信心可以激发学生产生学习动机，反复激发及创设各种条件，可以强化学生的学习动机。另外，培养学生良好的心理品质，可以转化为学习动机。激发、转化、强化三者轮流交替，相互影响，就会使学生学习动机得到加强和巩固，并持久地维持下去，始终发挥作用。

二、学习兴趣辅导

兴趣永远是学生学习最好的老师，华罗庚曾说过："唯一推动我学习的力量，就是兴趣，因为数学是一门充满了兴趣的学科，也是最便于自学的学科。"

那么，如何辅导学生自我培养学习兴趣呢？

1. 积极期望。积极期望就是从改善学习者自身的心理状态入手，对自己不喜欢的学科充满信心，相信该学科是非常有趣的，自己一定会对这门学科产生信心。想象中的"兴趣"会推动我们认真学习该学科，从而导致对此学科真正感兴趣。例如，一位学生对学习历史毫无兴趣，常常怀着一种焦急的心情等待下课铃声。为了培养对历史的兴趣，他做了这样的练习："我喜欢你，历史！"重复几遍之后，他觉得历史不再像从前那样枯燥无味了。第二天他在图书馆借了一本有关历史的书，回家后，收拾一下房间，高高兴兴地读了起来。再上历史课时也开始听老师讲解了，后来很喜欢历史，总是急不可待地盼着上历史课。

2. 从可以达到的小目标开始。在学习之初，确定小的学习目标，学习目标不可定得太高，应从努力可达到的目标开始。不断的进步会提高学习的信心。不要期望在短期内将成绩提高上去，有的同学往往努力学习一两周，结果发现成绩提高不大，就失去信心，从而厌恶学习。要持之以恒地努力，须知一个一个小目标的实现，是实现大目标的开始。

3. 了解学习目的，间接建立兴趣。学习目的，是指某学科的学习结果是什么，为什么要学习该学科。当学习该学科没有太强的吸引力时，对最终目标的了解是很重要的。学习过程多半都是要经过长期艰苦努力的，这种艰巨性往往让人望而却步，而学习又是学生的天职，不能不学，所以要认真了解每门学科的学习目的。看书上的绪言部分，听老师介绍学科发展的趋势，或从国家、社会发展前景的高度去看待各门学科。例如，记外语单词和语法规则常常是枯燥无味的，但记住以后，会给听、说、读、写、译等技能的培养带来很大的帮助，而且考试时也会得高分。如果我们对学习的个人意义及社会意义有较深刻的理解，就会认真学习各门功课，从而对各科的学习产生浓厚的兴趣。

4. 培养自我成功感，以培养直接的学习兴趣。在学习的过程中每取得一个小的成功，就进行自我奖赏，达到什么目标，就给自己什么样的奖励。有小进步、实现小目标则小奖赏，如让自己去玩一次自己想玩的东西；有中进步、实现中目标则中奖励，如买一本自己喜欢的书画或一件乐器等；有大进步、实现大目标则大奖励，如周末旅游等。这样通过渐次奖励来巩固自己的行为，有助于产生

121

自我成功感，不知不觉就会建立起直接兴趣。

5. 把原有的其他兴趣转移到学习上来，以培养新的学习兴趣。每个人在少年儿童时期都有自己特别感兴趣的事，如爱玩汽车、爱搭积木等。到了高年级后，就应当去发现、了解与爱好有关的知识，如怎样当个好驾驶员？汽车是如何发动的？汽车的构造原理是什么呢？我所学的知识中哪些和它们有关？这样就在原有的基础上把对学习的兴趣发展起来。爱因斯坦中学时只对物理感兴趣，不喜欢数学，后来他在向纵深研究物理时发现数学是基础，便又产生了对数学的兴趣。又如你对语文基础知识的学习不感兴趣，而对写作非常感兴趣。这样你可以通过写作练习，体会出语文基础知识的学习对写作的重要意义，从而增强对语文基础知识学习的积极性。

6. 在解决实际问题的过程中，确立稳定的兴趣。用学得的知识解决实际问题，一是能巩固知识，二是能修正知识，三是能带来自我成功的喜悦情绪。这种喜悦情绪正是建立稳定持久的兴趣所必需的。

7. 保持兴趣的最容易的方法是不断地提问题。当你为回答或解答一个问题而去读书时，你的学习就带有目的性，就有了兴趣。准备一些问题是很容易的，比如说，把每节的标题当成问题。例如学习阿基米德定律时，你可问：阿基米德定律的内容是什么？它是怎样被发现的？怎样证明它的结论是对的？它的公式是什么？使用它应注意什么问题？我能否用其他的办法推出？为了回答这些问题，一开始你强迫自己详细看下去，但是，一旦你真正地往下看，你就会被深深地吸引住。

8. 想象学习成功后的情景，激发学习兴趣。当我们满腔热情地去做任何一件事前，一般都对它的结果有了预期的想象，从而坚持去做这件事情。例如你想象某个电影非常好看才促使你去看，假如你事先想象这个电影不好看，那么你一定不去看。厨师想象自己做出来的佳肴是什么味道，继而辛苦劳作；作曲家想象自己作出的曲子会产生什么样的声音，从而激发他的创作热情。你可以想象考试成绩优秀，可以顺利进入大学，为家庭为社会作出贡献，为个人创造好的前程；也可以想象考试成绩优秀，得到老师、家长的赞扬，得到同学们的羡慕等，从而激发学习兴趣，想象会帮你成功。

第三节　情绪情感问题辅导

软糖实验

1960 年，著名心理学家瓦尔特·米歇尔（Walter Mischel）进行了这样一项实验。

在斯坦福大学附属幼儿园里选择了一群四岁的孩子，这些孩子多数为斯坦福大学教职员工及研究生的子女。让这些孩子走进一个大厅，在每一位孩子面前放着一块软糖。测试老师对孩子们说：老师出去一会儿，如果你能坚持到老师回来还没有把自己面前的软糖吃掉，老师就再奖励你一块；如果你没等到老师回来就把软糖吃掉了，你就只能得到你面前的这一块。

在十几分钟的等待中，有些孩子缺乏控制能力，经不住糖的甜蜜诱惑，把糖吃掉了。而有些孩子领会了老师的要求，尽量使自己坚持下来，以得到两块糖。他们用各自的方式使自己坚持下来：有的把头放在手臂上，闭上眼睛，不去看那诱人的软糖；有的自言自语、唱歌、玩弄自己的手脚；有的努力让自己睡着。最后，这些有控制自己能力的小孩如愿以偿，得到了两块软糖。

研究者对接受这次实验的孩子进行长期跟踪调查。中学毕业时的评估结果是，四岁时能够耐心等待的人在校表现优异，入学考试成绩普遍较好。而那些控制不住自己，提前吃掉软糖的人则表现相对较差。而进入社会后，那些只得到一块软糖的孩子普遍不如得到两块软糖的孩子取得的成就大。

这项并不神秘的实验，使人们意识到对智力在人生成就方面所起的作用估价有些偏高，而对原本并不陌生的人类情感，在人生成就和生活幸福方面实际上所起的巨大作用估价太低了。正是这项实验研究引发了人们对情感智力研究和教育的重视。

一、情绪与情商

123

（一）认识情绪

情绪没有好坏之分，关键要表现适当。一些消极情绪只要表现恰当也是有益的，例如我们的考试成绩不如意时，产生了羞愧、内疚的情绪，有助于我们重视学习，奋起直追。

情绪有很多种，主要有八大类情绪，它们分别是愤怒、悲伤、恐惧、惊讶、厌恶、羞耻、快乐和爱。具体而言，又可以细分如下：愤怒包括生气、不平、烦躁、敌意、恨意等；悲伤包括忧伤、寂寞、忧郁、沮丧、绝望等；恐惧包括焦虑、紧张、忧心、疑虑、慌乱、警觉等；惊讶包括震惊、讶异、惊喜、叹为观止等；厌恶包括轻视、轻蔑、讥讽、排斥等；羞耻包括愧疚、尴尬、懊悔、耻辱等；快乐包括满足、幸福、愉悦、骄傲、兴奋、狂喜等；爱包括友善、和善、亲密、信赖、宠爱、痴恋等。

（二）情商

情商（EQ）又称情绪智力，是近年来心理学家们提出的与智力和智商相对应的概念。它主要是指人在情绪、情感、意志、耐受挫折等方面的品质。总的来讲，人与人之间的情商并无明显的先天差别，更多与后天的培养息息相关。

在一个人成功的要素中，情绪智力占了极大的比重。1990 年，美国耶鲁大学的萨洛维（P. Salovey）和迈耶（J. D. Mayer）首先提出情绪智力的概念。他们认为，在一个人成功的要素中，智力因素仅占20%，而非智力因素中的情绪智力则占80%。他们认为，情绪智力是个体准确而有效地加工情绪信息以及控制自身和他人情绪的能力。它具体包括以下五种能力：

1. 清楚地认识自己的情绪；

2. 妥善地管理自己的情绪；

3. 激发自己的正面情绪；

4. 认识他人的情绪；

5. 安抚他人的情绪。

二、情绪调节

（一）愉快情绪的唤起

心理学研究表明，当我们装作有某种心情，模仿着某种心情，往往能帮助我们真的获得这种心情。因此，每天早上起床后我们对着镜子笑一笑，告诉自己"今天会有个好心情"，往往会为你带来一天的好心情。即使没有镜子的时候，也可利用镜子技巧，使自己脸上露出很开心的笑容来，挺起胸膛，深吸一口气，然后唱一段歌曲，或吹一小段口哨，记住自己快乐的表情。只要我们善于发现，生活中到处充满快乐。

（二）愤怒情绪的管理

1. 制怒准则

事实上，愤怒情绪的管理只有一条黄金规则——不要以可能会伤害自己或他人的方式表达愤怒。

以下的准则也许有用：

（1）根据自己的体验说话。使用诸如"我认为"、"我觉得"、"我生气了"、"我正在经历什么和什么"之类的词句。

（2）尽快将愤怒表达出来，不要将它积累成憎恨。

（3）实事求是地索取你想要的东西，否则他人不会知道你在想什么。如说："我想要……你会给我吗？"

（4）做好谈判的准备，他人也有需求和日程。

（5）不要归咎于人并指责性地说"你没做"或"你做了"。

（6）找对自己愤怒的正确目标，但不要总是去指责他人。别让自己的愤怒偏离了方向。

（7）寻找稳妥的方式去表达自己的愤怒。它可以是对着空椅子说话、痛击枕头、长距离步行或玩一个有高度挑战性的战斗电子游戏。

（8）对自己的生活和幸福负责。

（9）平时注意检查自己头脑中有哪些对人际关系的不合理信念。如："别人不听从我的意见与愿望，是绝对不能容忍的"，"哪怕一丝一毫的分歧，也要纠缠到底，分出输赢，这很重要"等。要放弃这些不合理信念，多用理性信念来指导自己为人处世。

（10）一旦发现自己对对方产生了不快情绪，不要简单地压抑下去，应该及时加以处理，或消解它，或表达出来，让对方知道自己的感受。

（11）用适度的得体的言语、表情和动作去表达较强烈的愤怒。这种表达以不伤害对方的情感和自尊心，又让自己的紧张得到释放为原则。

（12）换一个角度，把自己放在对方的位置上。想一想自己曾经因为什么、怎样向对方大发脾气，体会对方的感受。然后再找一找对方对自己有哪些感到不愉快的地方，设想对方也为此对自己大发脾气，自己又会作何感想。

2. 数数方法

紧握拳头，开始从 1 数到 60。如果你的指甲很长，最好剪掉，免得指甲伤害到双手。当你数到 40 之后，每数一声就更用力握紧拳头；即使你的手已经握得很痛了，而且愈来愈痛，你还是要将拳头愈握愈紧，直到数到 60 为止。这时候，你身体的痛正代表着你心里的痛，也正是伴随生气而来的痛。然后慢慢地让紧握的拳头松开，放松时注意心里快乐的感觉，想象你的疼痛和压力在这时候完全消失。

3. 适度宣泄法

适度宣泄，包括自然的排解、有效的转移与疏导、情绪的升华三个层次。遇有不良情绪时，最简单的办法就是宣泄。宣泄一般是在背地里、在知心朋友之间进行的。采取的形式或是用过激的言词抨击、抱怨恼怒的对象，或是尽情地向至亲好友倾诉自己认为的不平和委屈，或是通过体育运动、劳动等方式来尽情发泄；或是到空旷的山林原野，假想一个目标大声叫骂，发泄胸中的怨气。注意要选择适当的场合和对象，以免产生意想不到的不良后果。

有效的转移与疏导，是把注意力转移到使自己感兴趣的事上去，如外出散步、看电影、看电视、读书、打球、下棋、找朋友聊天、换一个环境等。这些都有助于使情绪平静下来，并在活动中寻找到新的快乐。

情绪的升华是改变不为社会所接受的动机、欲望而使之符合社会规范和时代要求，是对消极情绪的一种高水平的宣泄，是将消极情感引导到对人、对己、对社会都有利的方向去。如一个同学因失恋而痛苦万分，但他没有因此而消沉，而是把注意力转移到学习上，立志做生活的强者，以证明自己的能力。

4. 积极暗示法

每次快生气时就默念下面这些积极的话，它会让你心平气和的。

● 冷静，放轻松点！

● 只要保持冷静，一切都会没事。

125

- 顺势走吧，不要硬碰硬！
- 想想，怎样可以不受制于这个家伙。
- 我没必要在别人面前逞强！
- 没有必要生气。
- 多往好处想想吧！
- 我可不能被他气倒，气坏身子划不来。
- 他的表现蛮丢脸的，我可不能像他一样失控。
- 他不是认真的，没关系的！
- 我总不能期望别人事事都遂我的愿吧。
- 他大概以为我会气坏的，嗯，他这次会失望的！
- 我很平静，我不会被惹火的！
- 慢慢来，深呼吸几下！
- 大人不计小人过，算了。

5. "分两步走"法

"分两步走"是指：当对方激怒你时，第一步先做到"不顶、不压"，第二步再做到"不屈从、不迁就"。第一步是"接受"，第二步是"再说"。

根据不同情况，可以用三种不同的方式来表示"接受"。

第一种是在对方意见中选择出正确的内容，先表示肯定。比如，对方提了三条意见，有两条是不对的，但有一条是对的。在这种情况下，我们就应该先从"对的"这一条说起："对，你说得很对！……"如果他的三条意见都不对呢？那也可以用适当的方式先肯定他"动机是好的"。即使他的动机也是不好的，或者是可疑的，那也应该想到：他能够说出来，也还是比不说要好吧？如果对方说："有规定，可以这么办！"而你明明知道并没有这样的规定，但你最好不要一开口就说："哪有这样的规定？根本就没有！"而是先说："好，如果有这样的规定，我们一定照办。"至于到底有没有这样的规定，那是第二步"再说"的问题了。如果对方说了一个听起来不错，但实际上没有可行性的主意，你最好不要一开口就予以否定，而是先这样说："这个办法倒不错，又省事，又省钱……"至于它有没有可行性，那也是第二步"再说"的问题。

第二种是当对方由于感情冲动而说出一些出格、离谱的话时，我们先不要针对他的这些话作出反应，而是先表示理解他的心情。如"事情弄成这个样子，难怪你生气"、"我知道，这一回可真把你给急坏了"等。

第三种是对于对方说的话既不表示肯定，也不表示否定，而是用自己的话去复述他的意思，并用请教的口吻问他自己理解得对不对。例如，对方指责你："怎么能这样干！"你不要顶撞他，也不要说："不这么干怎么干？"你可以说："您的意思是……不能这么干？"

"分两步走"的第二步，可以用两种不同的方式来实现"再说"。

第一种用与对方的意见相平行的方式来说出双方的不同意见。比如，对方说："这个东西有什么好吃的？难吃死了！"作为"分两步走"的第一步，你可以说："是啊，这个味儿是挺怪的，好多人都吃不惯。"到了第二步，你可以说："可是有些人还就是喜欢这个味儿。"这就是一次很简单而又很典型的"平行地陈述不同意见"。

第二种是以请教的口吻提出问题，诱导对方自己去发现和纠正他自己的失误。这可称为"以请教代替反驳"。你必须让他知道他的说法或做法是不对的，否则你就是没有坚持原则，没有分清是非。但是，如果你直截了当地去说他"不对"，他会觉得很丢面子，即使口头上接受，也会心怀不满，甚至为了保住自己的面子，索性死不认错。

(三) 理性情绪调节

理性情绪调节法是通过分析情绪背后的想法，消除不合理信念，建立合理信念，从而达到消除或调节不良情绪的目的。

我们通常认为"某某事情使我产生了某某情绪"。其实，影响我们情绪的不是事件本身，而是我们对事情的看法。对同一件事，不同的人会有许多不同的想法，即使同一个人也会对同一件事有不同的想法，不同的想法则引起不同的情绪。

合理信念是指能符合现实、客观、合理、合逻辑的想法，例如"人无完人，总会有犯错误的时候"。不合理信念指不合理、缺乏清楚思考、易引起负向情绪的荒谬想法，例如"我不容许自己犯错"，"学生都应单纯，应远离功利和虚伪"，"我必须和以前一样优秀"，"我真诚待同学，同学也必须同样待我"等。

有一些关键词常和非理性信念想法在一起，如"受不了"、"糟透了"、"必须"、"应该"、"一定要"等，可作为寻找非理性想法的线索。但要注意：困扰并非由这些关键词本身而引起的，而是由这些字句背后所隐藏的意义和态度所引起的。这些字可能是非理性想法的关键所在，但仍要注意它们是否真的和非理性想法有关联。有些人只是不经意地使用，或当口头禅说说而已，并未造成任何不愉快，这样便与非理性想法无关。例如"闹钟按下按钮后，应该就不会响了"是一种合理想法。常引起极端负向情绪与困扰的想法和字句才是非理性的。

1. 导致消极情绪的十种天真的思考方式

(1) 非此即彼：你以非此即彼的方式看待事物。例如，某种情况未臻完美，你就把它看做一次彻底的失败。

(2) 以偏概全：你把某个单独的消极事件，诸如考试不及格，或同学不理你，看做一种无止境的失败。一提到这件事情，你就用上了"总是"或"从不"这样的字眼。

（3）心理过滤：你挑出某个消极事件的细节，并把它不着边际地夸大，于是在你眼里整个现实变成了黑暗，就像一滴墨水弄脏了一池清水一样。

（4）贬抑积极事物：通常坚持以为积极事物是"不算数的"，你拒绝了积极的经验。如果你干了一件出色的工作，你仍以为它还不够好，或别人也同样能做好。贬抑积极事物，抹杀了生活的快乐及自己的长处，或使你感到无能为力，得不偿失。

（5）仓促下结论：在你的结论没有事实依据的情况下，你对事态作出了消极的解释。

"瞎猜疑"：在没有证实的情况下，你武断地得出某人对你冷淡的结论。

"瞎预言"：你预言事情将变得糟糕。在考试之前你自言自语道："我肯定是考不好的。要是我不及格的话，我该怎么办呢?"如果你郁郁寡欢，你会自忖道："我的心情再也好不起来了。"

（6）自我认识偏差：你过分夸大了你的问题和缺点的严重性，或者你过分轻视了你的可贵品质的重要性。

（7）情绪推理：你断定自己的消极情绪，必然反映了事物的真实情况。如"我感到在全班同学面前讲话是很恐惧的"；或者"我感到内疚，我是一个堕落的人"；或者"我感到愤怒，这证明我受到了不公平的对待"；或者"我感到自卑，这意味着我是一个无能的人"；或者"我感到失望，我肯定是没有希望的"。

（8）虚拟陈述：你以为事态的发展迎合你的希望或期望。一位学习优异的同学在做了100道数学练习题错了8道题后，她自言自语道："我不该错这么多题。"这使她感到沮丧，以致她一连几天再也不去做习题了。"必须"、"务必"、"不得不"都是相似的罪魁祸首。针对自身的虚拟陈述导致内疚和挫折，针对他人和世人的虚拟陈述则导致愤怒和灰心丧气，如"他不该那么固执己见和争强好胜"。许多人试图用"应该怎样"和"不应该如此"的话语来激发自己，就好像他们是一群懒怠者，在希望自己好好学习及遵守课堂纪律之前，必须对他们进行一些惩罚。"我不应该上课讲话"，虚假陈述使你往往难以克制，并且你会有去做某件恰好相反的事情的冲动，因此虚拟陈述往往是起不了作用的。

（9）贴标签：贴标签是非此即彼思想的一种极端形式。你不说"我犯了一个错误"，而是给自己贴上一个消极的标签。如"我是一个没用的人"，你还可能给自己贴上"一个傻瓜"、"一个失败者"、"一个笨蛋"等标签。贴标签是完全非理性的，因为这个标签同你的所作所为是不相符合的。人类是存在的，但是"傻瓜"、"没用的人"、"笨蛋"是不存在的。这些标签是毫无用处的抽象的事物，它们只会导致愤怒、焦虑、沮丧和缺乏自尊。你也会给别人贴标签。当某个同学冒犯了你的时候，你会自忖道："他是一个混蛋!"于是你觉得问题出在那个人的性格或本质上，而不在于他的思想或行为。你把他贬得一无是处。这使你对改善事态怀有敌意和不抱希望，没有给事情变好留有余地。

（10）人格化和责怪：当你对并非由你完全控制得了的某件事情负责的时候，就产生了人格化。当一位班长得知此次班级在全校体育比赛中成绩不佳时，她并没有仔细地寻找失败的原因，而是自责道："这证明我是一个不称职的班长。"当一个同学遭到爸爸毒打时，他自忖道："要是我平时听他的话，不惹他生气，他就不会打我了。"人格化导致内疚、羞耻和不胜任感。有些人的行为正好相反。他们因自身的问题而责怪别人或责怪当时的条件。他们忽视了有助于解决那些问题的各种途径。"我之所以没被评上三好学生，是因为老师看不上我。"责怪往往起不到很好的作用，因为别人将拒绝做替罪羊，而且还会以牙还牙地对你进行大肆攻击。

那么，如何驳斥自己的非理性想法，以理性的想法代替非理性的想法呢？首先，要驳斥非理性想法，即质问、找证据来反驳自己某些想法是错误的。如"这想法会伤害我"，"这想法会破坏我与别人的关系"，"这想法使我不能达到目标"，"这不是事实，只是我的主观想法"，"假使情况没改善，我就真的……了吗？"

实例：假设你要参加演讲比赛，你感到十分焦虑、紧张和害怕，列出引起这些负向情绪的想法，分析有哪些非理性成分，对其进行驳斥，从而建立理性观念。

原想法："我应该要讲得很好，不可犯错，犯了错是很糟糕的事。万一讲不好被耻笑，多没面子呀。讲不好说明我是个没用的人。"

驳斥："这想法会影响我，使我不能正常地表现。即使犯了错，被耻笑，我真的受不了吗？讲错了就很没面子吗？一次演讲讲不好就说明我是个没用的人吗？这想法并不是事实，只是我自己主观的意见，不切实际地夸大了后果。这想法会使我无法达到预期目标。"

驳斥后形成新的合理的想法："虽然我不喜欢犯错，但是如果犯了错，只会感到生气，还不至于到糟透了的地步。虽然我讲不好，但我仍然是个有用的人。一次行为表现不等于一个人的全部；一件事做不成，不代表我就是笨蛋。不犯错最好，但不表示我一定不可以犯错。"

2. 用建设性的积极用语代替危险性用语

减少"应该"，用"能够"替代，内心压力会有所减轻；去掉"必须"，以"乐意"替代，内心压力可变小；剔除"不得不"，以"愿意"替代，再也不会被压得透不过气来；撵走"本应该"，以"想要"替代，内心压力会消失；"是……但……"是在为自己设置障碍，如果说"我将试一次"的话，那么会给自己增添力量和自信；"我不够……"让我们感觉无力量和不适当，如果说"天生我材必有用"的话，就会给自己增添力量和自信；"真可怕、真该死、悲惨啊……"，让我们陷入过度的悲伤之中，如果说"这是我丰富生活经验的一部分"，则会帮助我们前进；"难以……"让自己停滞在问题上，如果说"那是一次学习的机会"，将会帮助我们主动地解决问题。

第四节　人际关系问题辅导

一、人际关系的概念

（一）人际关系的含义

人际关系（interpersonal relationship）是指人与人之间通过直接交往形成的相互之间的情感联系。这种联系是交往所产生的情感的积淀，是人与人之间相对稳定的情感纽带。人际关系涉及情感、认知和行为三方面。人具有社会性，有人群存在的地方就会有人际关系的存在。人际关系对人的生活有着根本性的影响。人际关系影响着一个人的身心健康、成功和幸福。那些有许多朋友和拥有广泛社会支持的人，人生的状态往往都较积极，对生活富有信心，有较高的幸福感和成就感。

（二）人际关系与社会角色关系

在日常生活中，人与人之间由于所处的社会位置和所担负的社会角色所带来的社会角色关系，也是人际关系的一种。比如，师生关系、同伴关系、亲子关系、朋友关系等。

二、人际关系的意义

人一生的成长、发展、成功、幸福，是与同他人的交往和关系密切相关的。人一生的快乐、烦恼、悲伤、爱与恨等，都是与同他人的交往和关系分不开的。对于任何一个人来说，正常的人际交往和良好的人际关系是其心理正常发展、人格健全和幸福生活的必要前提。

（一）人际关系与人格发展

心理学研究表明，儿童与其照看者之间通过积极的交往所形成的稳定的亲密关系，是其心理甚至身体正常发展必不可少的条件。有研究发现，在孤儿院里的婴儿死亡率很高，而研究者仅仅增加了每天对婴儿的拥抱就使得婴儿死亡率急剧下降。这说明了人际关系在人出生之初就具有非常重要的作用。一般情况下，婴儿最初是与母亲建立亲密关系。但有研究表明，如果其他照看者能给予婴儿安全的、稳定的、细心的抚育，婴儿同样能健康成长。只要照看者与儿童之间建立了稳定的亲密关系，那么被照看的孩子也能健康发展。但是，如果照看者经常变换、不稳定，儿童不能与照看者建立稳定的有预见的依恋、亲密关系，则他们的心理发展就会受到显著的影响。在这种情况下，儿童会因缺乏正常的安全感，难以形成健全的人格，难以适应社会生活的各种要求和变化。

心理学家还发现，如果儿童缺乏与成人的正常交往及由此建立起来的亲密关系，不仅儿童人格的发展会出现问题，连智力的发展也会出现明显障碍。如果一个人长期缺乏与他人的积极交往，缺乏稳定的良好的人际关系，那么这个人往往有明显的人格缺陷。

（二）人际关系与心理健康

我们在学生心理咨询的实践中发现，绝大多数学生的心理问题都与缺乏正常的人际交往和良好的人际关系相关。中小学生在学校里与同伴和老师的交往好坏会决定着其在学校的快乐程度。大学生与同宿舍同伴之间的交往状况也决定了其对大学生活的满意程度。那些在生活中没有形成友好、合作、融洽的人际交往的学生，常常显示出压抑、敏感、自我防卫、难以合作等特点，情绪状态也不佳。

大量的心理学研究表明，健康的人际关系与心理健康水平呈显著的正相关。融洽的人际关系能给个体较多的社会支持，促进个体的心理健康。

（三）人际关系与幸福

心理学家克林格（E. Klinger，1977）调查发现，良好的人际关系对于幸福的生活具有首要意义。当被问到"什么使你的生活富有意义"时，几乎所有的人都回答亲密的人际关系是最首要的。自己的生活是否幸福，取决于自己同生活中的其他人的关系是否良好。如果与别人有深刻的情感联系，就会感到生活幸福且富有意义，反之，则会感到生活缺乏目标、没有动力、不幸福。在调查结果中，人际关系的重要性远远超过了成功、名誉和地位。

131

三、同伴关系辅导

同学之间建立融洽的同伴关系需要做到以下几点。

（一）认识自己，了解他人，有效沟通

孙子兵法中说："知己知彼，百战不殆。"同学之间和谐相处，既要认识自己，也要了解他人。只有认识了自己，也了解了他人，尊重彼此的个性，才能达到平衡，形成和谐的工作环境。

同学之间既存在着合作，也存在着竞争；同学之间要精诚合作，共同成长，又要体现自己的价值，实现自己的目标。在同学之间的交往中难免会出现摩擦或误会，这就需要有效的沟通。有效的沟通包括即时沟通、直接沟通、反复沟通等。直接沟通是指同学之间出现问题或矛盾时应彼此坦诚地直接进行沟通，而不要通过第三者进行沟通。直接沟通可以表明彼此的诚意，有利于提高沟通效果。即时沟通是指同学之间出现问题或矛盾时应在第一时间进行沟通，这样问题趋于简单，就事论事，沟通效果较好。如果时间拖得越久，问题就越不容易解决，就会变得更加复杂。反复沟通是指有时候同学之间出现的问题比较复杂或比较重要，需要反复确定双方是否完全理解对方的目的和愿望。由于每个人对某句话语的理解不一样，容易出现误解或误会，因此，需要反复确定对方是否准确地理解了自己的意图，保证沟通的有效性。

只有沟通渠道畅通，同学间的矛盾与摩擦才能得到有效的解决。

（二）尊重他人，尊重自己，谦虚坦诚

"如果你希望别人怎样对待你，你就要怎样对待他人。"——这是人际交往的黄金法则。孔子也说"己所不欲勿施于人"、"己欲达而达人"。在学校里，不论是大型活动还是日常学习，同学间都需要相互协作共同完成某个任务。在与同学的合作过程中，应充分尊重同学的意见和利益。在与同学的相处中要学会谦虚坦诚，真诚待人，遇到问题时要学会站在对方的角度去考虑问题，设身处地为他人着想。

（三）平等相处，宽容忍让，学会道歉

同学之间由于经历、立场的不同，对同一个问题，往往会产生不同的看法，引起争议，容易破坏同学之间的关系。因此，同学之间有意见分歧时要做到：一是不要过分争论。过分争论容易激化矛盾，影响与同学的团结。不要将观点的差异变成人身攻击。每个人都有自己的尊严，在争论中处于劣势的一方会感到尊严受到侵犯，奋力抗争，这时应顾及对方的面子，将观点与人分开，比如说"我不同意你的观点，但我尊重你的选择"。这样就很好地表明了自己与对方的差异，又维护了与同学的关系。二是不要一味地回避争论，在以和为贵的口号下失去原则。同学间出现分歧时应坦诚沟通，阐述各自的理由，正面论述自己的观点，切不可言语中带有讥讽。应在分歧中求同存异，达成一致意见，妥善解决问题。

在与同学发生矛盾时，需要主动忍让，多从自身找原因，换位思考，多为他人着想，避免矛盾激化。如果事后发现是自己不对，应主动承认错误，坦诚道歉，以诚感人，获得对方的谅解。俗话说"退一步海阔天空"，学生的主动认错，不仅有利于矛盾的解决，也有利于对方放下心理防御，主动认识和承认自己的错误，达成和解，恢复和谐的同学关系。

四、亲子关系辅导

（一）亲子冲突与沟通

1. 亲子冲突

亲子关系是学生快乐和幸福的源泉。但学生与父母长期生活在一起，难免会有各种各样的矛盾与冲突。比如，父母在与孩子之间出现分歧时常会武断下结论："你总是……"、"你经常……"等。又比如，本来是一件很小的事情，父母却说到别的事情，并且上纲上线，打倒一片，容易伤害亲子关系。因此，父母在批评孩子时一定要就事论事，表扬时一定要对孩子整个人进行表扬，而在平时，父母总是相反的。

当亲子关系出现冲突时，解决冲突的方法通常有以下三种。

（1）合作解决。比如，父母和孩子双方共同努力想出一个新的解决办法，或者父母和孩子顾及对方的需要轮流让步，又或是父母与孩子双方各退一步，便海阔天空。这种合作解决冲突的效果是不会对亲子关系产生伤害的，或许经过冲突的圆满解决，父母与孩子对彼此的了解更深了一层，反而促进亲子关系的改善。

（2）避免冲突。就是说，父母和孩子双方为了避免冲突都回避问题，隐忍不发。但从长期来讲，冲突不可避免，问题依然没有解决，可能等问题积攒到一定程度再爆发时，反而破坏亲子关系。

（3）强制解决。是指父母强势迫使孩子屈服，这样解决冲突带来的后果就是会立刻产生不良的影响，亲子关系会立刻受影响，被迫屈服的孩子在心里会增加一份痛恨，更加叛逆。

2. 亲子沟通

要保持良好的亲子关系，需要良好的沟通。沟通通常包括言语沟通与非言语沟通。言语沟通是指人们运用语言符号进行信息交流，传递思想、情感、观念和态度，以达到沟通目的的过程。言语沟通是人际沟通中重要的一种形式，大多数的信息编码都是通过语言进行的。言语沟通又分为口头沟通和书面沟通。非言语沟通指抛开自然语言，以人自身所呈现的静态及动态的信息符号与副言语（如音调、音量、节奏、转音变调、停顿、沉默等）来进行信息传递的表述系统，非言语沟通包括手势、身体姿态、音调、身体空间、表情等。一般来说，非言语沟通更能真实地表达一个人的内心，在一个家庭中，非言语沟通占60%左右。

通常，亲子沟通紊乱有以下几种情况。

（1）没有或者很少沟通：亲子之间交流、沟通的时间很少，用正常的方式不能解决问题，而代之以不正常的方式解决问题，如打骂。

（2）误解：听的人听到说话者的另外一面，把话"听歪"。

（3）词不达意：表达者想表达一种意思，但表达不明白，结果没有达到沟通的效果，甚至比不沟通更糟。

那么，怎样才能达到良好的沟通呢？首先，在亲子关系或作决定的过程中，父母与孩子双方应拥有相等或近乎相等的权利。父母与孩子双方应彼此接纳对方的个体差异，对对方充满感情，很高兴地接纳彼此的不同。其次，要通过合作成功解决冲突。要合作成功必须了解彼此的需要，要了解彼此的需要就必须进行有效的沟通，有效的沟通需要有效地倾听对方提供的信息。听与倾听是不同的。听只是对声音的获得，而倾听则是要听懂所听到的内容的意义。下面八种行为与有效的倾听有关：

（1）保持目光接触。与他人沟通时保持目光接触，他人会通过观察你的眼睛来判断你是否在倾听。

（2）赞许性的点头和恰当的面部表情。有效的倾听者会对所听到的信息作出反应，暗示对方自己对其所讲的内容感兴趣。

（3）避免分心的举动或手势。在倾听时，应尽量避免看手表、看报纸或做其他的事，这样会使对方认为你没有用心听或对其所讲的内容不感兴趣，让对方感到不被尊重。

（4）提问。在倾听时进行提问，可以使自己更准确地理解内容，并增强交流者的互动。

（5）复述。用自己的话重复所听的内容，既可以使自己的注意力集中于交流内容，也可以检查自己对所听内容理解的准确性。

（6）避免打断说话者。在对方说话时应尽量耐心听，等对方说完了自己再说。

（7）不要多说。大多数人都乐于滔滔不绝地表达自己，而忽略了别人，有效的倾听者能够克制自己，多听别人说，而自己少说。因为只有倾听才能学到新的东西，而说永远学不到新的东西。

（8）自觉转换听者与说者的角色。虽然有效的倾听者应该全神贯注于说者所表达的内容，但有效的倾听者不应该固着自己的角色，而应该能够使说者到听者再回到说者的角色转换流畅。比如，在倾听过程中，适当插入必要的解释或说明回答说者的疑问，然后再请对方继续说。

（二）亲子冲突的解决方法

不少父母都有深刻体会，孩子越大越难管，越大越难教，尤其是进入青春期的孩子更是难以管教。很多父母都感慨地说："唉，孩子小时候可不是这样的呀，孩子小时候可听话了，非常乖，你说什么他都信、都听。现在好了，你说一句，他驳回一句，就是不愿意听你的，生怕听你的会吃亏似的。"出现这种孩子不服管教的情况有其客观原因。由于孩子慢慢长大，逐渐形成自己的主见和思想，尤其是进入青春期的孩子，自主意识非常强烈，非常渴望自己能为自己作决定，如果此时父母不肯放权让孩子自主决定问题，冲突就在所难免。孩子处于似懂非懂的状态，凭着感觉行事，这就需要父母和孩子一起理性处理亲子冲突。青春期孩子与父母的冲突主要特征是"争权"，那么治本的做法就是父母放下自己的权威角色，与孩子平等、公平、相互尊重地处理分歧。父母通过尊重孩子意见和行为的表率作用教孩子学会尊重父母和他人。在相互尊重的氛围中，冲突便可妥善解决。父母应尊重孩子作为一个独立的个体有自主决定的权利，孩子也应尊重父母的权威与意见。

孩子可以告诉父母："我很愿意公平地对待你们，但我坚持要求公平地得到回报。""公平法"对父母和孩子都有要求，要求父母尊重他们的孩子，考虑孩子的观点和意见；同时也要求孩子设身处地地去思考——像考虑自己的需要一样去考虑别人的需要。这是解决冲突的关键：解决问题应更多地考虑到每个人的需要。

此外，要成功解决亲子冲突，父母还需要达成坚强的同盟：首先，父母应彼此支持对方管理和控制孩子的权力，在面对孩子时，父母共同对付孩子，意见要一致，不要当着孩子的面表现出不同态度，让孩子认为有空子可钻，出现不遵守家庭规则的行为。其次，父母要下放一些权力给孩子，信任孩子，让孩子在尝试错误中成长，而不能要求他从不犯错误。在孩子不同的发展阶段，给孩子一些权力和任务。最后，孩子到了青少年阶段会寻求自主，寻求独立，孩子在不同年龄有不同的发展任务，父母要随着孩子的成长而成长，不要总是用以前父母对待自己的方式来对待孩子。

五、师生关系辅导

（一）教师与学生在教育内容上形成授受关系和教学相长关系

教师的基本职能是对学生进行"传道、授业、解惑"。教师将自己的专业之长传授给学生，形成师生关系。学生接受教师知识和技能的教育和引导，成为被教育者。同时，学生是教育的主体，也反过来影响教育的成败。学生在学习过程中遇到的困难与问题反过来会促进教师更深入地思考，促进教育向纵深发展。

（二）教师与学生在人格上是平等的关系

教师工作的最大特点是其工作的对象是有思想、有情感的个体。学生虽然在知识技能上稍逊于教师，但学业有专攻，学生是独特的个体，有自己独特的发展特点，在人格上是与教师平等的。因此，教师应尊重学生的人格。

尊师重教是值得提倡的，但教师不可以借口维护师道尊严而不尊重学生的人格。近几年来，在屡次发生的教师体罚、虐待学生的案例中，教师都固执地认为教师的身份不容学生对其有一丝一毫的反驳，完全无视学生的人格和尊严。

（三）教师与学生在社会道德上是互相促进的关系

教师不仅是学生学业上的导师，而且也是学生学习社会道德规范的榜样。社会道德规范不仅需要言语的传授，更需要教师的身体力行，"学为人师，行为世范"、"身教重于言教"，教师的一言一行都被学生尽收眼底。因此，教师不仅是学生学习社会道德的发起人，也受到学生的监督。教师与学生相互促进学习和维护社会道德。

六、人际关系技巧辅导

学生要发展良好的人际关系，应增加自身的人际吸引力。人际吸引，又称人际魅力，是指人际关系的一种肯定形式，是个体之间在情感方面相互亲近的状态。人际吸引有助于满足个体的人际需求。

社会心理学中说明人际吸引的基本原则是：联想、强化和社会交换。联想原则的核心观念是：个体喜欢与愉快体验相联系的人，不喜欢与痛苦体验相联系的人。强化原则是指个体喜欢那些用各种方式奖赏自己的人，不喜欢那些惩罚自己的人。社会赞许是奖赏的一种重要方式。社会交换原则是指个体对他人的喜欢是建立在他人给自己带来利益而自己为此付出代价的估价基础上的。按照社会交换论，如果个体从与他人互动中得到利益，便喜欢他人，也就是说，个体从互动中得到的利益大于或至少等于付出的代价。

人际吸引的影响因素主要有。

1. 相似性。个体喜欢与自己相似的人，主要是指态度、价值观、兴趣爱好、个性以及背景条件等方面相似。

2. 互惠性。互动双方在人际需求方面恰能互相满足，即在给对方以满足的同时自己也得到了满足，就能使双方互相吸引。

3. 邻近性。由于居住邻近或其他原因使个体间交往频繁、相互熟悉，也可增加相互吸引。

4. 体态与容貌。在人际交往初始阶段，双方的体态、容貌是造成吸引的重要条件之一。

136

5. 个人品质。随着人际交往的深入，外在的因素变得越来越不重要，而交往者的内在品质却变得越来越重要。比如，热情是令人喜欢的重要个性品质，一个开朗的人总是比冷淡的人具有吸引力。另外一些内在的个人特性，比如真诚、幽默、有涵养、礼貌、有能力、聪明等，也是影响人际吸引的重要因素。

案例分析：亲子协议

案例：亮亮12岁，每天做作业拖拉时间，并且睡觉前喜欢看课外小说，因此一直很晚睡觉。妈妈很着急，经常冲着他叫喊"抓紧时间，早点睡觉"，但效果不大。妈妈觉得很累，孩子觉得很烦。

若要成功解决亮亮和妈妈的冲突，需要三步走：

第一，互相明白对方的想法。

这是双方冷静坐下来进行公平讨论的第一步。关键在于使自己的想法互为对方所了解。如果你根本不明白对方的想法，就不可能做到对双方公平。下面是互相明白对方想法的六个步骤：

1. 说明你们进行讨论的目的：为使问题得到公平解决，让对方同意参与这一讨论。

妈妈："亮亮，对于你做作业时间和睡觉时间，我们之间有些矛盾，我想和你谈一谈，看能否找到一个我们都认为公平的解决办法，好吗？"

亮亮："不知道这种谈话管不管用，但我们可以试一试。"

2. 说明你的打算：双方陈述自己对此问题的意见。

妈妈："我想让你知道我在这个问题上的想法，而且，我也想了解你的有关想法。"

3. 描述你觉察到的问题。

妈妈："亮亮，你做作业时间太拖沓，而且睡觉前又要看书，每天睡得太晚，对你身体不好。我希望你能在9点30分前睡觉。"

4. 询问你的孩子对此问题的看法。

妈妈："好了，我把我的想法告诉你了。现在，我想知道你对此的想法。"

亮亮："我觉得问题在于老师布置的作业太多，如果少一些，那我就能在9点30分前睡觉了。"

5. 解释你的孩子的观点，让他知道你已明白了他的想法。

妈妈："好的，亮亮。我重复一下你的观点，看我是不是已经明白了你的想法。你认为只要老师少布置作业，你就能按时睡觉了，对吗？"

亮亮："是的。"

6. 让你的孩子也解释一下你的观点，看他是不是也明白了你的想法。

妈妈："亮亮，你能给我讲一下你所理解的我对此问题的想法吗？"

亮亮："好的，妈妈。你认为我做作业不抓紧时间，并且睡得太晚，要在9点30分前睡觉。"

第二，着手准备解决问题。

1. 一起列表，列出你们所想到的这个问题的解决方案（考虑各种可能性）。

妈妈："我想我们了解了彼此的想法，让我们来列一张表，列出我们认为能公平解决此问题的方案，我们可以写下我们的任何想法。有了这张表后，我们就能发现一些我们都满意的方案了，你说好吗？"

亮亮："当然好。"

妈妈和亮亮开始列表：

（1）不要因为亮亮看课外小说而一个劲地催促和唠叨。

（2）亮亮没有能力改变老师布置的作业，所以就只能调整自己做作业的时间和速度。

（3）妈妈可以适当提醒亮亮时间。

（4）课外小说根据时间情况而定，时间早可多看一会儿，时间晚的话，就少看或不看，在其他时间补。

（5）妈妈给亮亮提供钟或手表，帮助亮亮形成时间观念，并做好作业按时完成计划。

（6）妈妈可以检查亮亮作业，确保亮亮不漏做作业。

（7）亮亮要保证作业质量，不能因为赶时间而马虎应付。作业质量情况以老师批改为准。

2. 起草一份协议，列明你们双方都觉得公平的解决方案。

妈妈："让我们浏览一遍这张表，看看哪些是我们都认为公平的，把它们挑出来写成一份协议，我们都在协议上签字以表明我们对此事严肃认真的态度，好吗？"

亮亮："真的有必要吗？"

妈妈："当然，有时候我们的记性不好，这样可以提醒我们。"

下面是亮亮和妈妈达成的协议：

（1）亮亮要调整自己做作业的时间和速度，并保证作业质量。课外小说根据时间情况而定，时间多就多看会儿，否则就另找时间看，做到在规定时间休息。

（2）妈妈将不再对亮亮唠叨，给亮亮提供钟或手表，并适当提醒亮亮时间，帮助亮亮确立时间概念。

3. 安排下一次讨论的时间，了解协议达成情况。

妈妈："我觉得我们要安排一个时间，讨论我们所订协议的成效，你看什么时间比较合适？"

亮亮："那就一周以后，好吗？"

妈妈："好的，我看需要一周时间的观察。"

第三，讨论协议成效。

这是关键的步骤，如果略去这一步，很多时候会使问题的解决收不到好的成效。妈妈可以先表扬孩子的进步，如有必要，再和孩子讨论："我们怎样做才能使我们的协议收到更好的成效？"

妈妈："你认为我们协议效果如何？"

亮亮："还不错。除了偶尔一次晚睡，基本上我都按时睡觉。"

妈妈："我很高兴你有这样的表现，你认为我的表现如何？"

亮亮："你也不错。"

上面就是一个通过公平途径解决亲子冲突的实例。当然，公平途径并不是一定要有这样一个烦琐的过程并签订一份协议，有的时候只需双方达成口头协议就行。如："如果你要下午和同学玩，那么就必须现在把作业做完。"诸如此类的口头协议，父母比较常用，这种方式比较适合解决简单、即时性的问题。另外，我们在用公平途径来解决问题的过程中，有时会不可避免地出现"双方矛盾进一步激化或陷入僵局"的情况，碰到此类情况，父母不要放弃，休息一会儿或隔点时间，再继续与孩子讨论，必要时父母可以适当调整自己的意见，使双方讨论能顺利进行，进而让孩子能接受你的建议，调整他的行为。

在亲子之间出现冲突时，采用公平途径来解决亲子间的问题，无疑会给亲子间的关系输入平等因素，但对孩子公平并不意味着父母和孩子是完全平等的。家长还应保持自己的权威，仍有权利和责任为你的孩子设定一些行为准则，并让你的孩子遵守这些标准。只要家长坚信自己有这种权利，那么孩子就会明白这一点，并尊重这种权利。反之，孩子会认为他们与家长是完全平等的个体，因而经常会以"公平"为武器，对抗、排除大人们对他们言行的约束，并各行其是。因此，家长权威的树立依然必要，只不过家长运用权威的方式要加以改变，即从以前的武断专横改变为一种公平的方式，这种公平的权威是孩子乐意接受的。在孩子们看来，父母对他们设定的一些条条框框是在父母已经作出了力求公平的努力后才制定出来的，因而他们也就愿意接受了。

由此看来，这种公平途径不仅能较好地解决父母与孩子间的冲突，并且能较好地平衡独立和控制两种力量，即孩子希望独立与父母希望实施一定程度的、必要的控制的两种力量。除此之外，这种公平方式还能鼓励孩子通过这种对话培养公平观念，为孩子的道德发展打好基础。

（转载自：《公平原则——解决亲子冲突的关键》，http://www.pupiledu.com/view/200608/20060825/42617.htm）

第五节　生涯规划辅导

一、生涯规划的概念

职业是指劳动者能够稳定从事的有报酬工作，是劳动者足够稳定地从事某项有报酬工作而获得的劳动角色，是一种社会劳动岗位。

生涯是指生活中各种事件的演进方向和历程，它统合了人一生中依序发展的各种职业和生活角色，由此表现出独特的自我发展形式。

职业生涯就是一个人的职业经历，它是指一个人一生中所有与职业相联系的行为与活动，以及相关的态度、价值观、愿望等连续性经历的过程，也是一个人一生中职业、职位的变迁及工作、理想的实现过程。职业生涯是一个动态的过程，是指一个人一生在职业岗位上所度过的、与工作活动相关的连续经历，并不包含在职业上成功与失败或进步快与慢的含义。也就是说，不论职位高低，不论成功与否，每个工作着的人都有自己的职业生涯。

职业生涯是以心理开发、生理开发、智力开发、技能开发、伦理开发等人的潜能开发为基础，以工作内容的确定和变化，工作业绩的评价，工资待遇、职称、职务的变动为标准，以满足需求为目标的工作经历和内心体验的经历。

职业生涯规划（career planning）是由早期职业辅导运动发展而来的。职业辅导运动起源于 20 世纪中叶的美国，20 世纪 90 年代中期由欧美国家传入中国。

职业生涯规划，是指一个人在对自己职业生涯的主客观条件进行测定、分析、总结的基础上，对自己的兴趣、爱好、能力、特点等进行综合分析与权衡，结合时代特点，根据自己的职业倾向，确定其最佳的职业奋斗目标，并为实现这一目标作出行之有效的安排。生涯设计的目的不仅是帮助个人按照自己的资历条件找到一份合适的工作，达到与实现个人目标，更重要的是帮助个人真正了解自己，为自己定下事业大计，筹划未来，拟定一生的发展方向，根据主客观条件设计出合理且可行的职业生涯发展方向。职业生涯规划包括知己、知彼、抉择、规划四个步骤。

二、生涯辅导的意义

职业生涯是人一生中最重要的历程，是追求自我实现的重要人生阶段，对人生价值起着决定性作用。职业生涯规划使个体直接参与自己人生目标的设计，以使自己的发展更加自觉更加充分。其意义具体来说表现为以下五点。

（一）可以更好地了解自己、进行自我定位

做职业生涯规划有助于个体正确认识自身的个性特质、现有与潜在的资源优势，重新对自己的价值进行定位并使其持续增值；对自己的综合优势与劣势进行对比分析；树立明确的职业发展目标与职业理想；评估个人目标与现实之间的差距；作出与实际相结合的职业定位，搜索或发现新的或有潜力的职业机会；学会如何运用科学的方法采取可行的步骤与措施，不断增强职业竞争力，实现自己的职业目标与理想。

（二）可以更好地了解专业、了解社会环境

职业生涯规划还要充分认识与了解相关的环境，评估环境因素对自己职业生涯发展的影响，分析环境条件的特点、发展变化情况，把握环境因素的优势与限制。了解本专业、本行业的地位、形势以及发展趋势。

（三）可以明确个体未来切实可行的奋斗目标

职业生涯规划可以增强个体未来发展的目的性与计划性，提升成功的机会。生涯发展要有计划、有目的，不可盲目地"撞大运"。好的计划是成功的开始，俗话说"凡事预则立，不预则废"，就是这个道理。

（四）可以提升应对竞争的能力

当今社会处在变革的时代，到处充满着激烈的竞争。物竞天择，适者生存。职业活动的竞争非常突出，尤其是我国加入世界贸易组织（WTO）后，要想在这场激烈的竞争中脱颖而出并保持立于不败之地，必须设计好自己的职业生涯规划。这样才能做到心中有数，不打无准备之仗。未雨绸缪，磨刀不误砍柴工，先做好职业生涯规划，有了清晰的认识与明确的目标之后就可以提升职业竞争力。

（五）有利于人才在市场上的合理配置

一个人适合做什么工作，只有个体自己最了解，如果每个人都根据自己的兴趣、能力、价值观做好职业生涯规划，则社会上每个人都将"人尽其才"，构成了人才市场的最佳配置。虽然各用人单位会使用各种方法对应聘人员进行多方面的考查，但毕竟不如应聘者自身更了解自己。

三、生涯规划的步骤

（一）认识自己、了解自己

一个有效的职业生涯设计必须是在充分且正确认识自身条件与相关环境的基础上进行的。要审视自己、认识自己、了解自己，做好自我评估，包括自己的兴趣、特长、性格、学识、技能、智商、情商、思维方式等，即要弄清我想干什么、我能干什么、我应该干什么、在众多的职业面前我会选择什么等问题。

科学地认识自己、了解自己的方法主要有以下几点：第一，多问自己"我是……的人（20个以上）"、"我的优点是……"、"我的缺点是……"、"我的兴趣爱好是……"、"我的特长是……"、"我的性格特点是……"、"我最看重的是……"等问题。第二，可以利用他人来认识自己，征询对自己比较了解的亲戚朋友或老师同事的意见，看看他们认为你是个什么样的人、擅长什么、不擅长什么。第三，利用心理测试了解自己。与职业有关的测试主要有性格测试（如卡特尔16项人格因素测验）、气质测验、兴趣测试（如霍兰德职业兴趣测验）等。

（二）充分了解相关的职业信息

一般来说，了解职业信息的途径主要有：1. 政府或学校的职业辅导部门提供的网上、网下的资料；2. 各种媒体发布的职业资料信息；3. 劳动服务部门、职业服务机构提供的信息；4. 用人部门直接提供的信息；5. 主动运用个人的关系网来扩展信息渠道所获的信息；6. 职业信息访谈方法所获的信息。职业信息访谈法是指找一个正在从事你想要从事的职业的人进行访谈以了解相关的信息。比如问该职业人以下问题：该工作的自主空间程度；该工作的条件和环境；完成该工作所必需的知识、技能和培训；该工作近期是否因技术、市场和竞争发生变化；您最喜欢的该工作的特征；您最不喜欢的该工作的特征；该工作领域有无明确的职业通道；您对该工作的走势的看法；初级从业人员和高级从业人员的薪资水平大致是怎样的等。

（三）职业定位

职业定位就是要为职业目标与自己的潜能以及主客观条件谋求最佳匹配，即人职匹配。人职匹配是指将个人的主观条件（如人格特点、知识、技能、经验等）与打算从事的职业岗位的要求相比较，帮助个人找到与其个人条件较为一致的职业，最终达到人与职业的最佳匹配的过程。良好的职业定位是以自己的最佳才能、最优性格、最大兴趣、最有利的环境等信息为依据的。职业定位过程中要考虑性格与职业的匹配、兴趣与职业的匹配、特长与职业的匹配、专业与职业的

141

匹配等。职业定位应注意：1. 依据客观现实，考虑个人与社会、单位的关系；2. 比较鉴别职业的条件、要求、性质与自身条件的匹配情况，选择条件更合适、更符合自己特长、更感兴趣、经过努力能很快胜任、有发展前途的职业；3. 扬长避短，看主要方面，不要追求十全十美的职业；4. 审时度势，及时调整，要根据情况的变化及时调整择业目标，不能固执己见、一成不变。

在科学了解自我和职业信息后，先要确定自己的职业领域（方向），然后选择自己的职业生涯目标。

（四）确定短期、中期和长期目标

确立目标是制定职业生涯规划的关键，通常有短期目标、中期目标和长期目标。

短期目标是指从现在到今后 1—3 年内的目标。短期目标的特征是：第一，目标可能是自己选择的，也可能是学校或上级安排的；第二，可能是被动接受的；第三，未必符合自己的价值观，但是还可以接受；第四，目标切合实际；第五，目标具有可操作性；第六，目标有具体完成的时间；第七，对目标的实现有一定的把握；第八，朝向长期目标。

中期目标是指 3—5 年内的目标。中期目标的特征：第一，符合自己的志愿和所在环境；第二，符合自己的价值观，充满信心；第三，目标切合实际并有创新；第四，能用明确的语言定量说明；第五，有比较明确的完成时间，且可以作适当的调整；第六，对目标的实现可能性作过评估；第七，可以利用环境；第八，有全局眼光；第九，与长期目标一致；第十，改变可以改变的事情。

长期目标是指 5—10 年的规划，通常是自己最终职业发展的目标。长期目标的主要特征：第一，目标是自己认真选择的，且符合社会发展的需求；第二，非常符合自己的价值观，为自己的选择感到骄傲；第三，有实现的可能性，且有挑战性；第四，目标可以定性说明；第五，在一定的时间范围内实现即可；第六，对实现充满渴望；第七，立志改变环境；第八，目光长远；第九，目标始终如一，长期坚持不懈；第十，创造美好未来。

（五）制定实现职业生涯目标的行动方案

在确定了职业生涯目标之后，接下来就是要制定实现职业生涯目标的行动方案，职业生涯目标需要有具体的行为措施来保证。没有行动，职业目标只能是一种梦想。要制定周详的行动方案，更要注意去落实这一行动方案。用行动落实规划，在行动中不断实现每个目标，同时，在行动中完善新的目标。

（六）评估与调整

要在实践中去检验整个职业生涯规划，看看效果如何，及时诊断生涯规划各个环节出现的问题，找出相应对策，对规划进行调整与完善。

由此可以看出，整个规划流程中正确的自我评价是最基础、最核心的环节，这一环节做不好或出现偏差，就会导致整个职业生涯规划各个环节出现问题。要以一切为自己负责为原则，及时调整、完善、总结职业生涯规划方案。

最后，生涯规划教育是体验式的教育，重要的不是给学生讲很多知识和理论，而是要引导学生有一种感悟，有一种职业意识的形成，有一些可以感受到的东西，比如生涯人物访谈、生涯故事或者生涯对话等。学生可能更容易接受这种方式。

第六节 生活适应辅导

夏令营中的较量

77 个日本孩子和 30 个中国孩子，到英雄小姐妹当年放牧的内蒙古草原举行联合探险夏令营，平均每人负重 40 公斤，步行 100 里路。在困难和考验面前，中国的孩子掉队了，把背包扔了；生病了，泪珠滚滚回到大本营，躺到席梦思上；不会做饭，只会诉冤叫屈。而日本孩子，也有生病的，但坚持背着包、不坐车，说"我是来锻炼的，当了逃兵是耻辱，我一定要走到底!"没有一个人离队。

（《读者》1993 年第 11 期，有删减）

上述案例凸显了中国教育中某些东西的缺失。其中，最突出的就是生活适应教育的缺失。

143

国际 21 世纪教育委员会在 1995 年向联合国教科文组织提交的报告中把"学会生存"作为未来社会教育的四大支柱（即学会做人、学会求知、学会生存、学会与人共处）之一。

那么，什么是生活适应？生活适应是指个体在日常生活环境发生变化时，能够积极主动地、有效地通过调整身心状态，使自身和新生活环境协调起来的过程。广义的生活适应是指个体对社会生活环境的适应，包括为了生存而使自己的行为符合社会要求的适应和努力改变环境以使自己能够获得更好发展的适应，这是社会适应层次上的概念。狭义的生活适应是指个体具有自己年龄阶段所应具备的基本生活能力，能够积极、主动、有效地适应本年龄阶段的新生活及其新变化。具体包括新生活角色的适应能力、生活自理能力、对挫折的承受能力以及休闲技能等。

一、小学生活适应

小学生生活适应的辅导内容主要包括以下方面。

（一）生活自理能力

生活自理能力是指个体自己承担或料理生活，使日常生活活动得以顺利完成的个性心理特征。小学生生活自理能力是指小学生具有该年龄段所应具备的自己承担或料理生活的能力，并可以使生活任务顺利完成的个性心理特征。

生活自理能力的发展会不同程度地、直接或间接地影响其他心理素质如独立性、操作能力、自控能力等的发展。一般来说，生活自理能力强的学生独立性比较强，依赖性比较弱，动手能力较强；而生活自理能力差的学生独立性差，依赖性强，动手操作能力较差，并且将来走入社会，会遭受更多的挫折，体验到更多的失败情绪，对事业的成功也是一个很大的障碍。

生活自理能力可分为三个相互联系的部分：生活态度、生活习惯和生活技能。其中，生活态度是认知成分，生活技能是行为成分，而生活习惯是一种固定了的认知、行为模式。

1. 生活态度

生活态度是指人们对周围的人、事、物以及生活环境形成的一种相对持久一致的好恶取舍与行为倾向。人对生活的态度是心理健康的重要标志之一。心理健康的人首先应该对生活乐观、积极；对生活悲观的人，其心态是不健康的。所以，小学生的生活态度积极与否将直接影响他们心理健康和心理素质的形成及发展。因此，我们要引导小学生形成积极的生活态度，以乐观的心态面对生活的挑战。

2. 生活习惯

144

生活习惯是一种在日常生活中经多次重复养成的比较固定的、无须意志努力就能完成的自动化了的行为倾向。生活习惯完全是后天习得的产物。它不一定是有意识地经过反复练习获得的，但它一旦形成，就会成为人们需要的一种，若不被满足就会引发不良感受，并且难以改变。在一定的情境条件下，生活习惯会自然而然地表现出来。生活习惯对人的心理素质和生理素质的形成和发展都具有重要意义，对生活实践活动产生着积极作用。因此，培养小学生的生活适应能力的重要内容之一就是培养小学生良好的生活习惯。

小学生良好生活习惯的培养应重点放在培养小学生的个人卫生习惯、劳动习惯、饮食习惯、作息习惯、健身习惯和休闲习惯等方面内容上。对小学生生活适应指导的目标主要是使小学生认识到形成良好生活习惯的好处和不良生活习惯的害处；指导其在生活中注意养成良好的习惯，学会克服自己已经形成的不良生活习惯的方法。

3. 生活技能

所谓生活技能，即狭义的生活自理能力，是指个体生存和发展的技能，是个体能够独立完成日常生活中必须完成的自我服务任务，并能够适应生活环境变化的行为能力。生活技能是个体独立生存必备的基本技能之一。生活技能并不是天生的，而是个体在日常生活实践活动中习得的。

对小学生进行生活技能辅导的目标主要是让小学生认识到掌握生活技能的重

要性；帮助其掌握基本的生活技能，提高其生活自理水平。

（二）生活角色适应

角色是指对处于一定社会地位的个体，依据社会对他提出的要求，借助自己的主观能力适应社会环境所表现出的行为模式。每一个体都有与角色相符的地位、身份、权利、义务以及应表现出来的行为模式系统，以此制约、控制和规范个体的行为。个体在成长过程中，生活在不断发生着变化，在生活中所扮演的角色也跟着发生变化。如果这种变化过于剧烈或个体缺乏必要的心理准备，而不能适应这些角色变化，就会对个体的心理健康造成严重影响，从而阻碍其心理素质的提高。对小学生来说，更会如此。

对小学生生活角色适应辅导，主要是为了达到这样的目的：帮助小学生认识自己的生活角色以及生活对这些角色的要求；锻炼和提高其角色扮演能力，以处理和协调各种不和谐的角色期望，减少角色冲突，从而起到维护小学生心理健康的作用。

（三）挫折承受力

挫折承受力是指个体能够忍受和排解挫折的程度，也是个体适应挫折、抗御挫折和对付挫折的能力。挫折承受力是一种心理素质，是个体适应环境和维持心理健康的重要标志。

挫折承受力是确保小学生生活和学业成功的重要心理品质。挫折承受力强的学生，能够忍受或排解较大的挫折和障碍，用理智的态度、正确的策略方法、积极的行动战胜之，从而获得成功。挫折承受力弱的学生遇到轻微的挫折，就会情绪烦乱，不知所措，以非理智的态度和不正确的策略方法应付挫折，不仅不能取得成功，还会因新的失败引发心理疾病或使人格趋于分裂。

对小学生进行挫折承受力辅导着重于使小学生获得对挫折的正确认识和态度；使小学生在面对挫折时，能够进行冷静、客观、合理地归因，并在此基础上采取相应的积极应对措施；提高小学生对挫折情绪和心理的自我调节能力，从而能够保持自身心理紧张的缓解或平衡。

（四）健康休闲辅导

休闲时间是指每个人在完成学习、工作和自理生活后剩余的，由自己自由支配的时间。休闲生活是每个人生活中必不可少的重要组成部分。

学校对小学生实施健康休闲辅导，主要是利用心理健康教育的理论和技术，帮助小学生确立正确的休闲观念和态度，获得必备的休闲知识和技能，以及学会安排有益的休闲活动方式，从而促使其休闲生活健康且质量高，有效促进其心理健康和心理素质的提高。

（五）自我保护能力

自我保护能力指个体具有能保证自己生理不受伤害的基本知识和能力。自我

145

保护能力是一个人在社会中保存个体生命的最基本的能力，它是儿童独立生活的可靠保障，有助于其尽快摆脱成人的庇护，成为一个独立自主的有生存能力的个体。

小学生的身心正处于生长发育的过程中，其发育还不完善，又缺乏生活经验，缺少对周围事物的认识，他们对外界环境的适应也比较差，自我保护能力也比较弱。所以，加强对小学生自我保护能力辅导是十分重要的，对小学生自身的发展有着长远的、不可估量的价值。

二、初中生活适应

由小学升入初中，这对每个初中生来说，是一个新的质变。表面看来，学生都是积极向上的：成绩好的踌躇满志，欲在中学大显身手；基础差的也满怀希望，暗下决心，想在中学重新做起。然而，学生进入初中后，新的环境、新的人际关系、新的学习生活，将会给他们带来许多心理上的不安定，他们都有一个适应变化的过程。

(一) 新环境的适应辅导

从小学到初中，进入了一个新的学校，环境产生了许多新的变化，中学是怎么回事？中学有哪些新的不同于小学的要求？学生心中没底。因此，刚入初中，不少人会显得小心翼翼，不敢随便行动，唯恐别人笑话自己"孩子气"。所以，从小学生变成中学生既是光荣的、自豪的，又是陌生的、新生活的开始，这会给学生带来心理上的矛盾和冲突。兴奋、激动、好奇、胆怯交织在一起，难以适应，需要教师和家长进行引导和帮助。

因此，新生入学后首先应该由老师带领参观校园，并由老师介绍学校的历史和现状，讲解学校的规章制度，指出中小学生活的差异，帮助他们安定情绪，适应新的环境。尽快消除因环境变化而引起的心理紧张与不安定。

(二) 人际关系的适应辅导

首先，要适应师生关系的明显变化。在小学，主要学科教师基本上担任一个班的课，而在中学，一个教师要教两个或几个班的课。这样对于学生的了解和关照就不如小学教师那样清楚和周到，这就会使刚入学的初中学生感到不适应，并可能对教师产生疏远感。因此，初一的教师既要注意学生的独立意识和倾向，同时又要照顾到他们是刚从小学上来，还需要给予较多的关心和照顾。否则，师生关系会出现不协调的现象，学生会抱怨老师不放手，或者说老师对学生不关心。

其次，要适应朋友关系的变化。由小学升入初中，经过编班后，小学时的一些朋友逐渐疏远了，同时又遇到了不少新同学，一时还不太熟悉。这种人际关系的重新分化与组合，必然会造成初一新生在一段时间内的拘谨、紧张或不安。因此，教师要善于通过丰富多彩的活动和交往，迅速形成新的班集体，让学生们相互了解和熟悉起来。否则，会造成学生间人际关系的紧张。

（三）学习生活的适应辅导

小学阶段学习的内容比较简单，课程的种类比较少。而到了初中，课程突然变得很多。学生既感到新鲜，又有些紧张。在学习方法上，对学生独立学习的要求提高了，学习中脑力和体力的负担也加重了。这时，有的学生会觉得手忙脚乱，个别学生甚至会感到恐惧、惊慌和不安，产生对学习的不适应。

因此，初一的教师要特别关心学生的学习生活。要利用初一新生积极向上的心理倾向，帮助学生形成良好的学习动机。在教学内容上要注意中小学知识的衔接，教学方法上注意教学的直观性。要指导学生具体的学习方法，培养他们的自学能力，并注意掌握学习的负荷量，帮助学生适应学习生活的新变化。

三、高中生活适应

（一）高中生活的适应内容

1. 集体生活的适应。每一位同学都由一个熟悉的环境进入全新而又陌生的新环境，甚至远离了亲人与同学、朋友，和一个个陌生的面孔建立了新的集体。由于个性与家庭环境的不同，有些同学觉得人与人之间似乎冷漠了、疏远了，进而出现注意力不能集中、难以入眠等各种问题。

147

2. 教学方法的适应。初到高一新集体，面对一个个新教师，他们的教学思想、教学方法、教学态度，都使学生不由自主地在内心天平上与初中的教师相比较。但比来比去总觉得某些高中教师没有初中教师好，或者不习惯新教师的教学方法。

3. 学习任务、学习方法的适应。随着目标的转移，相应的学习任务也增加了许多，学生可能都感觉到高中比初中学习累很多，几乎天天都在做作业却仍做不完，严重感到压力太大。同时，随着学习阶段的提高和教师的改变，相应的学习方法也应该随之改变，如果学生仍然按照初中阶段的学习方法来学习，就会导致学习方法的不适应。

4. 自我认识方面的适应。很多学生来到高中时，发现别人爱好广泛，特长很多，而自己什么都没有，就觉得自己什么都不如别人。产生这样的不适应，更多地是因为没能正确地认识自己与他人，没能正确地认识理想与现实，导致自我评价偏低。

（二）辅导对策

针对高中生活的适应内容，可采取如下的辅导对策，帮助学生积极地调整心态。

1. 正确地认识自己、定位自己、评价自己。在每一个阶段，每个学生都有核心发展任务。这就要求学生必须建立相应的行为方式、思维方式和做事方式，以及相应的人际关系、自我评价、适应环境的方式。因此必须客观正确地认识自己，找出自己的优势和劣势、优点和缺点，发挥自己的主观能动性，自主、自觉、自动地学习。同时，也要客观正确地认识他人的优势和劣势、优点和缺点，多交流与合作，吸收别人好的学习方法及学习规律。知己知彼的同时，找准自己的位子，合理地定位自己，确立合理的目标并及时地调整目标。最后，全面地评价自己，避免一叶障目。

2. 学会人际交往，增强自信。良好的人际关系是良好的人文环境的重要因素之一。良好的人际关系能够促进自信心的提高。

3. 合理地安排时间，提高睡眠质量，培养良好的学习习惯。随着作业的增多，学生一定要学会合理地安排时间，提高学习效率。临睡前不要做一些需要高度集中注意力才能完成的任务，不要看有刺激性的故事与文章，不要喝有刺激性的饮料、咖啡等，而是做一些轻松的整理性的事情。劳逸结合，养成良好的学习习惯。

4. 合理地宣泄自己，缓解压力。学会宣泄是调整心态的关键。可以通过以下几种方式来积极地缓解压力，如锻炼、写日记、在操场上大喊大叫大笑、打电话、勤洗澡、睡大觉、整理衣服、流泪等。学生可以选择适合自己的宣泄方式来放松自己。

5. 学会独立，主动地适应环境。独立的人格是支撑独立生活的基础。在日常学习生活中，学生一定要学会独立地照顾自己，独立地学习（并非排斥交流与合作）。比如，不适应某教师的教学方法，可以自己多自觉地学习，主动地适应老师，而不是放弃此学科、被动地希望老师改变；自己能做的事情尽量不麻烦别人，学习和掌握一些必要的生活自理方法和能力，逐渐从依赖别人的生活方式转变为独立的生活方式。

四、大学生活适应

（一）大学生活的适应内容

1. 学习方面

大学生的学习，在内容上、难度上要比高中的拓宽和加深了，学习方式以自学为主，更强调学生学习的自我调控，要求学生不仅单纯地接受，还要创新，在思维上强调更高的逻辑性。同时允许学生有批判的自由和反思的权利。所有这些要求与高中相比都有了更大的提高，如果学生不能灵活应对、及时调整自己的学习方法来适应新的学习任务，就会遇到学习上的困难。大学的学习和中小学的学习有明显的区别，学生在中小学对老师和书本的依赖性比较强。而大学的教学节奏要比中学快得多，授课教师和学生的接触时间比中学少得多，大学的学习活动表现出自主性、选择性、多元性、专业性和探究性的特点，因而需要学生主动学习，往往大一新生缺乏这一点认知，不能针对大学学习特点及时调整学习方法，在学习上处于被动状态。

2. 人际关系方面

学生在脱离了熟悉的人际环境转入新的环境后，面对众多的新老师和新同学，可能会由于缺乏交往的技巧而不能很好地建立良好的人际关系，时常耍小孩子脾气，不能很好地处理同学关系，不习惯集体宿舍生活，不能很快地结交新朋友。密切交往的缺失，不免使学生产生迷茫和失落，对自己身边的人和事持怀疑态度。

3. 生活自理方面

许多大学新生特别是一些独生子女在中学时习惯了衣来伸手饭来张口的生活，一心只读教科书，生活自理能力严重缺乏，就连基本的生活常识都不懂，甚至出现了不会洗衣不会叠被子的现象。大学新生初次离开父母开始一种新的生活的时候，心理上会发生强烈的震荡。性格外向、独立性强的学生对新环境充满新鲜感，常能够主动探索，积极适应，愉快、兴奋等正面情绪多于孤独、焦虑等负面情绪；性格内向、胆小、依赖性强的学生，在适应新环境的过程中容易产生消极情绪，出现适应不良性心理问题，或多或少感到惶惶不安，出现失眠、食欲不振等现象。

4. 环境适应方面

由于大学新生在入学前对新环境的期望值过高，凭空想象大学应该是天之骄子生活的地方，是神圣的"象牙塔"。对很多学生来说，"报答父母恩"、"对大学美好生活的向往"、"谋求地位、事业、自尊心"是他们升入大学的理想。当这个梦想经过了几年的拼搏终于实现了之后，对许多的大　新生来说，不知道还该干什么，没有了新的生活目标和努力方向，感到茫然。有的学生认为自己都已经考上大学了就不用学习了，而现实与理想有很大的差异，如果学生本人不能清楚地认识这种差异而产生消极的感受，则会加大失落感，不免怀疑自己所在的大学是否是真正的大学，从而对自己的处境表示不满和抱怨。

（二）辅导对策

1. 用榜样引路的方式引导大学新生，帮助大学新生适应大学学习生活，提高自学能力

通过开展优秀学生学习经验交流会、新老生经验交流会，使他们尽快适应大

149

学的授课方式，找到适合自己学习的方式方法，使学生明白"学无定法贵在得法"的道理，从而培养学生自主学习的能力，对专业产生兴趣。同时，教育学生做每一件事情都有一个熟悉适应的过程，对待自己学习上的困惑和迷茫要积极主动地和老师沟通，拓宽自己获取知识的渠道，虚心向适应快的同学请教，在生活学习中注意合理安排自己的时间，做到有所为有所不为，不要对自己求全责备、面面俱到。要求学生一方面了解大学学习活动的形式和特点，另一方面，还要学会有效的学习方法，学会自学，学会合理安排时间，学会有效地利用学校的学习资源，如学会利用图书馆的资源。更要辅导学生学会自我定位、自我选择、自我教育、自我评价、自我控制。

2. 用丰富多彩的课外活动陶冶大学生的情操

针对大学生人际关系的不适应，尽量多开展丰富多彩的课外活动引导大学生，陶冶净化大学生的精神世界，调动大学生的积极性和创造性。辅导大学生自己组织一些体现大学生特点的活动，如院系之间、班级之间的体育友谊赛、老乡会、宿舍联谊活动等，增进相互间的了解，增强友谊，培养集体观念和集体意识，争取使他们早日走出自己狭窄的交际圈子，能够在尽可能短的时间内适应大学的人际关系，使自己具备协调能力、交际能力、合作能力、参与能力，提高自身素质。

3. 用严格的纪律约束大学生的行为，用科学的方法指点迷津

国有国法，校有校规。新生一入学，教师应及时向他们传达学校的规章制度。通过认真学习"大学生手册"，使学生明白什么是应该做的，什么是不应该做的，做到令行禁止，让学生知道如何才能成为合格的当代大学生。教师要进教室、进公寓，把关爱送进寝室，从生活上关心学生，用严格的纪律约束大学生。加大学生会生活部的工作力度，有针对性地开展一些活动，帮助新生提高自己的生活自理能力。在新生入校后对学生进行心理测量，使学生对自己的心理品质特点有全面的了解，并由此筛查出需要密切关注的学生。还可以通过开展系列活动辅导学生以人为镜，学会观察、分析、评价自己，养成自尊、自爱、自信、自制、自强等好的心理品质。同时定期辅导学生学会自我积极调适，不要被负面的情绪长期控制，对自己的负面情绪要合理地宣泄、转移或升华，适当地表达和调节情绪，确保学生保持愉快、开朗、乐观、满足的心境，喜不狂、忧不哀、胜不骄、败不馁，不以物喜，不以己悲。另外，要鼓励学生主动寻求心理帮助，引导学生明白善于寻求别人的帮助是一种健康积极的生活方式，绝对不是无能的表现。教育学生主动寻求家长、老师、朋友和心理咨询机构的帮助，使自己及时地走出心理困惑，力求避免不良后果的发生。

五、心理测验
心理适应能力自测问卷

【指导语】

下面的问题能帮助你进行心理适应能力的自我判别。请认真阅读，并决定其与你实际情况的符合程度，然后从每个项目下面所附的三种备选答案中选出一个来。

（1）我最怕转学或转班级，每到一个新环境，我总要经过很长一段时间才能适应。

      A. 是　　　　　　　　B. 无法肯定　　　　　　　　C. 不是

（2）每到一个新的地方，我很容易同别人接近。

      A. 是　　　　　　　　B. 无法肯定　　　　　　　　C. 不是

（3）在陌生人面前，我常无话可说，以致感到尴尬。

      A. 是　　　　　　　　B. 无法肯定　　　　　　　　C. 不是

（4）我最喜欢学习新知识或新学科，它给我一种新鲜感，能调动我的积极性。

      A. 是　　　　　　　　B. 无法肯定　　　　　　　　C. 不是

（5）每到一个新地方，我第一天总是睡不好，就是在家里只要换一张床，有时也会失眠。

      A. 是　　　　　　　　B. 无法肯定　　　　　　　　C. 不是

151

（6）不管生活条件有多大变化，我也能很快习惯。

      A. 是　　　　　　　　B. 无法肯定　　　　　　　　C. 不是

（7）越是在人多的地方，我越感到紧张。

      A. 是　　　　　　　　B. 无法肯定　　　　　　　　C. 不是

（8）我的期末成绩多半不会比平时练习差。

      A. 是　　　　　　　　B. 无法肯定　　　　　　　　C. 不是

（9）全班同学都看着我，心都快跳出来了。

      A. 是　　　　　　　　B. 无法肯定　　　　　　　　C. 不是

（10）对他（她）有看法，我仍能同他（她）交往。

      A. 是　　　　　　　　B. 无法肯定　　　　　　　　C. 不是

（11）我做事总有些不自在。

      A. 是　　　　　　　　B. 无法肯定　　　　　　　　C. 不是

（12）我很少固执己见，常常乐于采纳别人的观点。

      A. 是　　　　　　　　B. 无法肯定　　　　　　　　C. 不是

（13）同别人争论时，我常常感到语塞，事后才想起该怎样反驳对方，可惜已经太迟了。

      A. 是　　　　　　　　B. 无法肯定　　　　　　　　C. 不是

(14) 我对生活条件要求不高，即使生活条件艰苦，我也能过得很愉快。

    A. 是   B. 无法肯定   C. 不是

(15) 有时自己私下里明明把材料背得滚瓜烂熟，可当众背的时候，还是会出差错。

    A. 是   B. 无法肯定   C. 不是

(16) 在决定胜负成败的关键时刻，我虽然很紧张，但总能很快地使自己镇定下来。

    A. 是   B. 无法肯定   C. 不是

(17) 我不喜欢的东西，不管怎么学也学不会。

    A. 是   B. 无法肯定   C. 不是

(18) 在嘈杂混乱的环境里，我仍然能集中精力学习，并且效率较高。

    A. 是   B. 无法肯定   C. 不是

(19) 我不喜欢陌生人来家里做客，每逢这种情况，我就有意回避。

    A. 是   B. 无法肯定   C. 不是

(20) 我很喜欢参加社交活动，我感到这是交朋友的好机会。

    A. 是   B. 无法肯定   C. 不是

【评分规则】

(1) 凡是单数号题（1，3，5，7……），选"是"得-2分，选"无法肯定"得0分，选"不是"得2分。

(2) 凡是双数号题（2，4，6，8……），选"是"得2分，选"无法肯定"得0分，选"不是"得-2分。

(3) 将各题的得分相加，即得总分。

【结果解释】

35—40分：心理适应能力强。能较快地适应新的学习、生活环境，与人交往轻松、大方。给人印象好，无论进入什么样的环境，都应付自如，左右逢源。

29—34分：心理适应能力良好。

17—28分：心理适应能力一般，当进入一个新的环境，经过一段时间的努力，基本能适应。

6—16分：心理适应能力较差，依赖于较好的学习、生活环境，一旦遇到困难则易怨天尤人，甚至消沉。

5分以下：心理适应能力很差，在各种新环境中，即使经过一段长时间的努力，也不一定能够适应，常常困惑，因与周围事物格格不入而十分苦恼。在与他人的交往中，总是显得拘谨、羞怯、手足无措。

如果你在这个测查中得分较高，说明你的心理适应能力较强，但需保持和继续努力；如果你得分较低，也不必忧心忡忡，因为一个人的心理适应能力是随着年龄的增长、知识经验的丰富、各种能力的提高而不断增强的。只要你充满信心，刻苦学习，虚心求教，加强锻炼，你的心理适应能力一定会增强。

第七节　性心理辅导

一、什么是性心理

（一）性意识

性意识是指性差别、性身份、性别角色和性冲动在心理觉察层次上的反映。个体最早的性意识产生于两岁前后婴幼儿对父母性别角色差别的认知。随后通过父母的教养行为和语言，在三岁前形成自己是男性还是女性的意识，即性身份的意识。在这一阶段，通过排尿、洗澡等活动对自己和异性儿童外生殖器的观察，意识到不同性别儿童性器官的差异，从而对自己性别的生物特性进行认识。这种性身份意识对性心理的正常发育而言是重要的。学龄前儿童通过同性和异性儿童之间的性游戏，加强了自己性身份的意识，并形成自己的性别角色意识。到了青春期，性征的发育和性冲动的出现，使个体性心理逐渐成熟，产生性要求和择偶的意识。成年人的性意识主要是性冲动和性活动时的性体验。性意识对性行为有重要指导作用。性意识的形成和发展与性心理发育密切相关。

（二）性心理

性心理是指在性生理的基础上，与性征、性欲、性行为有关的心理状态与心理过程，也包括了与异性交往和婚恋等心理状态。

世界卫生组织对性心理健康所下的定义是：通过丰富和完善人格、人际交往和爱情方式，达到性行为在肉体、感情、理智和社会诸方面的圆满和协调。

性心理健康标准主要有以下四条：

1. 形成和保持一种有意义的人际关系；

2. 欣赏自己的身体；

3. 以有礼貌和恰当的方式与同性和异性进行交往；

4. 用与自己价值观念一致的方式来表达感情、爱和亲密行为。

性心理健康作为身心健康的一部分，与人的身体构造、生理功能、心理素质和社会适应密切相关，因而影响性心理健康的因素也是多方面的。一是父母的素质，在相当大的程度上，遗传基因和胚胎发育决定身心的状况；二是本人，因为个人自懂事起，便对自己的身心发展拥有一定的支配能力和责任；三是家庭与社会的教育。凡生活在能够科学文明地对待社会和家庭环境中的人，往往都能自然、自主而愉悦地面对性、对待性，而在谈性色变的家庭或社会环境里，人被迫对性产生认为其肮脏、神秘、不光彩的心理，这种逆自然性的精神状态与自然的人生需求的矛盾和抗争，往往扭曲人性。这不仅导致性心理的不健康，而且还会对人的一生产生不良影响。

153

二、性心理的发展阶段

（一）口唇期

又称自恋期，0—1 岁，婴儿通过唇、口的吸吮、咬、吃等动作获得快感。在口唇期，婴幼儿通过吸吮母亲的乳房不仅满足对食物的需要，还因此感到快乐满足和安全。这一时期性表现的三大特征是，性快感的来源同身体中维持生命不可缺少的寻食功能密切相关，它尚不知有性的对象，是一种"自体享乐"；它的性目的受快感区的直接控制。这一时期最大的心理危机是断奶。

（二）肛门期

肛门期，1—3 岁，幼儿喜欢通过延迟或延长排便时间来获取性的愉悦。儿童早期（肛门期）获得独立性，发展自律性，接受个人能力（如进行大小便的训练），学习如何表达负性情绪（如敌意、愤怒、攻击等）。如果父母过分关照，自律性发展和适应环境的能力受到抑制就会自我怀疑，依赖别人，不能接受自己的真实情感。

（三）性蕾期

又称性器期，3—6 岁，儿童开始把性爱转向外界，产生了对异性父母的爱恋，即俄狄浦斯情结（又称恋母情结）和对同性双亲的嫉妒。此外，生殖器部位的刺激也是快感来源之一。学前期（性器期）性别认同开始形成，对生殖器格外好奇，对两性差异有浓厚兴趣。对父母异性一方产生爱恋情结。对有关性意识和性行为自责、内疚和悔恨；或者由于父母的教导过于松懈，导致孩子缺乏伦理道德，不能遵循社会价值观行事，形成不顾别人感受的自私人格。

（四）潜伏期

潜伏期，6—12 岁，此期中儿童性欲倾向受到压抑，快感来源主要是对外部世界的兴趣。学龄期（潜伏期）性兴趣下降，开始发展对学校、游戏同伴、体育运动等新事物的兴趣，获得兴奋感，具有乐于学习、富有好奇心、有坚强的毅力等特征。同时也出现不足感和自卑感等消极的自我概念；在学习方面不适应；对批评采取防卫性反应。

（五）生殖期

又称他恋期，12 岁至成人，该时期到达青春期，性腺成熟，才有了成年的性欲和自觉的性意识。

三、性心理的辅导

弗洛伊德认为，性心理的发展过程如不能顺利进行，停滞在某一发展阶段，即发生固着，或个体受到挫折后从高级的发展阶段倒退到某一低级的发展阶段即产生了退行，就可能导致心理异常，成为各种神经症、精神病产生的根源。

（一）小学生性心理辅导

对小学生进行性心理及性行为辅导应遵循的原则是不能大惊小怪，不能嘲笑，而是恰如其分地满足孩子的愿望，因势利导，必要时要耐心解释说服，使孩子健康地度过这个时期。

小学生常见性心理行为问题的辅导包括以下几方面。

1. 玩弄生殖器

男孩玩弄"小雀雀"，女孩两腿并紧交叉摩擦，都是性问题的表现。这种行为在幼儿和儿童中较多，一般都是由于缺乏良好的卫生习惯而诱发的。而此时家长往往采取恐吓、训斥、羞辱等方式，结果不但不能制止孩子的这种行为，反而使孩子把注意力集中在"雀雀"上，甚至诱发手淫。

2. 自发的性游戏

以前孩子常玩的"结婚"、"过家家"、"扮演医生"游戏等都与两性有关。儿童由于好奇心容易发生一些越轨行为，如窥视异性生殖器、模仿成人两性交往（如接吻）等。

3. 对性事过分关注

由于黄色图片、录像以及成年人的一些不检点的两性交往和性行为影响，造成一些孩子对性问题产生过分关注和猎奇心理，这是导致早恋或性犯罪的原因之一。

4. 遭受性侵害

儿童易成为性犯罪和性心理变态者侵害的对象。父母和教师要及早让孩子了解有关的性知识，加强防范意识。

（二）中学生性心理辅导

中学生正处在人生中的青春期，这是人体生长发育的第二个高峰期，青春期的性发育和性成熟对青少年的心理发育有着极为重要的影响。一方面，它刺激了青少年自我意识和性意识的觉醒，使他们已有长大成人的感觉和性满足的需要；另一方面，由于青少年性心理发展尚未达到与之同步的水平，因此这一时期的少男少女容易产生性心理卫生方面的各种问题。

第二性征的出现，使两性差异显著拉开。自我性意识觉醒的中学生既对此好奇、敏感，又迫切希望掌握性知识，对自己和异性的特点进行探求和了解。他们通过各种媒体来满足自己这方面的心理需要。不容忽视的是淫秽书刊和音像制品借机"入侵"，对中学生的性心理发展形成冲击。

随着性心理的大致同步发展，中学生开始对异性更感兴趣。这种兴趣一般经历这样几个阶段：对异性短暂的疏离与排斥——对异性逐渐增加的关注——喜欢在异性面前展现自己的长处以博得异性的青睐——对异性的好感和亲近对方的愿望集中到某一个固定的异性同学身上——把这种愿望付诸行动。

自然而正常的异性交往有助于中学生身心健康和人格发展，对其成年之后的婚恋生活也有非常积极的影响。相反，抑制、回避正常的异性交往不利于中学生

155

性心理的健康成长。当然，少数的中学生过早涉入爱河，并难以控制，这给当前的学习、生活带来消极影响。因此，对中学生而言，处理好异性交往的问题是一个有着重大现实意义的课题。

中学生性心理辅导的常见内容有以下几点。

1. 恋爱问题辅导

在对陷入恋爱后又产生苦恼、困惑的中学生进行辅导时，辅导老师首先要有一种真诚接纳的态度，并对来访学生有同感的理解。一些不成熟的辅导员戴着"自讨苦吃"、"早知今日，何必当初"的有色眼镜去看待来访学生的性心理问题，持一种居高临下的说教态度，辅导结果没有不失败的。

在来访学生尽情宣泄、倾诉，并感受到辅导员的关怀和理解的基础上，辅导老师应当帮助对方找出引起烦恼痛苦的真实原因和解决办法。一般来说，为情所困的中学生很难独立完成这项任务，因为他们还不具备进入恋爱所必需的心理承受能力，因此遇到风浪便容易茫然无措，既难以进行理智而客观的分析，也难以找出摆脱窘境的办法。比如常有恋爱中的中学生突然发现对方另有新欢，于是痛苦、嫉妒、气愤一齐涌上心头，却不会去静心想一想对方也是不成熟的少年人，对感情忠贞、负责任一类的信念还没有在他/她的心目中真正产生，因此变化是情理之中的事情。思想上没想通，失恋中学生的情绪便难以恢复，对学习、生活的负面影响便比较持久。

引导恋爱中的中学生进行客观的、理智的分析，弄明白事情的真相，这一过程往往是令人痛苦的。但不经历这一个痛苦的过程，来访学生就难以从原来的精神状态中摆脱出来，无法开始一种更为积极的新生活。这样，这段恋情所带来的挫折留给他/她的就只有一段灰色的记忆，而不是经过艰辛之后实现的人格成长。

经验表明，一些在恋爱中受伤的中学生经过辅导，认识有所调整后，身心状态仍一时无法回复到原有的水平。因而辅导员应当适时向来访学生提出一些建议，如写写日记或找朋友深谈，化解内心的压抑、郁闷；把注意力转移到学习、工作或者自己最感兴趣的活动上；与更多的同学交往沟通，建立良好的关系，等等，并要求来访学生去具体实施，以尽快恢复正常的学习与生活。

2. 因手淫或性幻想引发心理问题的辅导

对于因手淫或性幻想引发心理问题的来访中学生，也要给予完全的接纳和真切的安慰。要让他们从辅导老师的温和态度上感受到自己并不是犯了什么大错、做了什么羞耻的事情，进而能较快地消除紧张感和羞愧感。在谈话已能顺利进行时，辅导员可以对来访学生作一些性生理知识的介绍，使对方懂得手淫、性幻想是青春发育期青少年中普遍发生的现象，本身不需要引起紧张与自责。要让来访的中学生从辅导员的态度和解说中得到宽慰，卸下精神上不必要的负担。

与此同时，对手淫过度或耽于性幻想而无力自控的来访学生，辅导员应当与对方商定具体的改进计划。计划的内容可以有把注意力从对性的过分关注转移到其他方面，避免不良的性欲刺激，进行自我控制力的训练，等等。

此外，辅导员还可以指导来访学生学会做放松操，借以调节情绪；用弹牛皮筋作为厌恶手段来控制手淫、性幻想的发生频率。只要精神上放松，措施上落实，过度手淫和性幻想沉迷的问题是能够得到缓解直至最终消除的。

（三）大学生性心理辅导

大学生性心理辅导的内容主要有以下几方面。

1. 性意识的辅导

使大学生对青春期性意识发展的过程和特点具有正确的认识，对青春期出现的性梦、性幻想、性欲望、性想象能够给予恰当的认识，提高对各种性意识困扰的自我调适能力，避免因性无知、过分性压抑而导致的各种性心理困惑。

2. 性行为的辅导

使大学生了解性行为的表现形式及其发展特点，对性冲动、性自慰和边缘性行为有科学和理性的认识，提高大学生对性冲动、性自慰和婚前性行为的自我调适能力，引导他们积极参加社会实践活动和集体活动，以促进性的升华。

3. 性道德意志的辅导

使大学生充分了解良好的意志品质对发展健康性心理的重要作用，帮助学生提高控制性行为的主观能动性，把性行为约束在正常的、社会规范的范围之内，使其不为偶发诱因所驱使。提高大学生对不良信息的抵抗力，增强道德意志的自制力，防止性罪错，从而建立在自觉基础上的性抑制力。

4. 异性交往的辅导

使大学生掌握异性交往的行为准则，帮助他们掌握一定的异性交往策略，正确对待异性友谊，理智地把握好友谊与爱情的界限。指导大学生端正交往动机，培养健康的人际交往态度，一方面要防止对性的放纵态度，另一方面也要消除异性交往的陈旧观念。同时也要帮助大学生克服异性交往中的不良心理，克服异性之间只有爱情没有友谊的错误认识，发展健康和谐的异性关系，促进人格的健康发展。

5. 恋爱心理的辅导

帮助大学生了解爱情的心理实质，提高爱的能力，消除择偶的心理障碍，正确选择适合自己的人生伴侣，懂得在恋爱中应遵循的原则，以审慎的态度对待爱情和恋爱。同时也要帮助大学生掌握初恋阶段心理调适的策略和热恋阶段的心理调控方法，学会正确地处理恋爱挫折。

6. 婚姻心理的辅导

使大学生充分了解婚姻的实质和意义，了解影响婚姻和谐的心理因素有哪些，了解夫妻心理失调的原因及其调适策略，了解夫妻情感沟通障碍的原因和消

157

除沟通障碍的策略，了解产生夫妻冲突的原因和避免夫妻冲突的策略。此外，还要使大学生了解因婚外恋、离婚和再婚导致的各种性心理卫生问题，并掌握对这些问题的防范、处理和调适策略。

7. 性心理障碍的辅导

使大学生对各种常见的性心理障碍的症状及表现形式有所了解和认识，提高他们自我预防性心理异常的能力，指导他们掌握对性心理障碍的鉴别和调适方法，学会如何寻求心理治疗的帮助并加以矫治。

【建议参考资料】

1. 郑日昌，刘视湘. 中小学心理健康教育 [M]. 武汉：武汉大学出版社，2010.
2. 郑日昌，陈永胜. 学校心理咨询 [M]. 北京：人民教育出版社，2010.
3. 林孟平. 小组辅导与心理治疗 [M]. 上海：上海教育出版社，2005.

【问题与思考】

1. 学生自我意识辅导的方法主要有哪些？
2. 学生学业问题辅导的方法主要有哪些？
3. 学生情绪情感问题辅导的方法主要有哪些？
4. 学生人际关系问题辅导的方法主要有哪些？
5. 学生生涯规划辅导的方法主要有哪些？
6. 学生生活适应辅导的方法主要有哪些？
7. 学生性心理辅导的方法主要有哪些？
8. 对学生常见心理问题辅导的关键是什么？

第七章　学校心理危机干预

【本章提要】

　　学校的危机干预是学校心理健康教育的一个重要方面。根据埃里克森的八阶段理论，不同发展阶段的学生会遇到不同的发展性问题，如果这些阻碍和困难没有得到及时有效的解决，将导致心理失衡，引发心理危机。这就需要学校有健全的危机预警系统，包括预防、发现、干预等各个方面，对普通学生进行科普教育，对高危学生进行监控和干预。心理健康教师要有足够的敏感度和危机干预意识，了解易于发生心理危机的学生的基本特点，掌握有效的危机干预技能。学生心理档案的建立、班级心理委员的任命和培训是被普遍认为有效的预警措施。而心理讲座、心理课程、主题班会等心理科普类活动，能够对普通学生起到有效的预防作用。对于高危学生，一定要及时识别、主动干预，在必要的时候转诊。

【学习重点】

159

　　1. 了解四种不同水平的心理危机理论及每种理论的基本观点。

　　2. 了解危机干预平衡模式的基本观点及平衡模式中危机干预的四个重要阶段。

　　3. 掌握自杀危险性评估的两个重要方法：量化工具评估和临床评估。

　　4. 了解三级预警的基本理念及如何与学校的实际操作结合起来。

【重要术语】

　　心理危机　基本危机理论　发展性危机　境遇性危机　存在性危机　人生八阶段理论　危机干预的平衡模式　自杀意念　自杀危险因素　临床评估　"痛苦呐喊"模式　学校三级预警

第一节　心理危机干预理论

　　现在学校谈心理危机色变，到底什么是心理危机、什么是心理危机干预、心理学家对心理危机和心理危机干预有哪些理论模型，这些将是本节讨论的重点。

一、危机的含义

在学校，领导层和教师在面临危机事件时总是感到非常有压迫感，那么自然要问这些问题：到底哪些事件是危机事件？危机事件是否最终都会演变为不可收拾的惨剧？如何避免危机事件的发生？危机事件是否只有消极意义呢？

首次提出心理危机概念的是美国心理学家卡普兰（G. Caplan），他于 1954 年指出，心理危机是当个体面临突然或重大生活逆遇（如亲人死亡、婚姻破裂或天灾人祸等）时所出现的心理失衡状态。根据他的一系列研究结果，他总结提出，每个个体都在努力维持内心的一种稳定状态。在这种状态中，自身与环境能够平衡及协调，但是一旦重大问题或变化发生，使个体感到难以解决、难以把握时，平衡就会被打破，正常的生活受到干扰，内心的紧张不断积蓄，继而出现无所适从甚至思维和行为的紊乱，进入一种失衡状态，这就是危机状态。

根据卡普兰的定义，危机事件就是个体面临突然或重大的生活逆遇，强调的是该事件对个体的消极影响。别的心理学家对此有着不同的着眼点。查普林（Chaplin，1968）将其定义为"存在重大心理影响的事件和决定"，强调了事件对人影响的程度深浅；米歇尔和拉斯尼克（Mitchel & Resnik，1981）认为危机是一种情感紊乱状态，也就是情感上的重大事件，强调的是事件对个体情绪的影响程度，同时指出，危机事件可作为人生变好或变坏的转折点，指出危机事件带来的影响并不一定是纯粹消极的。

还有一些心理学家强调了个体的内部资源、应急方式等与当前面临事件的不匹配导致了处理无能。例如格拉斯（Glass，1964）将危机定义为"问题的困难性、重要性，与立即进行处理所能利用资源的不均衡性"，强调了问题所需资源；普努克鲁（Punukollu，1991）认为危机是指个体运用日常习惯的应对方式或机制，发现其不能处理目前所遇外界或内部应激时所出现的一种反应，强调的是应对方式；罗伯茨（Roberts，1991）认为危机是个体遇到了有重大问题所导致的危机后果，或处于危机情境之中，而无法采用以往的应激策略应付此情境导致的一个心理失去平衡的时期，这就强调了个体的应激策略。

从国外学者的研究可见，虽然危机研究的切入点不尽相同，但大家在这一点上都是较为认同的：危机与挫折有关，危机是一种不平衡状态。

二、心理危机理论

由于研究者们对心理危机有自己的定义，也发展出了不同的理论。这些理论从不同的视角阐释了心理危机的影响因素、发展过程、危机后的心理结果。根据不同心理危机理论的基本倾向，可以将其分为四种不同的水平，即基本危机理论、扩展危机理论、应用危机理论和生态系统理论。

（一）基本危机理论

林德曼（Lindemann，1944）最早提出了危机理论，被称为"基本危机理论"。在林德曼的年代，流行的观点认为当事人表现出来的这些危机反应都是异常的或者病态的，需要治疗。林德曼不这么认为，他认为哀伤行为是正常并且暂时的，同时也是境遇性的、发展性的，可以通过短期的危机干预技术进行治疗。正常的哀伤行为包括：总是想起死去的亲人，认同死去的亲人，表现出内疚和敌意，日常生活出现某种程度的紊乱，某些躯体症状，等等。在强烈的悲痛面前，人不能沉溺于内心的痛苦中，而要让自己面对悲伤，感受和经历痛苦，发泄情感，否则容易产生不良后果。这些观点对理解丧失亲人等悲哀性危机作出巨大贡献。从此他还发展了"痛苦工作"的概念，该概念是当前危机干预理论最为重要的基础。"痛苦工作"包括对丧亲的哀痛，体验这种哀痛，逐渐接受丧亲的现实，最终能在失去亲人的情境下调整生活。基本危机理论为丧亲导致的哀伤性危机作出了实质性的贡献。

卡普兰（1964）把林德曼的理论加以补充和发展。林德曼聚焦于哀伤的即时解决，卡普兰将林德曼的结构扩大到整个创伤事件，关注的是创伤后的整个过程。根据卡普兰的情绪危机模型，个体与环境之间在一般情况下处于一种动态平衡状态。当面临生活逆遇或不能应对需要解决的问题时，个体往往会产生紧张、焦虑、抑郁和悲观失望等情绪问题，导致情绪失衡。而这种平衡的维持与否同个体对逆遇或事件的认知水平、环境或社会支持以及应对技巧这三方面密切相关。危机是一种状态，造成这种状态的原因是生活目标的实现受到了阻碍，且用常规的行为无法克服。这种阻碍既可以是发展性的，又可以是境遇性和存在性的。

161

卡普兰提出危机的四个发展阶段，认为个体在遇到危机事件以后，在每个阶段都有机会通过不同的反应应对，让自己平稳渡过危机。如果个体的应对方式是无效的，就有可能造成严重的后果。

1. 阶段一：个体感觉到生活突然发生巨大的变化或者是即将出现重大变化时，内心开始失衡，产生最初的紧张，并且感到很不舒服。为了重新获得平衡，个体试图使用常用的应对方式来作出反应。

2. 阶段二：经过一段时间的尝试，个体发现惯常的应对方式失去了效用，于是这种不舒服感、紧张感增强了，焦虑程度不断上升。个体一般会开始尝试其他的应对方式，但是紧张的情绪会影响其冷静的思考。

3. 阶段三：如果还是没有能够有效应对，那么不断上升的紧张情绪转化为强有力的内部刺激，激发了个体各种资源。在这一阶段，人们尝试使用紧急问题解决机制，问题或许被重新界定或被放弃，而那些肯定无法实现的部分会被彻底放弃。这个阶段的个体开始发出求助信号，而且很容易受他人的影响。

4. 阶段四：如果经历了前三个阶段以后，问题继续存在，并且不能被解决也无法避免，紧张持续上涨，巨大的失衡状态就出现了，个体可能开始产生习惯性的无助，对自己失去信心和希望，甚至开始怀疑整个生命的意义。在这个阶段中，强大的情绪上的压力有可能触发个体内心深层次的冲突，有的人可能走向精神崩溃，有的人试图自杀。这个阶段的个体最需要外界的帮助，才可能渡过心理危机。

斯万森和卡本（Swanson & Carbon，1989）提出了一个比较全面的危机发展模型，分为危机前的平衡状态、危机的产生及危机后的平衡状态。首先，危机前的平衡状态是个体应用日常的应对技巧和解决问题的技术来维持与环境间的稳定状态。其次，危机的产生，其中包括面临境遇或不能解决的问题时所表现出的情绪脆弱期和危机活动期，这一阶段不超过4—6周。而在危机活动期，个体往往由于不能忍受极度的紧张和焦虑，会发生情绪的崩溃或寻求解脱。最后，危机后的平衡状态变化——恢复到危机前水平、高于危机前水平或低于危机前水平。

（二）扩展危机理论

扩展危机理论是指学者通过将多种理论整合到基本危机理论中，而对其有所发展和增强。影响力比较大的扩展危机理论包括一般系统论、精神分析理论、适应理论、人际关系理论等。

1. 一般系统论指从社会和环境的系统角度看待个体的危机，即强调人与人、人与事件的相互影响，而不仅仅指个体内部心理状态的反应与变化，这是从宏观角度来理解危机的影响。

2. 精神分析理论强调个体受到创伤，产生危机事件后的反应与早期经历有关，通过了解探究个体的潜意识与情绪体验经历，获得对其危机的不平衡状态的理解。

3. 适应理论是说个体的某些适应不良行为，包括防御反应等强化甚至维持了危机状态，用适应性行为将其取代，才能发展出积极适应模式，更好地渡过危机。

4. 人际关系理论则强调对自己及他人的信任，以及自我控制权和评价权，可以帮助个体应对危机情境。该理论以科米尔（Cormier）的增强自尊维度为基础，包括安全、诚信、共享、开放、无条件积极关注等因素。

（三）应用危机理论

应用危机理论更强调危机干预，该理论结合了发展性的、境遇性的和存在性的危机，并整合为整体性的理论帮助，有助于我们将基础危机理论和扩展危机理论应用于实践中。这三种危机主要是指：

1. 发展性危机（developmental crisis）指个体在发展成长过程中，急剧的变化或转折产生的异常反应。个体一生很多重大发展事件都可能导致发展性危机，如大学毕业、孩子出生、老年退休等。每个个体的发展性危机都是独特有差异的。

2. 境遇性危机（situational crisis）指的是突发性的超常事件，个体无法预测或控制时产生的危机，如突然失业、疾病或死亡、交通事故、被劫持等，具有灾难性、突发性、强烈震撼性。

3. 存在性危机（existential crisis）是说一些有关人生的重要问题的出现导致个体内心的冲突与焦虑，如人生的意义、目的、价值、自由、责任等。个体可能会觉得自己一直以来的人生都毫无意义，而有一种压倒性的空虚感，从而引发存在性危机。

应用危机理论中流传较广的是埃里克森（1965）的"人生八阶段理论"（见表7-1）。他认为，身为社会中的个体，人们生活的目的即是要保持个体与社会环境之间的和谐关系。然而个体与环境间常有危机出现，人的一生要经历八个阶段，每个阶段出现的危机性质不同，如果在某个阶段中处置得当，就可以避免这些危机，并且人格得到成长；如果未能有效地处理，自我就会被削弱，从而产生消极的品质。人生八阶段理论为发展心理学、教育心理学、心理咨询等多个相关学科提供了坚实的基础。

表7-1 人生八阶段理论

阶段	年龄	冲突	主要危机	积极结果	消极结果
阶段一：婴儿期	0—1.5岁	基本信任 vs. 不信任	哭或饿时，父母是否出现	对人信任	不信任他人
阶段二：儿童期	1.5—3岁	活泼自主 vs. 羞愧怀疑	对排泄的控制，反抗期	自信、自我控制力强	自责、怀疑、刻板
阶段三：学龄初期	3—5岁	自信 vs. 内疚	主动探究行为	进取、独立、主动性强	对目标和成就愧疚
阶段四：学龄期	6—12岁	勤奋 vs. 自卑	学校适应	对完成任务感到自豪	自卑、不能胜任工作
阶段五：青春期	12—18岁	自我同一性 vs. 角色混乱	自己在别人眼中的形象，及在社会集体中所占的情感位置	人格整合，有生活目标	角色混乱，不憧憬未来
阶段六：成年早期	18—25岁	亲密 vs. 孤独	与他人发生亲密关系	良好的亲密关系	避免亲密关系、孤独感
阶段七：成年期	25—65岁	生育 vs. 自我专注	生育孩子，承担社会工作	事业有成、家庭美满	失去工作兴趣、人际关系贫乏
阶段八：成熟期	65岁以上	自我调整 vs. 绝望期	适应退休后生活，回顾过往	满足感、成就感	害怕、痛苦、失望

163

（四）生态系统理论

生态系统理论是这样一种趋势：将危机境遇放到整体生态系统中考虑，这个生态环境中所有个体、环境、事件、整体生态都是联系在一起的。系统中每个元素都是相互依赖、相互作用、相互影响的。灾难性事件能影响整个生态结构。不仅要对危机当事人进行干预与治疗，还要对整个生态系统进行干预，防止灾难性损失，维持系统的稳定与平衡。

第二节　危机干预模式及方法

　　从上一节内容中可以得知，危机理论的一个重要实际应用就是对处于危机中的个体进行干预。那么危机干预到底有哪些成熟的模式？是否有一些被证明是行之有效的技巧或者方法？能够给学校的管理带来哪些启示？学校心理健康教师在其中要扮演什么样的角色？这些就是本节内容的重点。

一、危机干预模式

　　顾名思义，危机干预（crisis intervention）就是指危机发生之后，对处于危机中的个体提供心理的干预，又称危机介入、危机管理或危机调解。有的学者认为危机干预是一种技术，是给处于危机中的个人或家庭提供有效帮助和支持的一种技术，通过调动他们自身的潜能来重新建立和恢复其危机前的心理平衡状态（Puryer，1984）。而另外一些学者认为，危机干预不是一次性的，而是一个持续的过程，例如我国学者翟书涛（1997）认为，危机干预系一种短期的帮助过程，是对处于困境或遭受挫折的人予以关怀和支持，使之恢复心理平衡。

　　从危机干预的一般实施过程来说，危机干预就是对那些经历个人危机，处于困境或遭遇挫折和将要发生危险的人提供及时的、短期的支持和帮助。干预者采取紧急应对的方法，帮助当事人从心理上抵制危机或减少危机所带来的消极影响，使其症状得到缓解和消失，增加其应付目前或未来问题的能力，帮助其重建心理平衡。心理危机干预不同于一般的心理咨询和治疗，是一种特殊的心理咨询服务，一种在紧急情况下的短程心理治疗，它只是在短时间内帮助对方渡过难关，以解决问题为目的，不涉及来访者的人格矫治。与普通心理咨询和治疗相比较，危机干预的突出特点是帮助的及时性、迅速性，有效的行动是立见成败的关键。心理危机干预的主要目的有两点：一是避免自伤或伤及他人；二是恢复心理平衡与动力。

　　危机同时具有"危险"和"机遇"两个特征。在危机发生之后，如果当事人深度卷入，没有找到合适的应对方式，也没有得到有效的帮助，则很容易出现精神崩溃或自杀，这就是危险；如果能够得到有效的帮助，当事人走出困境，学会了新的应对技巧，开始用新的视角来看待危机事件，他的心理平衡就有可能比危机发生之前更好，那么这对于他来说就是机会。很多研究和实例证明，在发生突发灾难事件时，心理危机干预可起到缓解痛苦、调节情绪、塑造社会认知、引导正确态度、调整人际关系、矫正社会行为等作用。有效的心理危机干预可帮助人们获得生理和心理上的安全感，缓解乃至稳定由危机引发的强烈的恐惧、震惊或悲伤的情绪，恢复心理的平衡状态，并学习到应对危机有效的策略与健康的行为，重新适应生活，增进个体心理健康。

心理危机干预常用的理论模式有平衡模式、认知模式、心理社会转变模式和社会资源工程模式等四种。

（一）平衡模式

林德曼和卡普兰的基本危机理论中，对创伤进行危机干预时都采用了平衡模式，也称为平衡—失衡模式。此模式认为，危机中个体处于心理或情绪失衡状态，原有的应对机制和问题解决方法是不适应的，无法满足目前境遇需要，干预的目的在于恢复个体危机前的平衡状态。认为心理危机干预的整个过程分为四期：1. 紊乱的平衡；2. 悲哀反应或短期治疗起作用；3. 个体试图解决问题；4. 恢复平衡。

该模式适于早期干预，用于危机出现的起始期，帮助人们平复情绪达到稳定是最重要的任务。这个阶段不适宜进行问题的原因分析或问题解决，个体没有进行应对的精力与能力，至少需要个体情绪稳定一段时间后再进行其他方面的干预。

（二）认知模式

该模式认为，危机导致心理伤害主要是源于个体对危机事件及境遇的错误思维和信念，而不在于事件本身或与其相关的事实。现实生活中，很多人都会歪曲和否定事实，按自己的方式为事实建构心理意义，而他们的这些不合理想法则会影响其行为，使当事人变得无力应对。危机干预的主要任务和目标是，改变当事人认知中的不合理部分及自我否定成分，建立和重获合理思维方式，则个体就可以更好地控制危机，走出危机状态。通过不断练习和实践，使个体旧的不合理信念被新的理性认知所替代，增加积极成分，从而增强自我功能来解决危机。

该模式适丁那些心理危机状态已基本稳定，正在逐步接近危机前心理平衡状态的个体。

（三）心理社会转变模式

该模式认为，危机并非一种单纯的个体内部状态问题，而是需要考虑到个体内外部因素的整体系统。一个人是先天遗传与后天环境学习共同作用的结果，并且这些因素是不断变化的。所以危机就与这些内外部因素有关，包括个体遗传、心理、社会、环境等。那么对于危机的干预就要涉及个体内部状态及个体外部环境，除了当事人心理资源、应对能力、情绪状态外，还要从同伴、家庭、职业、社区等方面的影响着手，改变个体现有利用各个方面资源的方式，帮助其发展出替代现有资源使用方法的有效方式，帮助当事人将内部适当的应对方式、社会支持、环境资源充分结合起来，从而更有效地解决问题。

该模式适用于状态已稳定下来的当事人。

（四）社会资源工程模式

该模式面向面临危机的社会团体，为其提供支持，期望在人力资源有限时，通过训练团体领导者，来为成员提供及时的危机干预，帮助他们缓解痛苦情绪，使团体内部心理健康资源得到最大程度的利用。教育、支持和训练的社会资源工程模式也包括对其他人员如警察的培训，可开发环境支持资源。

国内有学者根据心理干预"助人自助"的原则，提出了"他助—自助—助他"的危机干预模式。他助是指受过培训的专业人员对危机个体进行专业的心理危机干预，协助其调动内部资源以应对面临的困境；经过他助阶段的受助者开始了自助，即受助者变得有能力自我调节、自我治疗；该理论认为，自助对个体而言只是过渡阶段，最终受助者会开始助他阶段，帮助其余处于危机中的人群，关注他人、关注社会，在心理上回归社会。通过干预，引发危机个体"自助与助他"的良性循环。这个模式主要应用于地震、海啸、空难等多人同时卷入危机事件中的情况。

从以上四种危机干预模式中可以看出，国外心理危机干预具有三个特征：1. 阶段划分技术，将干预过程划分为不同的阶段，针对不同阶段的特点采取不同的措施与策略；2. 整合倾向，将不同的干预模式、支持资源加以整合，使干预的效果达到最佳水平；3. 特异性发展，即针对不同人群、不同应激情境作深度拓展，发挥干预的特异性效果。

二、危机干预基本步骤

由于危机事件的不同，危机干预的主要内容会有一些差异。例如居丧的危机干预（哀伤辅导）、性侵犯的危机干预、目睹他人自杀的危机干预等，危机的事件不同、卷入程度不同、受伤害程度不同，心理的感应也就不一样。但是他们都遵循同样的危机干预基本步骤。

（一）确定问题所在

虽然危机事件的发生是客观的，但是每个人对危机的认识却是不一定的。危机干预的第一步就是要确定接受干预者是怎么认识危机事件的。如果未能准确理解接受干预者的真实想法，危机干预人员就容易想当然，或者用惯常的思维习惯来工作，这样不利于关系建立，干预不得要领，甚至对接受干预者完全没有价值。

在确定问题所在时，需要使用的是倾听、通情、澄清的技术，其他的质询、解释等干预技术在这个阶段暂时不要使用。

（二）保证安全

处于心理危机的个体的安全感受到极大破坏，甚至对整个生命的意义都产生了质疑。所以干预者需要保证接受干预者的身心安全。在生命安全上，要让来访者签署"不自杀保证书"，让同宿舍同学、教师、亲属等能够和其亲密接触的人随时跟随。在必要的情况下，可以进行转诊，将严重者送到精神科医院接受服药或者住院治疗。

在心理安全上，通过对其真诚的关心和咨询的基本技巧，为接受干预的人员提供心理上的安全氛围。

（三）提供新的应对方式

在接受干预的人得到了心理上的支持以后，可以向其提供与其惯常的应对方式不同的方法。困在危机事件中的个体的理性思考能力被情绪困扰，无法正常地发挥。同时容易受他人的影响，饥不择食地采用各种能想到的应对方式，反而可能给自己的困境雪上加霜。

干预者应该为来访者提供多种可行的方法供来访者选择，要注意的是这些方法要可行、可验证。可验证就意味着此应对方式可以用行为作为指标，接受干预者能够清晰地通过行为结果来判断应对方式是否已经生效。

167

在干预过程中，干预实施者可以用这样的语言："你已经尝试了那么多方法了，你看，我想到的这个方法你可不可以尝试一下？"

（四）制订计划

这一步是对第三步的细化和行动。将来访者认同的应对方式进行细化，具体到如何做、怎么做。这个计划应该满足两个要求。

1. 确定所需的支持能够获取。无论是接受干预者自身的资源，还是需要相关的组织、团体所提供的支持，都是要能够及时提供的。

2. 确定接受干预者理解和把握了行动步骤。应对危机的主体是接受干预者自身，所以务必确定其理解了计划，并且能够实施。计划的制订需要考虑到接受干预者自身的情况、理解能力和行动能力等。

这一步一般需要接受干预者重复一遍行动计划，以确定其完全理解了："你能否重复一遍刚才我们说的，你还应该做些什么？"

（五）获得承诺

在制订了计划以后，要确定接受干预者愿意付诸实践。这一方面是在干预中双方关系的建立过程，另一方面也需要评估其自主性和控制性。

第三节　学生自杀与自杀预防

　　在学校，食堂食物中毒、丧亲、失恋、就业压力等众多危机事件中，对当事人本人伤害最大、对学校其余人员影响最大的，当属自杀事件。心理健康教师要协助学校的行政部门预防、及时觉察自杀行为的发生，并及时干预；如果已经发生，对自杀未遂者、自杀者亲属、与当事人关系亲密的同学，特别是看到自杀现场的人员均要进行及时的心理干预。而这些工作中，最重要的就是通过各种活动、措施，尽量预防自杀发生。

一、自杀危险性评估

　　在判断是否进行危机干预、应该启动何种危机干预模式的时候，有一个非常重要的决定性因素，那就是对可能处在高危中的学生进行自杀危险性评估。这是预防自杀的重要环节，也是应该引起学校重视的一个环节。针对高的自杀危险性，应该采用的是全面、高度紧张的危机干预措施，涉及的工作人员也应该多而全面，需要尽可能培训危机学生身边的所有可能资源，一起参与到危机干预中。而对低的自杀危险性，可以只采用心理咨询老师进行危机干预、老师进行劝解等较为单一的方式。所以，自杀危险性的评估，无论从效果还是学校资源的动用力度来说，都是非常重要的。

　　由于自杀的危险性评估对专业素养及经验要求很高，在一些医院、专业机构中也属于重难点。这就需要我们的辅导教师掌握更多更全面的有关自杀的知识，对将要采取自杀的学生的认知、行为、情绪变化有更多的了解，在日常工作中也更加敏感，及时识别出高危学生，以便进一步实施危机干预。

　　评估自杀危险性，可以通过以下两种方法进行综合判断。

　　（一）量化工具评估

　　临床的评估方法对专业素养要求更高，所以国内外的学者为了更方便、更快捷地进行自杀危险性评估，专门编制了一些预测自杀行为的量化工具，能够有效地识别出自杀危险性。编制自杀意念量表的基本思想是：态度会在相当大的程度上影响甚至决定行为，群体的自杀率与该群体对自杀的态度有密切的关系，自杀意念对于自杀的行为有促发或抑制作用。经过信效度检验、符合测量学标准的自杀意念量表，可以在学校进行大规模的施测排查。

　　1. 贝克自杀意念量表

　　贝克自杀意念量表（Beck Scale for Suicide Ideation，BSS）以其客观、实用的特性被认为是自杀意向评估的经典，适用于成人和青少年（见表7-2），被翻译为多种文字，在国际上得到广泛的应用。国内也有翻译的版本。该量表评估的是明确的自杀态度、自杀行为以及自杀计划。

表7-2　贝克自杀意念量表（BSS）的主要题目描述

	题目内容	题目维度
1	生存欲望	死亡迹象
2	死亡欲望	
3	生存/死亡理由对比	
4	自杀企图	自杀意向
5	被动自杀	
6	自杀意向持续时间	若前五题得分为0，则不用再测后14题
7	考虑自杀频繁程度	
8	对自杀意向的态度	
9	对自杀行为的控制	
10	放弃自杀的企图	
11	企图自杀的原因	
12	自杀方法：明确性	
13	自杀方法：便利性	
14	尝试自杀的能力	
15	对自杀的期待	
16	着手准备自杀	
17	遗书	
18	做好一切准备	
19	是否告诉他人自己要自杀	

2. 肖水源的自杀态度问卷

国内最常用的量表是肖水源编制的自杀态度问卷，是一套包括29个题目的五点计分量表，分别考察了对自杀行为性质的认识、对自杀者的态度、对自杀者家属的态度及对安乐死的态度（见表7-3）。

表7-3　肖水源自杀态度问卷

	题　　目
1	自杀是一种疯狂的行为
2	自杀死亡者应与自然死亡者享受同样的待遇
3	一般情况下，我不愿意和有过自杀行为的人深交
4	在整个自杀事件中，最痛苦的是自杀者的家属
5	对于身患绝症又极度痛苦的病人，可由医务人员在法律的支持下帮助病人结束生命（主动安乐死）
6	在处理自杀事件过程中，应该对其家属表示同情和关心并尽可能为他们提供帮助

（续表）

	题　目
7	自杀是对人生命尊严的践踏
8	不应为自杀死亡者开追悼会
9	如果我的朋友自杀未遂，我会比以前更关心他
10	如果我的邻居家里有人自杀，我会逐渐疏远和他们的关系
11	安乐死是对人生命尊严的践踏
12	自杀是对家庭和社会一种不负责任的行为
13	人们不应该对自杀死亡者评头论足
14	我对那些反复自杀者很反感，因为他们常常将自杀作为一种控制别人的手段
15	对于自杀，自杀者的家属在不同程度上都应负有一定的责任
16	假如我自己身患绝症又处于极度痛苦之中，我希望医务人员能帮助我结束自己的生命
17	个体为某种伟大的、超过人生命价值的目的而自杀是值得赞许的
18	一般情况下，我不愿去看望自杀未遂者，即使是亲人或好朋友也不例外
19	自杀只是一种生命现象，无所谓道德上的好与坏
20	自杀未遂者不值得同情
21	对于身患绝症又极度痛苦的病人，可不再为其进行维持生命的治疗（被动安乐死）
22	自杀是对亲人、朋友的背叛
23	人有时为了尊严和荣誉而不得不自杀
24	在交友时，我不太介意对方是否有过自杀行为
25	对自杀未遂者应给予更多的关心与帮助
26	当生命已无欢乐可言时，自杀是可以理解的
27	假如我自己身患绝症又处于极度痛苦之中，我不愿再接受维持生命的治疗
28	一般情况下，我不会和家中有过自杀者的人结婚
29	人应有选择自杀的权利

注：对自杀行为性质的认识：1、7、12、17、19、22、23、26、29
对自杀者的态度：2、3、8、9、13、14、18、20、24、25
对自杀者家属的态度：4、6、10、15、28
对安乐死的态度：5、11、16、21、27

　　研究表明，大多数中学生和大学生对自杀行为性质的认识，对自杀者、自杀者家属、安乐死的态度持中立或矛盾态度，这种态度有着性别、年级、专业等方面的差别。在对待自杀者家属的态度上，女学生的态度更加肯定或理解，而男生多持否定或歧视态度。对自杀行为性质、自杀者、安乐死的态度上，持肯定或理解态度的以文科大学生居多，持矛盾或中立态度的以理工科大学生居多。

　　自杀意念报告率各地不一，大概在2%—18%之间，这与取样有关，也和各位研究者的判断标准不同有很大关系。但是这都表明了很多学生存在自杀意念，这些有自杀意念的学生心理健康水平低。患有慢性病、有冲动倾向、学习焦虑、沉迷网络等是中学生产生自杀意念的危险因素。在学校进行具体的筛查时，不可轻视任何有自杀意念的学生，尤其是有危险因素同时存在时。

（二）临床评估

虽然定量工具对教师的专业素养要求减低了，但在实际应用中还面临着很多困难。首先是定量工具的表面效度都非常高，所有题目都能被轻易看出测试目的，所以求助欲望不强的填答者可能出现虚假作答的情况。其次，在实际应用中，当老师了解到有危机个案的存在时情况已经危急，没有成熟的时机来进行问卷填答。再次，定量工具的信息必定有限，每个人都是与众不同的，在危机出现时，每个学生的症状是不一样的，定量工具列举的都是典型症状，难以穷尽可能的症状，如果仅按照定量工具中的信息，很有可能会遗漏一些本来很重要的信息。而更重要的是，仅仅以自杀意念或对自杀的态度来评估个体的自杀风险时，不可避免地会出现很多错误。对自杀持肯定态度的人并不一定就会自杀，自杀意念对自杀行为的实施也并不是一一对应的作用。

了解了有关自杀评估和预防的相关知识，经过仔细的观察和深入的访谈所作出的临床评估，能够弥补以上定量工具的不足，是作自杀危险性评估的准确手段。在学校中，如果能够让教师、班级的心理委员参加一定的培训，能够拥有一定的专业敏感度，那么对自杀危险性的评估将准确不少。

171

临床评估主要从以下两个方面来进行。

1. 对危险因素的判断

经过对自杀（包括未遂）人群和普通人群的对比研究，得到自杀、反复自杀者与普通人群不一样的因素，这些因素被命名为"自杀的危险因素"。研究结果表明，拥有这些因素的人群比普通人群更易采取自杀行为。

（1）之前的自杀尝试。这是对自杀行为最有预测效果的危险因素。近期内有过自我伤害或自杀行为的个体，其自杀死亡的可能性比没有类似历史的患者高几十倍到上百倍。在具体工作中，容易对暴力程度相对较轻、致死性不强的自我伤害或自杀行为者放松警惕。但其实如果导致采取这类行动的问题没有得到解决，患者采取进一步自杀行为的可能性就大大增加了。而死亡愿望比较强烈的个体，可能会因为之前采用的自杀手段不足以致死，或被及时发现等原因而获救，其再次采用致死率更高的手段自杀的危险性是相当高的。

（2）家族自杀史。有家族自杀史、周围朋友有自杀行为者，其自杀可能性增加。

（3）个体的精神疾病（如抑郁、焦虑、孤独感等情绪障碍，或精神分裂症、酒精或药物依赖等）。研究表明，处于严重抑郁状态的患者，常常在所谓的"平静期"自杀。看上去病人已从自杀危险中解脱出来，就此放松了对其的警惕，致使自杀的危险性增加。所以，如果患者出现情绪突然"好转"，应警惕。而抑郁症和精神分裂症患者受到幻觉、妄想的支配，包括被害妄想、指令性幻听、强制性思维等症状，在这种情况下，更应警惕在这些精神病理现象的影响下自杀。此外，酒精和药物依赖患者也是自杀的高危人群。

（4）重大生活应激事件，尤其是人际冲突。应激生活事件导致自杀，常见的有家庭矛盾、恋爱婚姻问题、经济困难、生活规律重大变化、患重病等。自杀前几天往往有急性诱发生活事件发生，较多的是激烈的人际关系冲突，或在高强度应激下缺乏良好的社会支持和应对方式，使其无法接受和面对现实。关系的丧失和冲突是最常见的导致自杀行为的负性生活事件。也有研究表明，人际的冲突能够有效地预测青少年自杀行为。

（5）生理疾病和缺陷、急慢性疼痛。生理缺陷带来的低自尊、抑郁等容易促发自杀行为的采取。而疼痛状态的存在显著与自杀意念和企图相关。同时，心理障碍者伴随后背、颈部、关节疼痛，自杀意念和自杀企图发生危险性增加。

（6）人格障碍和认知歪曲（如消极自我评价、认知的两极化）。一般说来，具有下列心理特征者在精神应激状况下自杀的可能性比较大：对社会，特别是对周围人群有深刻的敌意者；与社会隔离者；认知扭曲者；认知狭窄，看不到解决问题的多种途径者；行为冲动者。

（7）父母关系及亲子关系。家庭抑郁和亲子矛盾与青少年自杀也密切相关。

（8）父母有酒精和药物滥用史。

（9）性取向。性取向对青少年自杀意念和自杀行为有较大影响，但促发自杀行为的并不是性取向本身，而是性取向带来的抑郁、绝望感和药物滥用等其他因素。

2. 自杀计划和准备

自杀计划和准备，是对自杀行为最敏感的预测因素。在进行临床评估的时候，要仔细询问。学生的自杀计划越详细、准备越充分，其越有可能采取自杀行为。

临床经验和研究表明，向高危者询问和探讨具体的自杀计划和准备，并不会促使其采取自杀行为。如果因为难以开口等原因回避了对自杀计划和准备情况的了解，则有可能缺乏关键信息，导致临床评估不准确，从而作出错误判断，进而导致实施干预措施不力，造成严重后果。

需要了解和进行评估的自杀计划和准备有。

（1）自杀计划。即该学生是否有考虑过具体的自杀方案。一般说来，考虑的方案越多、越具体、致命性越高，就越有可能自杀。例如上吊、跳楼者的自杀意愿较强，自杀死亡的危险性也较大。而割腕、吞服安眠药者的死亡危险性会小一些。另一个重要的考察方案是自杀事件和地点的选择，自杀意愿较强的人会选择夜深人静的时候，在不易被人发现的地点自杀。在自杀方案的选择上，有的学生会通过与别人，特别是也有自杀倾向的人及学医的人进行探讨。现在的网络也有一些相关的网站、QQ群等平台，可能会被学生选用。

（2）自杀工具准备。该学生是否已经购买、储存了可能用于自杀的药物、有毒化学物质，或者准备了可用于自杀的工具如枪支、弹药，或者在江河、大海、水库、池塘、悬崖、高楼等处徘徊，这是短期内出现自杀行为的重要线索。

（3）未来安排。学生是否对自杀后的事情进行了安排，是否留有遗嘱或遗书，是否开始和亲人、朋友告别等。例如开始将自己非常看重的东西送人等，都是需要引起重视的线索。

（4）呼救信号。绝大部分自杀者都向亲属、朋友、医务人员等人，或者在日记、网络中透露了对人生的悲观情绪，甚至表露过自杀的意愿。虽然并非所有表露自杀意愿的人都会自杀，但在自杀死亡者中，约80%的人在行动前以各种形式表露过自杀念头。

（5）拒绝谈论。如果学生不愿意，甚至直接拒绝回答对自杀的探讨，也是自杀的一个重要的危险信号。

要对学生进行临床诊断，除了直接和学生本人谈话、对他进行观察以外，别的了解途径包括学生的同学、室友、朋友、社团成员，常去的博客、BBS、QQ签名/空间、微博等。

二、学生自杀特点

过去数十年来，全球流行病学调查结果显示，自杀有上升的趋势，年轻人自杀上升的趋势最大。自杀是青少年死亡的第三大原因。对于学校工作来说，了解学生的自杀特点，有助于学校有针对性地开展自杀干预工作。由于学生的年龄跨度很大，大部分的研究集中于15—35岁年龄段的青少年，主要是针对大学生，故本节内容也多针对大学生，但也适用于中小学生。

（一）自杀率

根据费立鹏等人的调查，中国的自杀率为2.299/10 000，据此估计每年有25万—30万人死于自杀。15—34岁这个年龄段的自杀人数占了死亡总人数的将近20%，这意味着在这个年龄段死亡的人中，每五个人就有一个是死于自杀。

（二）性别年龄差异

中国女性自杀率明显高于男性，青少年也不例外。据世界卫生组织（WHO）

的资料，1987—1989 年，中国青年自杀男女比例 15—24 岁为 52.9：100；25—34 岁为 75.6：100；而 5—14 岁少年儿童为 97：100。中国自杀有两个高峰年龄段，一是 15—24 岁（女性更加明显），二是 60 岁以上。

（三）自杀时间集中

开学初期和学期结束的时期是学生的自杀高峰期。2—4 月及 9—10 月是两个小高峰。可能的应激事件包括学费压力高、新学期的学业压力、假期中的恋爱关系变动等。而学期结束的期末考试、升学考试、就业压力，也是导致学生采取极端手段的应激源。

季节性的因素也不可忽视。3—4 月是学生自杀的最高峰，除了以上提到的应激源之外，还有季节的原因。春季是心理疾病高发的时期，经历了萧索的秋冬以后，迎接来了万物复苏的春天，然而心理疾病造成的学生内心感受与外界风景的极大反差，也会给学生带来绝望之感，促使他们采取自杀行动。

（四）大学的"二年级现象"

调研结果和报道显示，在大学里，大二和研二的学生自杀人数较其余年级多，这就是"二年级现象"。有专家认为，二年级现象的发生主要是由于新生的适应不良导致的。从小娇生惯养、缺乏基本的生活自理能力和人际交往能力，现在突然远离父母独立进入一个新的环境学习和生活，独立面对来自不同地域、不同文化背景及不同生活习惯的同学时，他们不知所措。

但是现在，"二年级现象"开始逐渐模糊，各个年级都出现了自己的阶段性困扰。有研究者认为，低年级学生自杀多与适应障碍、人际冲突和学习压力有关，中高年级学生自杀则多与失恋、经济压力和就业压力有关。

（五）模仿性高

几乎每一次媒体报道了某个个体的自杀死亡之后，自杀率都会增长。特别是当媒体详细描写自杀的细节时，这种感染力会激增。在学生中也是这样，几乎每一个大学生自杀的案例，都会伴随着模仿自杀，有时候甚至在同一地点用同一方式自杀。而现代网络和移动通讯技术发展迅猛，除了传统的媒体以外，还有各种信息传播方式可能会传播自杀案例。这就提醒学校，除了日常的预防和干预之外，在有自杀事件发生时，无论是否有媒体报道，都要额外提高警惕。

（六）多选用高空坠落的方式

学生的自杀方式较为单一，特别是大学生，主要采用的是跳高楼等高空坠落方式。

（七）预防集体自杀

我国学生中集体自杀现象并不多见，但由于其伤害性、事件性质和社会影响非常恶劣，学校在工作中需要格外注意预防。

三、学生自杀原因分析

针对学生自杀原因的研究，多是针对自杀的危险因素，也就是危机源。研究者经过问卷调查、深入访谈、资料分析等研究方法，确定了更易于采取自杀行为的青少年的特点，与自杀危险性的临床评估中所要考察的因素基本一致。除了危机源以外，采取自杀行为的学生还有一些心理特征的一致性，需要心理健康教师有所理解。同时，一些研究者也从自己的角度给出了学生自杀的心理模式，对为何采取自杀行为给出了解释。

（一）自杀的危机因素

危机因素按来源可划分为内部因素和外部因素。

1. 内部因素

青少年自杀者有一些共同的人格特征，这些特征对其心理健康水平有较大影响。从性格特征来说，他们多孤僻、内向、以自我为中心、不关怀别人、敏感、多疑、紧张、情感脆弱或者不稳定、缺少克服困难的精神或脾气暴躁、难以忍受某些委屈和挫折、有神经质倾向。而且这些学生自尊水平较低，容易受到外界的影响。另外，冲动性人格与自杀态度存在显著正相关，越冲动的人对自杀越持肯定、宽容态度，也更容易在遇到危机事件后由于冲动而采取自杀行为，导致不可挽回的结果。

2. 外部因素

自杀的外部因素包括两个方面，一个是重大的生活事件，一个是家庭的因素。其实作为社会的最小单位，家庭也是环境的组成部分，可以统统认定为影响自杀的环境因素。但是为了方便描述，就单独将其抽列出来。

（1）重大生活事件。研究表明，大部分青少年在自杀死亡和自杀未遂前多经历过负性生活事件，这可能是由于其人格未发展完整，容易受到外界影响。这些重大生活事件中，最常见的是家庭不和、强烈的人际冲突、学业压力、人际关系紧张、经济困难、恋爱受挫等。对于大学生来说，专业满意度和就业前景也对其自杀意念起到非常大的影响作用。童年时期发生的事件也有很大的影响，尤其是童年时失去父母、与父母长期分居等。

近期发生的重大生活事件会影响学生的自杀意念，这些刺激事件可能会直接导致自杀行为的发生。

（2）家庭因素。家庭的氛围会在很大程度上影响青少年对自己、对生活的总体认知。家庭成员之间缺乏帮助和支持、缺乏情感交流、家庭成员关系紧张及家庭冲突、家庭破裂、家庭暴力或谩骂等，也是导致青少年自杀的重要因素。

家庭的自杀史也是必须要了解的因素。家系研究显示，6%—8%的自杀未遂者有自杀家族史，自杀者一级亲属（父母、兄弟姐妹、孩子）自杀危险性是一般人群的10—15倍。这表现出了明显的遗传效应。

175

（二）自杀者的心理表现

1. 自我评价低

一般采取自杀行为的学生自我评价较低，自尊低并且不稳定。对自己不信任、不喜欢，很难获得自我认同。自我评价低的学生可能能够勉强应对日常生活，但一旦遭到重大变故，就有可能使原本就很脆弱的应对体系土崩瓦解，丧失功能，导致整个生活被颠覆。

2. 问题解决能力欠缺

危机事件的特征之一即是个体的惯用应对体系失去功效，急需新的有效应对策略。而问题解决能力欠缺者难以定位问题，无法确定如何解决问题；而且问题一旦出现就容易引起情绪波动，更加影响理性思考能力；独立性差，倾向于依赖别人，或者极端地不求助外界；容易受外界影响，思维难以集中。这些都极大地影响了问题的有效解决，导致危机难以解决，甚至加重。

3. 易于冲动

在遭遇挫折以后，青少年很容易出现极端的情绪反应，而影响其是否采取自杀行为的因素之一即为冲动性。冲动和对自杀危险缺乏思考容易让青少年采取自杀行为，更有研究表明，有冲动性和攻击性行为倾向的青少年极有可能反复自杀。

4. 绝望

在努力应对挫折情境，而又无力改变的时候，青少年很容易出现绝望的情绪。绝望和自杀构想与自杀行为有很高的相关。而和非自杀青少年相比，自杀青少年更加绝望。特别是求助他人没有得到有效回应的时候，伴随着绝望，青少年可能有愤怒和敌意。这会使他们减少求助、失去对他人的信任，这也是导致个体反复采取自杀行为的原因之一。

5. 缺乏价值认知

有自杀倾向的青少年对事物的解释或认知比较消极，认为一切有或无都无所谓，不清楚自己的价值观。这样的青少年更容易接受自杀行为。

（三）学生自杀的心理模式

1. 心理动力模式

弗洛伊德提出生命的两种力量——生的本能和死的本能。生的本能是生命的力量，增强生存的动力；而死的本能则被认为是死的动力。这两种力量伴随人的生命在不断地相互作用。弗洛伊德认为，自杀是内心矛盾冲突的结果。在两种本能的斗争中，一旦来自潜意识的恐惧感抑制了人的生长和发展，死的本能就战胜了生的本能。而采取自杀的行为，多是由于冲动。

2. "痛苦呐喊"模式

有的学者认为，个体在生命过程中，要努力逃避让自己感到挫败的场景。挫败有可能来自内部，也可能来自外部。前者主要是内心的冲突，而后者可能来自工作压力、人际关系等各个方面。当个体一旦认定自己陷入挫败场景且不可逃脱之后，在求助无门的情况下，就可能自杀。之所以称为"痛苦呐喊"模式，是因为处于该情景的个体同时具备两方面的特征：一是他们无法逃避自己的挫败感；二是他们又拥有伤害自己、让他人关注的机会。所以，个体可能采取非致命性的自伤、自残的行为来"痛苦呐喊"，也有可能采取致命性的自杀行为。这种模式强调自杀行为是一种"呐喊反应"，目的是渴望获得解救。

四、学生自杀预防

　　了解了哪些学生更可能采取自杀行为、他们采取自杀行为的原因之后，身为学校心理健康教师，更重要的是要知道如何识别这些高危人群，并给予帮助。同时由于青少年的自杀多为冲动行为，而且根据"痛苦呐喊"模式，青少年自杀行为都带着求助的功能，这些都让预防和干预成为可能。如何让学生避免出现以上的高危心理因素，这就需要我们进行学生的自杀预防，这也是学校心理教育的重中之重。在日常的工作中，必要的预防措施包括以下几点。

　　（一）识别高危人群

　　发现并关注大学生中自杀的高危人群是大学生自杀预防的关键途径。通过自杀意向的心理测评及临床观察，可以识别出学生群体中具有一定自杀危险性的高危人群。及时发现并积极关注这一部分高危人群，对他们加强保护、进行合理帮助、避免唤起其自杀意念，是大学生自杀预防的重要途径，也是预防他们自杀的前提。

　　（二）普及心理健康教育

　　如前文所述，倾向于采取自杀行为的学生有自我评价低、问题解决能力欠缺、易于冲动、绝望和缺乏价值认知等特点，这都是学生心理健康教育中的重要主题，另外还要加强学生人生观教育，增强其心理承受能力、社会适应能力等。因此，对学生自杀行为的预防，首先应从培养良好的心理素质着手。具体的途径可以是挫折教育、讲座、主题班会、心理课等。

　　（三）加强与家庭、社区的联系

　　要充分发挥社会、学校、家庭三方面的教育作用，重视自杀的社会系统预防。自杀的预防需要社会、学校、家庭的全方位支持，需要三方面共同努力。社区可以通过张贴海报、现场咨询等方式，向公众长期开展有关自杀问题的宣传教育，提高社会对自杀问题重要性的认识，要向群众大力宣传自杀的危害，普及心理卫生知识。同时可以开设危机热线和危机干预中心，对处于高危状态的个体提供必要的援助。媒体也应该承担起自己的责任，不过度渲染自杀事件，降低学生

177

模仿的可能性。

第四节　学校危机预警

较之事后的干预而言，预防危机的发生则会更加卓有成效，能够将危机的影响减少到最小，甚至是没有。这对于保护青少年的身心健康是十分有益的。在学校建设危机预警系统，预防危机事件发生，在发生危机事件后及时反应并将影响减少到最小，是当代学校必不可少的一项工作。我国的不少学校，都在借鉴国外学校成功案例的基础上，不断摸索和改进，形成了一套行之有效的工作模式。简言之，就是三级预警和全员参与。

三级预警是由罗伯茨提出的，通过三个级别的预防措施，来分别针对三种危机程度的人群进行预防和控制影响力的工作。在三级预警中，每个预防等级都有自己的目的、适用人群、活动内容和参与预防的人员，全校的所有人员都要参与一部分工作。

1. 一级预警，指通过一些活动和项目，向普通人群（一般学生）提供一般心理健康辅导，增进其心理健康，预防危机的发生。主要的活动是建立有益于学生学习和生活的环境，举办全校性的有益身心健康的活动，例如讲座、课程、宣传活动等，以增强学生的自我调适能力。参与的人员是全校的教职工。

2. 二级预警，指通过一些活动和项目，对一些适应困难或者是行为上濒临偏差的学生进行早期干预，以防问题进一步发展。主要的活动是介入性的小组辅导、咨询。主要参与的人员是经过专业培训的教师。

3. 三级预警，指针对行为严重偏差的学生进行专业的辅导，恢复其心理健康水平，重新获得对生活的信心。三级预警的主要内容是进行个体的危机干预、转介、个案追踪等。参与的人员包括相关的教师、学生和专业人士、各级校领导。

为了更加直观地了解三级预警的具体内容，下面以一所大学的预警管理为例，介绍三级预警系统的具体内容。

一、一级预警

一级预警主要是了解和掌握学生的基本情况，并尽力营造学校氛围，让学生顺利适应学校的学习和生活，实现平稳过渡。这就包括了教师日常对学生的观察、情况了解，提供社会支持，开展各项活动让学生融入学校生活；心理健康知识宣传，让学生对心理健康知识有一定的了解。

一级预警是针对全校学生的，参与的人员也最多。需要各个部门协同合作，建设一级预警网络。可能的活动和参与人员如下。

1. 班级辅导员：了解学生的基本资料，并对可能有危机源的个体进行深入了解和排查；营造开放民主的班级氛围，尽量让每一名学生都能尽快适应学校生活；处理学生一般的违规行为。

2. 任课教师：观察和掌握学生的出席情况；从学生学习情况中了解学生的情况，并提供给辅导员；在日常教学中灌输心理健康理念。

3. 学生处：协助建立学生心理健康档案；定期召开辅导员会议，及时了解学生情况；定期组织教师进行心理健康和咨询技能培训；建立特殊档案。

4. 校团委：定期组织活动，营造良好的校园氛围，如讲座、辩论赛、论文竞赛等。

5. 心理咨询中心：建立学生心理档案，约谈"特殊学生"；开设心理健康课程。

二、二级预警

二级预警的主要目的是针对行为有轻微偏差或者濒临偏差的人，防止问题进一步发展。参与的人员主要是心理健康教师和班级辅导员、任课教师。

1. 任课教师：如果观察到有学生连续旷课或者情绪失常，要即时通报给班级辅导员。

2. 班级辅导员：及时约谈目标学生，判断该学生的情况，在必要时转介给心理咨询中心，或者上报学生处；与家庭联系、协调。

3. 心理健康教师：提供小团体的辅导，或者个体咨询；建立个案记录。

179

三、三级预警

三级预警的主要目的是针对行为有严重偏差的学生，让其行为恢复正常水平，参与的人员不仅有相关教师、心理健康教师，还有各级校领导。

1. 班级辅导员：及时了解学生情况；协助心理健康教师进行危机处理。

2. 心理健康教师：个体辅导，或根据情况进行团体辅导。如果学生有严重的行为问题，如精神疾病，需要及时转介。

3. 分管学生心理工作的校长：危机处理，跟踪个案情况，保险申请。

四、心理测验

贝克自杀意念量表（BSS）

下述项目是一些有关您对生命和死亡想法的问题。请您思考最近一周是如何感觉的，每个问题的答案各有不同，请您注意看清提问和备选答案，然后根据您的情况选择最适合的答案。

表7-4 贝克自杀意念量表（BSS）

1. 您希望活下去的程度如何?	中等到强烈	弱	没有活着的欲望
2. 您希望死去的程度如何?	没有死去的欲望	弱	中等到强烈
3. 您要活下去的理由胜过您要死去的理由吗?	要活下去，胜过要死去	二者相当	要死去胜过要活下来
4. 您主动尝试自杀的愿望程度如何?	没有	弱	中等到强烈
5. 您希望外力结束自己生命，即有"被动自杀愿望"的程度如何?（如，希望一直睡下去不再醒来、意外地死去等）	没有	弱	中等到强烈

如果上面第四或第五项的答案为"弱"或"中等到强烈"，请继续问接下来的问题；否则，请终止测验。

6. 您的这种自杀想法持续存在多长时间?	短暂、一闪即逝	较长时间	持续或几乎是持续的	近一周无自杀想法
7. 您自杀想法出现的频度如何?	极少、偶尔	有时	经常或持续	近一周无自杀想法
8. 您对自杀持什么态度?	排斥	矛盾或无所谓	接受	
9. 您觉得自己控制自杀想法、不把它变成行动的能力如何?	能控制	不知能否控制	不能控制	
10. 如果出现自杀想法，某些顾虑（如顾及家人、死亡不可逆转等）在多大程度上能阻止您自杀?	能阻止自杀	能减少自杀的危险	无顾虑或无影响	
11. 当您想自杀时，主要是为了什么?	控制形势、寻求关注、报复	逃避、减轻痛苦、解决问题	前两种情况均有	近一周无自杀想法
12. 您想过结束自己生命的方法了吗?	没想过	想过，但没制订出具体细节	制订出具体细节或计划得很周详	
13. 您把自杀想法落实的条件或机会如何?	没有现成的方法、没有机会	需要时间或精力准备自杀工具	有现成的方法和机会或预计将来有方法和机会	近一周无自杀想法
14. 您相信自己有能力并且有勇气去自杀吗?	没有勇气、太软弱、害怕、没有能力	不确信自己有无能力和勇气	确信自己有能力、有勇气	
15. 您预计某一时间您确实会尝试自杀吗?	不会	不确定	会	

（续表）

16. 为了自杀，您的准备行动完成得怎样？	没有准备	部分完成（如开始收集药片）	全部完成（如有药片、刀片、有子弹的枪）	
17. 您已着手写自杀遗言了吗？	没有考虑	仅仅考虑、开始但未写完	写完	
18. 您是否因为预计要结束自己的生命而抓紧处理一些事情？如买保险或准备遗嘱。	没有	考虑过或做了一些安排	有肯定的计划或安排完毕	
19. 您是否让人知道自己的自杀想法？	坦率主动地说出想法	不主动说出	试图欺骗、隐瞒	近一周无自杀想法

　　贝克自杀意念量表是贝克于1979年根据临床经验和理论研究编制的，用以量化和评估自杀意念。中文版最初由北京回龙观医院北京心理危机研究与干预中心进行了翻译、回译和修订，量表答案的选项为三个，从左至右对应得分为1、2、3分，得分越高，求死的愿望越强烈。

　　所有来访者都首先完成前五个题目，如果第四和第五个项目的选择答案都是"没有"，那么则视为没有自杀意念，不用填写本问卷剩余部分。如果第四或者第五个项目中任意一个选择答案是"弱"或者"中等到强烈"，那么就认定为有自杀意念，需要继续完成后面的14个项目。

　　对后14个项目修订时，为了方便评估，对个别项目（如6、7、11、13和19）的答案增加一个"近一周无自杀想法"的选项，其对应得分为"0"。自杀意念的强度是根据量表1—5项的均值所得，得分在0—100之间变化。分数越高，自杀意念的强度越大。自杀危险是依据量表的6—19项来评估有自杀意念的被试者真正实施自杀的可能性的大小。总分的计算公式是［（项目6—19得分之和-9）／33］×100，得分在0—100之间变化。分数越高，自杀危险性越大。

【建议参考资料】

　　1. 边玉芳，钟惊雷，周燕，等. 青少年心理危机干预［M］. 上海：华东师范大学出版社，2010.

　　2. 赵静波，赵久波，侯艳飞. 还有路可走：自杀与自伤的自救与调适［M］. 北京：人民卫生出版社，2010.

　　3. 彭国胜. 青少年自杀问题研究进展［J］. 青年探索，2009（5）：55-60.

　　4. 吴增强. 当代青少年心理辅导［M］. 上海：上海科学技术文献出版社，2003.

　　5. 段鑫星，程婧. 大学生心理危机干预［M］. 北京：科学出版社，2006.

【问题与思考】

　　1. 什么是心理危机？

　　2. 基本危机理论是什么？

　　3. 危机干预的主要步骤有哪些？

　　4. 学校预警系统的一级预警的主要目的和参与者是谁？

　　5. 如果你是一名大学心理咨询中心的教师，辅导员向你报告班上有一名学生已经失踪四天，你应该做一些什么？

第八章 学生心理辅导课程

【本章提要】

学生心理辅导课程是目前中小学开展心理辅导工作的主要途径，是一种主动的、积极的、具有实效性的教育活动。本章首先探讨了心理辅导课程的教学内容设置，解决了心理辅导课教什么的疑惑；其次阐述了心理辅导的教学方法，以活动课的定位，选择教学方式和教学策略，解决了心理辅导课怎么教的核心问题；再次探究了心理辅导课程的设计原则和设计流程，从目标设置到活动对象、内容的确立，明确了心理辅导课程的实施过程；最后分析了心理辅导课的评价体系，从该课程的评价特点和评价标准两方面进行深入研究，力求完善心理辅导课程的评价机制。

【学习重点】

1. 学生心理辅导课程的内容设置。
2. 学生心理辅导课程的教学方法和活动策略。
3. 学生心理辅导课程的设计。
4. 学生心理辅导课程评价体系的特点和标准。

【重要术语】

学习心理辅导　生活适应辅导　人格辅导　青春期性教育　生涯辅导　角色扮演　认知训练　行为训练　课程设计原则　课程设计流程　课程评价体系

第一节 学生心理辅导课程的内容

心理辅导课程作为学校心理健康教育的主要途径，是一种主动的、积极的、具有实效性的教育活动，在学校心理健康教育中占有主体地位。其内容涉及学生心理品质的各个方面，宗旨是维护学生心理健康，培养学生健全人格，开发学生心理潜能。

一、学习心理辅导

学习是学生的主要任务，在这一活动中会出现许多心理问题，影响学习效率，因此，学习辅导是学校心理健康教育的重要内容之一。学生在学习中的问题

183

主要体现在三个方面，即能不能学、愿不愿学和会不会学。具体来看，能不能学是学生的能力问题，即如何开发智能，提高能力水平；愿不愿学是学习动机的问题，即如何提高学生的学习兴趣；而会不会学则是指学生有没有良好的学习方法和学习策略。

（一）学习能力的开发

在中小学阶段，除了在学科教学中注意学生的智能开发之外，还可以运用心理学的原理和方法，有计划有意识地对学生进行专门的智能训练，从而提高智力水平。智能训练的内容应根据学生智能发展的不同特点来设计，涉及观察力的训练、注意力的训练、记忆能力的训练、创造思维和逻辑思维的训练以及想象力的训练等。例如，可以采用心理学中的头脑风暴的方式来对学生进行创造力的训练，通过迅速无限制的自由联想，获得新颖的、具有创造性的结论。其做法是：向学生呈现词语、图形或实物等，如大海、梯形或回形针，要求学生在一定时间内，尽可能让思维自由发散，任意进行自由联想，并将自己联想到的所有内容一一记录下来，在其他学生中进行分享和交流。这种方法能够很好地训练学生思维的灵活性和发散性。

（二）学习动机的激发

学习动机是引发和维持学习行为的内部力量，具有反馈功能、调节功能和动力功能。在中小学学习中，一旦动机缺乏，会严重影响学习效果。但在学生之中，这一问题并非罕见，主要表现在厌学、懒惰、拖延、学习依赖性强等方面。一般来说，这些现象的出现与教师的教学方法有一定的关系，因此，培养和激发学生学习的内部动机，必须从教师做起。首先，要注意创设有利的教学环境，激发学生的学习兴趣；其次，科学地组织和安排教学内容和过程，注意教学内容的新颖程度，避免"满堂灌"的传统教学模式，而采用互动性更强的启发式教学，注意问题情境的创设和引入；再次，还要对学生的进步作出及时的表扬和反馈，使学生能够进入学习的良性循环之中，从自身内部产生动力。总而言之，良好的学习环境、浓郁的学习氛围以及融洽的师生关系，都有利于学生产生积极的学习态度和良好的学习动机。

（三）学习方法的辅导

适当的学习方法是学生顺利完成学习目标、提高学习效率的前提和基础，它一般是学生在长期学习过程中自发形成的，适合其自身学习特点。如果缺乏科学高效的学习方法，就算拥有学习能力，具有强烈的学习动机，也总是感到力不从心，事倍功半。拥有科学的学习方法，不单单能大幅度提高学习效率，同时也是开发学生潜能的重要手段。在学习专题的辅导中，关于学习方法和学习策略的辅导是不可或缺的一部分。

缺乏良好学习方法的学生，通常会表现为缺少学习目标和计划、记忆的知识点散乱无章、未能形成良好的知识结构、听课不能抓住重点、复习效率低下等。在关于学习方法的辅导过程中，首先应该充分了解学生学习的现状，了解目前已经存在的各种学习方法和习惯。然后引导学生认识科学的学习方法，循序渐进地纠正学生的不良学习习惯。最后，在这一部分的心理辅导过程中，实施心理辅导的教师还应在学习方法和策略上与各科任课教师加强交流和配合，引导学生有意识地、经常性地使用有效的学习方法，根据自身实际情况作出选择和调整，使科学的学习方法能够在各学科学习中得以贯彻，从而提高学习效率。

（四）应试心理辅导

关于应试心理的调节，一直是学校、家长和学生关心的焦点，同时，这也是学生心理辅导的重点内容之一，主要包括考试焦虑的缓解和应试技能技巧两方面。

在进行这一专题的心理辅导时，首先可以采用考试焦虑的自我检查表，让学生进行自我调查、自我分析，了解自身情况以及自身考试焦虑的主要原因和表现。在了解现状的基础之上，教给学生缓解考试压力的方法，如自信心训练、放松训练、系统脱敏等。

关于应试技能技巧，则主要聚焦于应试前的复习准备和应试过程中的答题技巧。例如考前如何抓住重点、考试中如何快速审题、各题型的答题技巧、如何确定答题顺序。这一部分的辅导，可以让学生自行收集资料，然后在集体中采用交流、讨论和分享的形式，从而给学生留下更为深刻、直观的印象。

185

二、生活适应辅导

（一）人际辅导

人是社会的生物，任何人都不可能离开他人和社会而独自生存发展。良好的人际关系是学生健康心理形成的重要基础和源泉。因此，人际辅导是学生心理辅导课程的重要内容。主要包括以下几点。

1. 使学生学会正常人际交往准则

人际交往的准则包括增强人际吸引力的准则和正确处理人际冲突的准则。

要能够正常地进行人际交往，需要让学生学会人际的各种礼仪，包括交往场合的得体举止、待人接物的态度等，也要培养起诚信的品质，尊重、理解他人，并能换位思考。

要使学生防止、缓解自己的人际冲突，可以设置各种贴近学生实际生活的人际情境，引导学生自己总结出如何陈述自己的意见、如何聆听他人意见、如何评价他人看法等。同时，教会学生如何处理和化解可能出现的人际冲突。

2. 改善人际交往不足

人际交往不足，大多是因为缺乏自信心。青少年的思维水平足以使他们能够考虑别人的想法，但同时也过于关注他人评价，常常不恰当地认为别人在评论和审视自己，因此容易出现人际敏感，缺乏自信，严重时还会回避社交场合，拒绝参与集体活动。对于这类学生，教师要及时发现、及时引导，改变其不合理的人际观念，增强自信心。

（二）消费辅导

随着社会生活条件的改善，学生的零花钱数额也在渐渐增多，学生消费能力不断增强。而在青少年阶段，自控能力还不够成熟，消费心理也存在一定的误区，因此对学生的消费观念应进行适当引导。对于某些学生存在的追求名牌、追求潮流、模仿明星、盲目攀比的不良心态要及时进行纠正。可以教会学生了解家庭经济状况、规划自己的零花钱、详细记录自己的各项开支，培养学生管理金钱的能力以及执行消费计划的能力。同时消费计划的制订，可以引导学生建立健康积极的消费观念，将自己的零花钱用在适当的地方。

（三）休闲辅导

在非学习时间，学生会以各种休闲活动获得身心的放松，从而达到愉悦身心、缓解紧张的效果。这是每个人生活中必不可少的组成部分。积极健康的休闲方式对于学生良好个性品质、正确审美观念的培养有着不可忽视的重要影响，能够充实学生生活、提高身体素质、锻炼心理机能、提高思维水平、陶冶高尚情操，促进学生身心全面平衡发展。休闲辅导的内容包括引导学生了解自己的兴趣爱好，帮助学生处理好学习和休闲娱乐的关系，指导学生规划自己的假期生活等。总而言之，休闲辅导的最终目的是帮助学生树立起正确的休闲观念和态度，提高休闲活动的品味和质量，在获得充实休闲生活的同时，为更好地投入到学习中奠定良性基础。

三、人格辅导

人格主要是指人所具有的与他人相区别的独特而稳定的思维方式和行为风格，是具有一定倾向性的心理特征的总和。在中小学阶段，人格辅导应着重于学生自我意识的发展、情绪的自我调节、意志品质的发展、人际交往和沟通能力的发展，从而培养学生良好的个性心理品质和社会适应能力。青少年时期是人格发展塑造的重要阶段，在这个时期，个体有着极大的不稳定性，易受环境的影响，同时教育的作用也能立竿见影。所以，根据个体心理品质的发展规律，对学生进行人格方面的辅导，是学校发展心理教育的一项重要工作。

（一）自我意识辅导

自我意识辅导主要是通过一系列的方法，着力培养青少年自知、自爱、自尊、自强的精神。

自知就是正确认识自己，客观评价自己。教师可以通过创设各种各样的情境，采取各种策略，帮助学生更好地认识自己、评价自己。例如在开学初、重要考试后、期末时，分别开展以"我"为主题的班会活动。在学期初让学生自我介绍"我是谁"、"我最擅长的"、"我最喜欢的"等，使学生之间互相了解；在重要考试之后，要求学生总结"我学得最好的是……"、"我学得不够好的是……"等，分析自身情况；在学期末，让学生写下"我在……方面有了进步"、"我的目标是……"这样的话。通过这种方式，让学生不断认识到自身优势，确立学习目标，做到更好地自知。

　　自爱就是悦纳自己，它通常建立在正确自知的基础之上。要让学生形成自爱观念，教师必须先做到尊重学生，不能因为学生的缺点而一味指责学生，更不能打击、侮辱学生，而应该根据学生的实际情况，帮助他们树立适当的目标，调整好现实与理想的差距。同时，引导学生接纳自己，通过发挥优势弥补劣势，进而获得成功体验。

　　低自尊的学生常常不满意自己、缺乏自信心和自强精神。对于这样的学生，应鼓励他们多参与各种学校集体活动，发现自己的优点，培养其勇气和信心。

（二）情绪辅导

　　情绪问题是青少年最常见的心理问题之一，这一年龄段的认知水平决定了青少年的情绪起伏和情绪波动都比较大，同时缺乏自我调节的能力和意志品质。所以，对情绪的辅导是学生心理辅导课程的重点内容。

187

　　情绪问题中，最为常见的是不善于调节和控制自己的情绪，因不良情绪的影响，而波及正常的学习和生活，同时破坏人际关系。对青少年进行情绪辅导，首先要让学生能够识别自己和他人的情绪状态，认识到不良情绪的危害，在此基础上，学习控制和缓解不良情绪的方法。例如，在心情过于低落时，通过倾诉、体育活动等改变心境；在心情过于亢奋时，通过阅读、听音乐等方式保持清醒头脑，以免影响正常的生活节奏。通过这些具体的方法指导和训练，使学生能够正确表达自己的情绪情感，稳定情绪起伏，保持身心平衡健康发展。

（三）性格的培养塑造

　　在性格辅导中，首先要做的是，让学生分析自己的性格，了解自己的性格，增强其自省能力，客观认识和评价自己。在此基础上，进行自我调节和自我塑造。教师要帮助学生认识到什么是良好的性格特征，什么是不良的性格特征，从而引导学生改善其不良性格特点。特别是对于学生畏难懦弱、放任散漫等性格特征，要注意积极引导，让学生意识到这样的性格特征不利于自身发展，是不良的性格特点，从而能够自觉锻炼、自我塑造，在培养良好性格品质的同时，发展出完善的意志品质。

四、青春期性教育

随着身体的变化，青少年的性别意识逐渐增强，心理上会发生一系列的变化。青春期是人生性教育的关键阶段，在此阶段要向青少年传授科学的性知识，纠正与性有关的认识和行为偏差，树立健康的性意识。在性生理和性心理教育的基础上，将重点置于性的伦理道德、法制、情感、审美、人格等的素质培养教育上。这是学生心理辅导课程中不可或缺的一部分，主要包括以下几个方面的内容。

（一）性生理教育

介绍人类生殖系统的发育和基本功能，了解人类生殖过程的基本程序，帮助学生正确认识人类性发育的自然规律和本质，了解性器官的卫生保健常识，消除学生在性问题上的神秘感，为正确理解异性交往奠定基础。

（二）性心理教育

同人生相对平稳的心理活动时期相比，青春期的心理活动激烈、动荡，这种身心急剧变化、加速发展的特殊性，构成了被国内外教育家称之为"危机期"的主要理由。教师要正确理解青春期学生的性心理萌动，教育学生认识和理解青春期的心理发育特点及规律，正确引导，保证其身心健康发展。

（三）性道德教育

通过对性道德、性伦理知识的介绍，使学生了解现代性伦理学的基本内容，掌握性道德的主要内涵，帮助青少年明确什么是正常规范的性行为方式。启发学生正确处理异性交往，将主要精力放在学业发展上，从而保证其身心不被损害，健康成长。

（四）性法律教育

教给学生必要的法律常识，增强学生在性问题上的守法观念和责任意识，同时加强自我保护意识，使学生懂得分辨危险情境，从而保护自身安全。

青春期性教育应把握主动、预防的原则，通过传授科学性知识帮助青少年解除青春期困惑，提高性本能社会化、文明化的程度，把性生理和性心理需要同社会道德原则结合起来成为日常生活准则，使青少年的行为方式符合社会发展与社会行为规范，做一个有高尚情操的人。要兼顾人的自然属性和社会属性，形成"三理结合、自我保护、提高素质、同步教育"的框架。"三理"，指性生理发育与保健、性心理发育与保健、性道德伦理的培养。"自我保护"，指青少年学习和运用《未成年人保护法》等有关法律保护自己，警惕和抵制各种社会丑恶现象的诱惑与腐蚀，防范非法行为的侵害。"提高素质"，指不仅是传授性知识，还必须阐明人类的性与动物的性的区别，性与人类文明社会的关系，青春期的社会意义，青春期自尊、自爱、自律和自强等良好素质的培养。"同步教育"，指几方面的教育内容紧密联系，构成一个不可分割的整体，共同体现青春期性教育的本质。

五、生涯辅导

中学生的职业生涯规划不仅影响其文理科的选择和高考志愿的填报，还会影响以后的专业认同、职业决策、工作满意度和生活幸福感。因此，应该高度重视中学生的职业生涯规划，并对其进行有针对性的生涯辅导，帮助学生了解自己，确立适当的职业理想，增强学生的职业生涯规划意识和能力，使其逐步实现自己的理想。

在学校情境中，对学生进行生涯辅导主要包括以下两个方面的内容。

（一）自我探索

中学生并没有直接进入职业领域，已有的职业意识仅仅是来源于书本知识和他人的谈论，是一种间接的经验。因此，此阶段的自我探索是对儿童时期梦想的反省、对自身的初步了解和对职业观具体化的过程。所以，中学生的自我探索具体分为四个方面：兴趣和爱好、能力、气质和性格、价值观。兴趣和爱好的自我探索最简单的问题就是回答"最喜欢什么、最喜欢做什么"。兴趣和爱好与职业满意度有很密切的关系。能力的自我探索是知道自己"目前能做什么、不能做什么、哪些方面存在优点、哪些方面存在缺点"。能力影响一个人职业生涯的发展和成功。气质和性格直接影响到一个人适合做什么、不适合做什么。中学阶段是价值观形成和完善的重要时期，不同的人生价值观决定着对工作价值的认识和工作种类的选择。中学生需要认真思考的是"我希望通过职业获得什么"。

（二）环境探索

环境探索是探索外在的工作世界，包括行业的特性、所需的能力、就业渠道、工作内容、工作发展前景、行业的薪资待遇等。中学生的环境探索主要是通过学校老师和家长的引导以及自身主动的信息收集来对职业环境进行认识的。学校可以安排学生参观访问相关就业单位或机关；要求学生访问自己的亲友或邻居；进行角色扮演，了解不同工作角色的特性，以获得参与工作状态的体验。

为了更好地对学生进行生涯辅导，教师可以为学生建立生涯档案，包括学生自身的兴趣爱好、性格气质、能力特长，职业倾向测验的结果和相关分析，学生的职业理想、有无变动及其原因，科任教师评语及建议，心理教师评语及建议，等等，从而获得更完善的资料，为学生进行生涯选择提供更多资源。

第二节 学生心理辅导课程的教法

学生心理辅导课程的教学不同于一般学科的教学，因为它的教学目标不是为了传授心理学的知识，而是希望通过一系列的心理辅导活动，让学生能够从活动中体验到认识与了解自我、发展自我的重要性，进而能够主动地去发展和提高自己的心理品质。心理辅导活动形式多样，在实际教学过程中，教师可以根据不同的教学内容灵活选用。

189

一、游戏

近年来，游戏法逐步成为学生心理辅导课程的主要形式之一。实践证明，游戏容易创造出自由、开放、积极、轻松、安全的课堂氛围，有利于学生心理困惑的真实呈现和解决。

（一）游戏的特性

1. 游戏具有趣味性，从而给学生带来精神上和身体上的愉快、舒适感。因为其趣味性，才能吸引学生主动参与，在游戏过程中表现真实的自我，同时获得放松。

2. 游戏具有虚构性。通过游戏中创设的假想情境来反映真实的生活，其情节、角色、行为等都具有象征意义，将教学活动的目标内隐化，能够使学生放下防备，更好地反映学生的行为和情绪。

3. 游戏具有灵活性。教师可以对其进行合理的变化，游戏规则、游戏时间以及游戏形式都可以因教学情境、教学对象的不同而进行适当转变，从而更好地实现教学目标。

4. 游戏具有社会性，由于在游戏中大多要求以小组形式进行，需要成员之间的协作和配合，因此学生在参与游戏的过程中，能产生人际交往的互动，形成共同的目标、规则，从而实现彼此信任、彼此帮助和彼此分享。

（二）常用游戏类型

1. 热身游戏

这类游戏常用于课堂的开始阶段，主要目的在于活跃课堂气氛，增强学生的参与度和积极性，同时将学生的注意力带回到课堂之中。游戏时间较短，大多控制在五分钟以内，操作简单，重视趣味性。

2. 互动游戏

这类游戏以人际合作为主要形式，主要目的在于通过游戏促进学生之间的人际互动和接纳，提升相互之间的人际信任度，促进沟通能力和协作能力的发展。如果游戏时间较长，可设置为课堂的主题活动。互动游戏注重游戏后的经验分享，要让学生在游戏中有所体会和感受。

3. 潜能开发游戏

这类游戏主要通过创设一系列问题情境，让学生尝试一些在平时学习和生活中不曾做过的事情，使学生在解决问题的过程中获得强烈的成就感，从而开发学生的潜能，培养学生的多元能力。

4. 自我探索游戏

这类游戏通常用于增进自我认识，促进自我评价的发展，使学生在游戏中悦纳自我，树立正确的自我观念。游戏通常涉及自我经验的分享，对于教师来说，更具有挑战性，更需要知识和经验的积累。

二、讨论

讨论法是心理辅导教学活动中使用最为普遍的方法。在教师的引导和组织下，学生对某一专题发表自己的看法，表达自己的感受与意见。这种群体进行研讨的学习方法可以集思广益，沟通彼此的思想和感情，促进问题的解决。通常可以用到的讨论方式有以下几种。

（一）专题讨论

由心理教师针对在某一段时间里面学生普遍面临的问题进行专题性讨论。比如：在新学期开始的时候，让学生讨论如何更快更好地转入正常的、紧张的学习轨道上来；在考试前讨论有关考试策略和考试焦虑的问题；在学期结束前和学生讨论如何度过一个有意义的假期。

（二）辩论

以带有争论性的问题为主题，进行分组讨论，发表自己的看法，提出正反两个方面不同的观点、论据。

（三）配对讨论

配对讨论是指就某一主题，先作两人一组的讨论得出结论；然后和另两个人讨论的意见沟通协商，形成四个人的共同意见；最后又由第二步的两组和另外两组一起作第三次的讨论和协商，得出八个人的共同想法。其优点是经过三次讨论，分析问题比较充分，且参与性高，每人都有发表意见的机会。

（四）头脑风暴

这种方法是由美国著名创造学家奥斯本（A. F. Osborn）提出来的。它利用集体思考和讨论的方式，使思想观念相互激荡，发生连锁反应，以便能够引出更多的想法或意见。这一方法应用于团体中往往是通过暂缓判断和评价，鼓励团体成员对同一问题提出尽可能多的不同看法。头脑风暴必须遵循的规则为：不予批评嘲笑；鼓励畅所欲言；允许异想天开，意见越新奇越多越好；欢迎对他人意见作综合改进；自始至终保持轻松自由的心态等。

（五）小组讨论

这是最为常用的讨论方式。以 4—6 人为单位分组，在小组讨论中每个人都先对要讨论的问题作自己的思考，然后进行组内的交流。这是一种人人参与又比较省时的方法。

三、角色扮演

角色扮演法是一种设定某种情境与题材，让学生扮演一定角色，通过行为模仿或行为替代，充分体会角色的情感变化和行为模式，表露自己或角色的人格、情感、人际交往、内心冲突等心理问题，然后通过观察、体验，进行分析讨论，从而使学生受到教育的心理辅导方法。其作用是在角色扮演过程中显露当事人行

191

为、个性上的弱点与矛盾之处；给当事人宣泄压抑的情绪提供机会；让其能够理解角色的处境，消除不必要的误会和猜疑；使其从中学会合理而有效的行为方式。而作为观众的学生虽不扮演角色，也可能对扮演者产生认同作用。

（一）常用的角色扮演形式

1. 心理情景剧

心理情景剧是通过特殊的戏剧形式，让参加者扮演某种角色，以某种心理冲突情景下的自发表演为主，将心理冲突和情绪问题逐渐呈现出来，以宣泄情绪、消除内心压力和自卑感，在演出中体验或重新体验自己的思想、情绪、梦境及人际关系。伴随剧情的发展，在安全的氛围中，探索、释放、觉察和分享内在自我，从而增强当事人适应环境和克服危机的能力。

在学生心理辅导课中采用心理情景剧的形式，可以取材于学生的真实生活，编写简短的剧本，激发学生的自主参与性，启发学生进行角色分析和领悟。

2. 哑剧表演

学生根据教师所设置的主题，仅用非言语性的肢体动作来表现，例如扮演因重大考试而感到焦虑的角色，不借助于语言，而通过紧张的面部表情或抓头等动作来表现。主要目的在于促进学生非语言沟通能力的发展。

3. 创意表演

教师只给出情境的设置，让学生自编、自导、自演，展现学生对角色的理解能力，同时也充分反映学生自身处理问题情境的原则和能力。由于剧情是学生自主创设的，学生的体验和认识可能更加深刻。

4. 空椅子技术

利用一张空椅子，让学生将其想象为某个角色，把自己想要对他说却没来得及说的话表达出来，从而使内心趋于平和。或让学生轮流扮演自己和该角色，展开对话，设身处地站在他人的角度思考问题，从而达到领悟。这种方式多用于辅导在人际交往方面有困难的学生。

（二）运用角色扮演的原则

1. 假如学生明显地表现出害怕，不要勉强让他们扮演，而是分给他们一些其他任务，直到他们自动参与。

2. 鼓励学生把角色扮演当做一种游戏。

3. 把注意力集中在所扮演的角色而不是学生身上。注重角色所表现出的意义和感觉，而不是学生表演得多么好。创造一种非批判的气氛，使学生有信心，喜欢表达他们自己。

4. 应使课堂气氛活跃，非表演同学积极关注表演者，给予表演者更多的支持和激励。

四、认知训练

这类教学方法主要是依靠学生的感知、想象和思维等认知活动来达到教学目标。它包括以下两种活动。

（一）故事启发

在课堂上安排读书讨论和交流读书的心得体会，或选择与教学内容密切相关、又能说明某一问题或现象的故事，运用故事内涵引发学生思考，让学生能够从中得到启发，从而改变自己对生活与行动的态度，促进自我人格的发展。这是学生心理辅导课程的常见形式，常用于新课导入或说明某一心理现象。在使用时应注意故事的选择，挖掘故事给学生带来的思考意义。

（二）认知改变

教师通过质疑、暗示和说服等方法，来改变学生非理性的信念和观点，从而恢复和建立合理的、积极的思维方式，进而解决学生的心理问题，促进学生健康人格的发展。

五、行为训练

在心理辅导课程中使用的行为训练来源于行为治疗的策略，即教师根据学生实际情况制定行为目标，运用奖励、惩罚等强化手段来巩固学生良好行为、消除不良行为或建立某种新的良好行为，使学生的行为朝预期的目标行为方向转变。这种方式适用于改变学生的不良行为习惯、增强感知能力、掌握学习策略、改善人际关系等方面。常见类型有以下几种。

（一）反应训练

在心理辅导教学活动中，要求学生对某一指令作出反应，通过对指令的规则和速度的变化，考验和提升学生各种感知能力，如观察力、注意力、记忆力、意志力等。

（二）榜样引导

利用学生模仿力强的特点，让他们通过对榜样行为的观察，使自身受到强化，模仿榜样的言行，从而实现受教育的目的。榜样可以是真实的，也可以是通过传播媒介来呈现的。

1. 参观、访问

参观工厂、农村、公园、学校等，走访工人、农民和优秀学生，听其言，观其行，激发学生向榜样学习的强烈愿望并从身边做起，加强自身修养，养成良好的行为习惯。有目的的参观访问只是榜样学习中的一小部分，更重要的是让学生模仿身边的榜样，从日常生活做起。由于榜样是活生生的，学生较易保持注意力。从教育内容说，较适合个性塑造、美感形成和良好行为习惯的养成等。

193

2. 媒体教学

充分利用科技教学手段，通过传播媒介（图片、幻灯、录音、录像、电影、卡通片、文字说明等）来呈现榜样，学生观察榜样，进行模仿学习。这种榜样比真实榜样更能突出要求模仿的行为，因为教师能够事先作精细的安排，而且可反复使用，所以在心理健康教育上不失为一种很好的方式。由于这种教学方式教育性兼容艺术性，形象生动有趣，颇受学生欢迎，可对不同年级学生施教，教学内容可涵盖多个方面。

（三）奖励和惩罚

奖励和惩罚是运用行为的强化和消退来起作用的，一般与游戏、角色扮演等活动相结合使用。

奖励是指施于行为之后以增加该行为再次出现可能性的事物，是一种正强化。奖励一般可分为社会性奖励、物质性奖励和活动性奖励。社会性奖励包括微笑、赞扬、拥抱、亲昵、抚摸等，这种奖励对低年级学生特别有效。物质奖励是指用可消费的物品做强化物，如食物、音乐、玩具、图片、代币等。活动奖励是指用一些学生喜欢的活动作为强化物，如自由时间等。具体使用何种强化物要根据学生个人爱好而定。另外，还要注意让学生学会自我奖励。

惩罚是指为减少或消除某种不良行为再次出现的可能性，而在此行为发生后所跟随的不愉快事件，从而消退学生的不良行为，并降低学生发生该行为的频率。但在心理辅导课程中教师要慎用这一方法。

194

第三节 学生心理辅导课程的设计

一、学生心理辅导课程的设计原则

（一）目标性与活动性原则

学生心理辅导课程是依据课程本质的要求，根据心理辅导课程的目标、内容和活动方式来设计的。学生在心理辅导课程中所学习的内容，是为了发展和提高他们的心理素质，激发潜能，达到适应社会发展、促进个性和谐统一的目的。从育人目标的角度看，心理辅导课程的最终目标是培养学生健全的人格，具有良好的社会适应性及良好的心理素质。根据这一要求，心理辅导课程发展性目标应侧重于学生心理潜能的开发、心理素质的培养，帮助学生自我完善，促进他们健康成长。预防性目标是帮助学生及时发现自己在学习、生活和成长中的心理问题，懂得如何去改变和纠正不健康的心理，达到良好的社会适应和积极健康的情绪。培养学生正确的自我意识，能对学习和人际关系作出适应，具有独立自主的能力，建立正确的人生观和适当的生活方式。

学习方式的不同是心理辅导课程区别于其他学科课程的一个重要特征。这是因为，心理辅导课程是以经验为载体，学习方式必须是个体的自觉接纳，没有强制性的接受要求，更没有系统传授心理学知识的要求。课程是以活动的方式，在老师的设计指导下，去完成各种活动，让学生在活动中体验感受，接受训练和启示，从而发现自己、发现别人、学会做人、学会尊重、学会学习、学会生活、学会交往，这才是真正体现以学生为中心的学习方式。因此，我们应将学生心理辅导课程定位为活动课程。

（二）发展性与接受性原则

所谓发展性原则，就是教学目标的制定要符合学生心理发展的规律，符合学生心理发展的需要。每个年龄阶段都有其相应的课程教学目标，达到这样的目标可以一步一步地促进学生心理健康完善地发展。例如，要培养学生关心他人的品质，从学前到高中各个年龄发展的阶段，心理辅导课程的目标应该在水平上从低到高有所变化：在学前期，重点培养学生关心和爱护身边的人（父母、老师和同学）；在小学阶段，强调培养学生热爱家乡和集体的观念；在中学阶段，主要培养学生的社交技能，以及爱祖国和爱人民的思想。发展性还体现在要让学生在课程的学习中了解自己、认识自我，找出自己与别人的心理差距，主动制定发展目标，促使自己长大和成熟。

课程设计的目的是要让学生接受教育目标。这就要针对学生的需要和认知水平，通过精心设计和组织的课程活动，启发学生自我教育、自我改变。任课老师要充分发动和组织学生参与教育活动，让学生在信任融洽的气氛中，放弃自己的怀疑、防御心理，增强情感体验，改变态度，从认同、顺从到内化，接受心理辅导课程的教育目标。

（三）合作性与可操作性原则

心理辅导课程应该在一个轻松愉快、自由平等、和谐良好的气氛中进行，这种气氛主要来自师生的平等、民主、合作的关系。合作需要真诚理解，需要尊重别人。要达到这样的境界，任课老师就要随时对学生进行指导督促、帮助启发，让学生在合作中取得成功，在合作中体验到愉悦的情感。合作是一种最好的自我了解、自我完善、自我接纳、自我提高的方式。心理辅导课程尤其需要这种合作的氛围。所以师生之间的感情融洽、心理相融是非常重要的。让学生在心理辅导课程中了解别人的想法，理解别人的需要，尊重别人的意见，学会诚挚地与人合作。合作性还体现在学校心理教育工作要取得家长的配合，与家长合作，共同制定心理教育的目标和方法，从而有效地帮助学生成长发展。这个问题可以通过开办家长心理学校的形式得到解决。

可操作性原则是指心理教育目标不能假大空，而要明确，具体化为可以观察评定的和可以训练培养的行为特征。例如，我们不能泛泛地把完善自我、道德高尚和心理健康等作为课程教学的目标，而应该把这些抽象的概念具体化为各种心理和行为特征，如了解自己、接受自己和肯定自己，自己的事自己做，敢于表达

195

自己的观点和感情、遵纪守法等。这样的特征是可以观察到的，可以通过一定的测验和评定方法来评价，并且可以通过一定的教育手段和措施来加以训练和改造。可操作性还体现在可以把心理教育的总目标具体化为若干子目标，即以具体的心理或行为特征作为心理辅导课程的具体目标。这样所设计的课程就便于操作实施和评价效果了。

二、学生心理辅导课程的设计流程

（一）确立单元的主题

确立单元的主题，并对单元中每一节活动课进行划分和命名，是心理辅导课程设计的首要工作。从整体上来说，心理辅导课程应按照不同年级学生的心理特点以及学生当前面临的主要问题，结合学生学习、生活实际，确立不同的主题。主题的选择要符合当前学生的年龄特点和心理需求，能调动学生积极性，内涵丰富，具有启发性。主题切忌太过抽象，应针对具体目标来确定。在确立活动课名称时，尽量从学生的角度出发，清晰、简洁、贴切，能引起学生共鸣。

（二）主题理论分析

对该主题的相关理论进行认真研究和分析，为主题的确立提供理论支撑，同时为具体活动目标的确立提供理论依据。

（三）确定活动对象

活动对象的确定在注重学生整体情况的同时，还要兼顾一些特殊个体。一般来说，学生心理辅导课的对象是全班学生，有时也可以以特定团体学生或全年级学生为辅导对象。

在设计活动前要大致了解班级的整体情况和一些特殊学生，必要时可向班主任和科任教师征询意见，以班级学生情况为基础对活动进行设计和调整，方能使辅导活动课顺利实现既定目标。

（四）确定活动目标

活动目标是指导、实施、评价心理辅导课的基本依据，因此目标必须具有合理性、科学性和可操作性，才能使心理辅导活动课顺利开展。一般来说，首先要确立单元目标，然后再确立每节活动课的具体目标。例如，设计个性品质的单元辅导，主要目标在于帮助学生了解自我，具体又可分为气质、能力、性格三节活动课，每节课又有不同的具体活动目标。

活动目标应该具体、明确，从知识、情感、能力三方面进行分析和设定。这样，目标越具体，实施中就越好操作，就越容易实现目标。同时，一次活动课的目标不能太多，以免逻辑混乱、分不清主次，造成课程设计不能深入，难以收到实效。

（五）确定活动内容

活动内容是实现活动目标的载体。要顺利实现活动目标，必须有适当的活动

196

项目以及优秀的活动设计。

活动项目的选择要适合学生的接受能力和认知水平，要配合学生实际生活经验和当前情绪状态。例如在进行考试心理辅导时，在考前可针对学生紧张、焦虑的情绪状态进行相关辅导活动，在考后可针对学生因考试不理想而产生的负面情绪进行相关辅导。

我国现今心理辅导课程没有统一教材，各学校选择的教材不同，也有学校采用自编校本教材。但不论选择何种教材，都不能生搬硬套，在设计活动内容时，一定要根据实际情况而定。

学生的心理年龄特征不同，思维水平和各项素质发展不一，因此对活动的难度要有相应的调整，应体现从简单到复杂、循序渐进的特点。在借鉴其他地区、其他学校的成功经验时，也要注意对差异性的把握。

（六）选择活动策略

学生心理辅导课是以课堂教学的形式来进行的，但又不完全等同于传统意义上的课堂教学，其原因就在于心理辅导课的教学形式并不以教师讲授为主体，而是强调学生的主体作用，通过活动或训练的方式来进行。

各类活动是心理辅导课的主要形式。以游戏、体验为主，营造积极、安全的氛围，创设自我探索、自我挑战的环境。根据活动目标和活动内容，选择相应的活动模式和策略，是心理辅导课的关键。但要注意的是，心理课的活动并不是为了活动而活动，不能只关心表面的热闹，而忽视了对活动内涵的把握。学生能够在活动中获得深层次的体验，是选择活动策略的关键。

（七）确定活动时间

在进行课程设计时，要对每一项活动所需的时间进行预估，才能保证心理辅导课的有效实施。由于一堂课只有40—45分钟，所以在设计时要考虑现实的时间因素，活动设计不能过多过杂，要安排紧凑、突出主题。

（八）拟定活动流程

列出活动的步骤，包括活动的准备、先后顺序、衔接方式、每项活动的具体带领方式以及注意事项等。

第四节　学生心理辅导课程的评价

心理辅导课程是学校普及心理健康教育的基本形式和有效途径。心理辅导课程的推行，旨在以课程的形式，通过教学为学生提升心理素质提供帮助和支持。

每一门课程的建设、实施与完善都离不开课程评价。课程评价是指依据一定的评价标准，通过系统地收集有关信息，采用各种定性、定量的方法，对课程的计划、实施、结果等有关问题作出价值判断并寻求改进的一种活动。它对课程的实施起着重要的导向和质量监控作用。学生心理辅导课程也是如此，进行课程评

197

价有利于发现和了解学生的心理需求和发展情况，有利于教师获得更多的反馈信息，从而更好地把握教学的方向，进一步完善心理辅导课程的内容设置。

由此可见，心理辅导课程的评价有其存在的必要性和重要性，但这一课程又与其他学科课程的评价存在较大差异，所以要做好它并非易事。

一、心理辅导课程评价的特点

心理辅导课程的开设并不是为了传授心理学知识，而是以促进学生心理健康发展、培养学生良好心理素质为主要教学目标，以解决学生发展中的心理困惑为教学内容，以学生参与、体验、领悟为主体的发展性课程。所以，该课程评价中存在着与其他学科不同的特点。正确认识心理辅导课程的评价特点，有助于我们更好地把握心理辅导课程的评价体系。

（一）评价教学效果存在内隐性

心理辅导课的教学效果主要体现在学生心理的发展而非知识的掌握，所以这就决定了这一课程的教学效果不能够通过考试来评价。我们无法断定一个心理辅导课考试满分的学生，其心理素质就一定很好；或一个心理课考试不及格的学生，心理素质也不及格。由此可见，心理辅导课是无法运用其他学科的考核模式来进行评估的。同时，学生的心理发展变化需要通过学生在今后的实际学习和生活中的表现来评估，是难以直接测量的，所以在对教学效果进行评价时，难以采用绝对的量化标准。另外，提高心理素质、健全人格等目标需要经历一个长期的发展过程，不可能通过单独的一节或几节课就达到最终效果。

（二）评价教学对象存在发展性

学生的自我意识、心理素质、个性品质等都处于不断变化和发展的过程之中。所以在进行评价时，需要用全面、发展的眼光来看待学生个体，要考虑到学生各阶段的心理发展特征。对心理辅导课程的评价就应建立在学生原有的心理状态和心理特点之上，不能以静态的标准来进行衡量。

（三）评价方法多元化

对心理辅导课的评价若采用单一方法容易出现偏差，所以对这门课程的评价方法具有多元化的特点，常见的有测验法、对照法、观察法、调查法等。测验法是指依靠心理测验来考查学生在知识、情感、意志等方面的状态，通过前后测量等分析学生心理变化和发展的情况，以此验证课程是否取得效果。对照法即是将开设课程的班级与未开设课程的班级学生进行比较，作为检验课程效果的证据。观察法是指通过自然状态下的观察获得评价信息。调查法主要通过问卷调查或抽样访谈等方式了解和收集评价信息。

总而言之，虽然评价方法有所不同，但其共同之处在于都是通过观察或测量学生的外显行为表现，去衡量其内在的心理状态。

（四）评价工作开展艰难

从我国的现状来看，学生心理辅导课程评价的开展并不尽如人意。不少人对心理辅导课程的评价实施存在着观念上的偏差，认为该课程也可以像其他学科一样进行成绩考核。另外，各学校心理健康教师资源普遍缺乏，这些教师将自己的时间和精力大多放在了学生心理辅导工作上，难以顾及心理辅导课程的评价工作。同时，心理辅导课程的评价工作还处于研究阶段，没有完全统一的标准，导致了资料收集的困难。

二、心理辅导课程评价的标准

学生心理辅导课程的评价系统还处于研究和探索阶段，大致说来，可以从以下五个方面来进行评估。

（一）目标明确具体，具有针对性

目标是每一节课的灵魂和导向，也是所要达成的最后结果。无论是心理辅导课还是学科课，都要有明确、具体、适宜的目标，它可以确保每一节课都能取得实效。因此，在确定目标时，必须考虑以下三个方面。

1. 要体现以学生为本的教育思想

《中小学心理健康教育指导纲要》（简称《纲要》）明确规定：开设心理健康选修课、活动课或专题讲座，旨在普及心理健康科学常识，帮助学生掌握一般的心理保健知识，培养良好的心理素质。

因此，在设计和开展心理健康活动课的过程中要紧紧围绕《纲要》所规定的目标，结合不同地域、不同阶段学生的特点分别制定总目标、分阶段目标和各年级的分目标。只有这样，心理辅导课才能做到有的放矢，具有可操作性。

2. 要符合学生身心发展规律和年龄特点

不同年龄的学生，其身心发展规律、水平和特点各不相同。比如：小学生的自我意识发展是从具体的、片面的认识向抽象的、较为全面的认识过渡；随着年龄的增长，初中生的心理发展处于矛盾期，心理闭锁性和逆反性增强，这是一个人心理发展的关键期。因此，在确定心理辅导课目标时，一定要有针对性，在不同的年龄阶段选用不同的内容和不同的活动方式。一般情况下，宜采取由简到繁、由易到难的螺旋上升的活动方式，以保证心理辅导课的实效性。

3. 心理辅导课的目标要具体，且具有较强的操作性

心理辅导课的目标不宜过多、过大，切忌泛泛地把提高心理素质、培养良好心理品质作为一节心理辅导活动课的目标，要把抽象的概念具体化为活动课中可以训练、培养和评定的目标，活动课的目标要小而实，越具体明确越便于操作，要避免心理辅导课目标没有可操作性，或出现假大空的现象和为活动而活动的做法。

（二）内容科学、正确，体现年龄阶段性

心理辅导课不同于其他以知识传授为主的学科教学，它本身具有很强的针对性和实用性。为此，学校要根据各年级学生的不同特点，注重活动内容的选择和设计，着力贴近学生学习、生活的实际。

1. 要紧扣活动课目标，循序渐进，按照年龄阶段设置内容

心理辅导课的内容是为实现目标服务的，活动课内容选择得恰当与否以及是否与目标一致，将直接关系到活动课的成效。鉴于不同年龄学生的心理发展特点各异，活动课的辅导目标亦应各不相同。对此，心理辅导课要选择不同的内容，且需注意循序渐进。

2. 要以学生成长过程中可能遇到的共同心理问题为重点

开设心理辅导课的目的是为了引导学生增强面对心理困惑或问题的求助意识，学会一些排解方法和策略，促进学生心理素质的提高和人格的健全发展。从现实情况看，真正有心理问题的学生只是极少数，可以进行个别咨询和辅导。而以发展、预防为重点的心理辅导课，必须面向全体学生，以学生心理发展的规律为依据，选择大多数学生成长中可能遇到的共同心理问题，精心确定活动课的内容，切实提高心理辅导的效果。

（三）活动过程设计逐层递进，生动活泼，富有心理健康教育特色

200

重视活动过程评价是活动课评价的关键所在。为此，对活动过程的评价特别要注意以下三个方面。

1. 活动过程的结构和组织明晰、恰当

活动过程中每个环节的设计都要围绕目标和内容展开，逐层深入，激发学生参与活动的兴趣和热情；各项活动环节之间衔接紧密、过渡自然、时间分配适宜；活动过程的组织有序、有效，教师语言真实准确，体态语自然贴切、针对性强。这样的活动对学生具有强烈的吸引力和感染力，能够使他们始终处于积极向上、乐于接纳的最佳情绪状态。

2. 活动特征明显

心理辅导课不同于一般的活动课，它既有自身独特的风格，又有一般活动课的普遍特点。在心理辅导课中，学生通过积极参与各项活动，亲身尝试和感受，思维、情绪、交往也都活跃起来，进而形成良好的心理素质。在课堂上，学生是主体，充分发挥主动性、自觉性、创造性和想象力，主动支配和调节自己的活动。同时，教师要鼓励学生通过独立思考和主动探索，从而获得内心深处的体验和深切的感悟，促使其心理和行为状态得以改善。

3. 活动过程呈现师生互动、多向交流的民主氛围

这主要表现在两个方面：一是师生间、生生间的情感达成融合和沟通；二是师生间、生生间的问题交流变得坦诚、有效。只有在一个安全、平等、和谐的环

境里，在一种民主和相互尊重、信任的氛围里，学生才能敞开心扉，真实地表达自己的思想、观点和困惑，才敢于发表与众不同的见解，才愿意接受教师的建议和帮助。

（四）方式方法灵活多样，显现综合性和开放性

学校开设心理辅导课，旨在让全体学生在创设的问题情境或模拟的现实情境中初步学会和掌握简单的心理调节方法和心理保健常识。因此，在活动课中，教师要根据不同年龄学生的身心发展特点和需要，灵活运用多种方式方法，以增强活动课的质量，提高活动课的效率。

1. 恰当选择和综合运用各种直观教学手段

心理辅导课注重学生的参与和体验。在情境创设方面，现代教育技术发挥着独特的作用。比如，多媒体课件集文字、图片、声音、动画等信息于一体，能够为学生创设各种生动直观的活动情境，形象鲜明地展示各种典型案例，使学生有身临其境之感，从而极大地调动了学生学习的积极性和学习热情。

2. 授课方式方法灵活多样，各有侧重

根据《纲要》的要求，在不同的教育阶段，心理辅导课要各有侧重。比如：小学以游戏和活动为主，一般采用游戏法、角色扮演法、榜样示范法、讨论法等，着力营造一种乐学、合群的氛围，重在习惯的养成；初中以活动和体验为主，一般采用情境体验法、问题辨析法、小品表演、团体行为训练、分组讨论等方法，活动形式生动活泼，以引发学生参与分析和思考，重在方法的掌握；高中以体验和调适为主，一般采用价值澄清法、双重角色扮演法、团体行为训练、交互作用分析、理性情绪法等富有启发性的方法。需要强调的是，高中心理辅导课须注意课内与课外、教育与指导、咨询与服务的结合，重在行为的内化和品质的形成。

201

（五）效果明显，重在应用和强化，突出实效性

一节心理辅导课是否成功，取决于它的实际效果。这些效果具体表现在以下几方面。

1. 绝大多数学生学会并掌握了自我调控、自我疏导、自我消解的方法和技巧。也就是说，多数学生能够理解、接受和应用当堂辅导课的基本观点和解决问题的方法。

2. 学生能够利用课上的空白时间自省自己的思想、行为或写下自己的感受和心得体会。

3. 学生在心理健康活动过程中的参与率、兴趣度以及问题回答的合理性、发散性较高，达成了当堂活动课的目标。

4. 教师留有课外延伸和实际应用的实践训练项目，并有随时对活动目标进行反馈调控和巩固强化的措施。

【建议参考资料】

1. 叶一舵. 现代学校心理健康教育研究［M］. 北京：开明出版社，2003.

2. 吴武典. 学校心理辅导原理［M］. 北京：世界图书出版公司，2003.

3. 郑雪，王玲，宇斌. 中小学心理教育课程设计［M］. 广州：暨南大学出版社，1997.

4. 曹梅静，王玲. 中小学心理健康教育课程设计［M］. 广州：广东高等教育出版社，2004.

【问题与思考】

1. 学生心理辅导课程内容的设置应考虑哪些方面？

2. 学生心理辅导课程在课堂教学中多采取哪些教学形式？

3. 学生心理辅导课程的设计应遵循哪些原则？

4. 如果要你开设一堂高中生情绪管理的心理辅导课，你的课程目标会设置为哪些？

5. 在你看来，对学校心理课程的评价可以从哪些方面进行？请列举并阐明理由。

第九章 学生心理辅导室的建设

【本章提要】

　　建立心理档案有助于学校掌握学生的心理健康状况、检测学生的心理变化状况，进而针对学生的具体情况制订相应的心理辅导、教育和教学计划。心理辅导档案是学生心理辅导的重要依据，也是保存学生心理辅导资料的重要方式，这有利于学校对心理辅导工作进行评估和管理，并能够为学校所开展的相关教育研究提供可靠数据。心理辅导室的布置要遵循一定的原则，从地点选择到室内格局和设计都会影响学校心理咨询的效果。而测评的种类更是应该慎重选择，将影响学生学习、生活的诸多方面因素都考虑在内。只有这样才能更好地去了解学生、监督学生，预防危机事件的发生。

【学习重点】

　　1. 了解心理辅导档案的作用、意义。
　　2. 了解如何应用心理辅导档案来预防危机事件、了解学生情况。
　　3. 了解心理辅导室的建设要求、地点选择、室内设计等。
　　4. 了解心理辅导的测评要求、类型及方法。

203

【重要术语】

　　心理辅导档案　学生心理辅导室　硬件建设　心理测评系统

第一节 学生心理辅导档案建设

　　学生心理辅导档案是包括学生基本信息、心理健康状况以及辅导过程等一系列信息在内的资料。

一、建立学生心理辅导档案的意义

　　建立学生心理辅导档案，有助于学校掌握学生的心理健康状况、检测学生的心理变化状况，进而针对学生的具体情况制订相应的心理辅导、教育和教学计划。心理辅导档案是学生心理辅导的重要依据，也是保存学生心理辅导资料的重要方式，这有利于学校对心理辅导工作进行评估和管理，并能够为学校开展的相关教育研究提供可靠数据。

辅导的前提是了解学生，正如学者进行研究，首先要翻阅已有文献，明了对于该问题已有的研究成果，从中找出新的突破点，从而进行综合分析找到解决该问题的途径，心理辅导工作也是一样。对学生进行有效的心理辅导，要以客观、全面、正确地了解学生情况为前提，不能将学生的学习成绩或普遍的行为表现作为评判学生的依据，更切忌凭借教师的主观臆测来评判学生。因此，建立学生心理辅导档案，目的是为了更好地开展有效的辅导工作，促进学生的健康成长。具体来讲，建立学生心理辅导档案有下列意义。

（一）有利于教师或辅导者了解学生

不同的学生之间都存在学习和生活能力、个性特点、学习心理等方面的差异，教师可以从心理辅导档案中获取科学的管理、教育学生的方法，并可以此为依据对学生进行有针对性的心理辅导，提高教育与辅导的效率，从而使教师在实际教学工作中能有的放矢，减少盲目性，提高教育的科学性与针对性，促进教育教学质量的提升。

（二）有利于预防学生出现心理问题或心理疾病

心理档案的建立，可以方便教师或辅导者查看，有利于在早期发现学生的心理问题，真正做到"早发现，早干预"，防止极端情况的发生，体现发展性辅导的原则。

204

（三）有利于帮助学生了解自己

学生对自己性格、兴趣以及能力等方面的了解，可以帮助其确立发展目标，发现现存的不足，积极调整自己的学习习惯和学习行为，有利于开展生涯规划辅导。另外，还有利于学生充分发挥主观能动性，及时发现发展过程中自己内心的心理障碍，通过合理途径进行化解，达到自我发展的目的。

（四）有利于学生成长关键期指导工作的开展

对于学生成长关键期和关键点的指导，一定要针对学生身心发展特点进行。心理辅导档案可以帮助教师制订相应的工作计划，如对学生的学习方法和学习习惯进行诊断、入学适应性指导、考前减压、专业选择咨询和升学指导等活动，帮助学生充分认识自己的个性和能力特点，进而帮助其作出合适的选择。

（五）有利于家校合作

通过心理辅导档案，可以帮助家长了解孩子的心理特点，协助校方找到心理困扰的根源，与教师或辅导者一起制订辅导计划，发挥学校和家庭的双重力量，为学生创造一个良好的成长环境。

二、学生心理辅导档案的建立

（一）档案建立的时间

学生心理辅导档案一般在学生入校后两三个月的时间内建立。首先，这样做有利于得到最原始的数据，如入学适应性、人际关系、学习焦虑等指标数据，这为日后进行数据比对提供了便利，可以更加直观地发现学生的学习障碍以及成长进步。

其次，在学年初进行学习方法、学习习惯、性格特征等测试，可以充分了解每个学生的特点，为教师制定及采用适合学生学习、更好促进学生发展的教育教学方法和技巧提供依据，因材施教，从而提高教学质量。

再次，在学年初建立心理档案，可以筛查出有心理危机的学生，进行分析，进而实施有效的心理干预，这对于加强学生心理辅导预警机制有重大意义。

（二）档案的组成部分

学生心理辅导档案主要由三大部分组成，即学生背景资料、各类学生心理测评工具和资料以及与个体学习活动有关的资料。每一部分主要包括的内容如下。

1. 学生背景资料

（1）学生基本情况，如姓名、性别、年龄、年级及生活态度等。

（2）学生成长及健康资料，如学生个人的基本健康状况、行为习惯及生理发展特点等。

（3）学生的家庭背景，如父母的职业、文化水平、父母对子女的期望、家庭结构、家庭关系、家庭气氛、经济状况以及居住环境等。同时还包括学生的重要生活经历，如家人去世、父母离异等意外变故等。研究表明，家庭环境对个体发展有着至关重要的影响，故这一部分资料的收集不容忽视。

2. 各类学生心理测评工具和资料

（1）学生的智力发展水平、学习能力、人格、个性与性格特征等。

（2）学生的心理健康状况，包括心理卫生、心理素质等方面的测查资料。此外，还应通过访谈或问卷的形式对其是否出现过心理发展问题，具体表现及出现的时间和程度，是否接受过心理咨询，具体的内容、时间、次数以及结果等相关情况进行了解。

（3）学生社会化方面的情况，如学生对于社会的认知与态度，同伴交往、人际关系处理的情况等。

3. 与个体学习活动有关的资料

（1）学生的学习过程情况，如学习方法、习惯、兴趣、学习态度、学习计划的制订、学习时间的分配是否合理等。

（2）学生的学习结果情况，如学习成绩、学习压力、学习障碍等，通过这些资料，教师能够及时调整教学方法或教授学生一些高效的学习方法。

三、学生心理辅导档案管理系统

建立学生心理辅导档案一般要借助心理测试量表，将测试的结果记录在册。

205

随着信息技术的发展，目前建立心理档案一般采用学生心理辅导档案管理系统，方便数据的保存、提取、更新及管理。

（一）四大模块

心理辅导档案管理系统一般包含以下四大模块。

1. 心理健康测评模块

对全体学生的心理健康状况进行普查，进行心理健康测试并对测试结果提出相应的指导建议。

2. 心理档案管理模块

对应档案组成部分中的第二大部分，即各类心理测评资料。学校学生众多，测试完毕后对每个学生的心理档案进行人性化管理尤为重要，发现学生的点滴成长，以及其心理上的微妙变化都依赖于这些资料的准确性和连续性。

3. 学籍档案管理模块

对应档案组成部分中的第一大部分，即学生背景资料。影响学生心理健康的因素是多方面的，必须综合考虑考试成绩、教师评价、家庭变故等多方面因素。同时，该模块对学生学籍档案进行了电子信息化处理，极大地方便了学校的管理。

4. 危机预警模块

在心理健康测评模块中出现心理危机的学生，系统可自动将该生纳入危机预警系统，提示教师重点关注该生的心理和情绪变化，并可以邀请家长也参与其中，共同关注。

（二）六大功能

良好的学生心理辅导档案管理系统应具备以下六大主要功能。

1. 完善的心理测试功能

学生按照用户名和密码登录到系统进行测试，管理员可以及时得到测试报告。如前所述，心理测评包括心理健康、个性特征、智力水平、心理素质等几大方面，可以系统详尽地反映出现阶段学生的心理健康状况和心理素质水平。测试报告不仅有测试结果，还应有相应的指导意见，并可以根据学生的不同情况提出有针对性的学习方法和学习策略指导，为学校进行心理健康辅导和因材施教提供可靠数据支持。

2. 完善的档案管理功能

建立心理辅导档案的目的是通过档案及时发现并解决学生的心理问题、学习障碍，其关键点是可以从入学到毕业连续地记录学生心理健康状况，真正实现"记录学生的点滴成长"。所以系统应该具备储存量大、及时更新的能力。

3. 强大的统计和分析功能

系统应该可以对全体学生进行统计、分析，也可以对某一年级、班级或某一特殊群体（如单亲家庭学生、家庭经济困难的学生、寄宿学生等）、某一性别等团体和个体进行分析。还可以对某个个体的前后施测进行差异性、显著性的比对，其一，可以清晰地表明学生心理变化情况，便于有效指导学生，其二，可以评估出辅导者或教师的指导和干预效果，以便巩固和及时调整辅导策略和方向。统计结果使用文字和图形进行描述，直观清晰。

4. 完善的查询功能

对于数据庞大的系统来说，快捷准确的查询功能是必不可少的。应该在系统中设置多种搜索条件，教师只要输入学号或者姓名、班级等，就可以确定搜索范围，找到想要的信息。

5. 完善的在线测试功能

为完成学年初对于全体学生的测查，系统应该可以支持至少数千人同时在线测试，系统还应支持学校局域网和单机测试，以满足学校各种不同环境的需求。

6. 家校联动功能

心理健康教育应建立家庭和学校的联动机制，使学生家长可以方便地查阅学生的考试成绩、教师评价、自我鉴定等信息，有利于家校合作，进行有效的心理健康教育。还可以将同年龄段学生现存比较普遍的心理问题向家长一一介绍，指导家长对子女的适当引导，防患于未然。

四、学生心理辅导档案的应用

学生心理辅导档案可以运用在团体和个人的分析上，这里所说的团体一般指班级和年级。以班级为例，班级团体资料是在收集学生个人资料的基础上，进行归类和统计，绘制成图表，这样某个班级在某个特质上的一般趋势就可以显现出来，可以直接提供给有关人员。如对于数学空间能力的测验结果经过统计后，显示出某班级分数普遍偏低的现象，辅导者可以通知教务处或年级数学组长，在教学上给予适当的注意，调整教学教法，以适应这种差异。

对于学生个人资料，辅导者可以分析学生个人的特质，扬长避短。另外，辅导者可以将资料提供给学生，帮助学生了解自己，使其增进自我调适的能力。对于被系统划归为危机预警的学生，辅导者可以根据学生资料，找出学生在学习、处世或生活适应等方面的问题，并给予有针对性的辅导和教育，减少极端事件发生的可能性或降低问题的严重性，使问题免于继续恶化。

在应用心理档案的时候应注意以下事项。

（一）合理运用不同来源的资料

心理档案中的资料可以大致分为测验资料和非测验资料两种，在应用时若发现两类资料差异较大，就不应轻易给出结论，要通过进一步的深入观察或再次测验来进行详细分析，以取得更为客观的结论。

（二）注意学生心理档案的保密问题

有关保密问题一直是心理辅导职业道德中争论最多的问题。一般而言，资料

207

是否应予以保密，应就资料的性质与资料公开对当事人的影响两方面而定。资料的保密应该以当事人的权益和声誉为主，辅导者应当保障学生的权益。如果因专业需要，要将学生的心理档案外用，必须事前征得当事人的同意，并且在使用时，涉及当事人身份的部分应予以恰当处理，涉及当事人权益的部分应予以删除。

第二节　学生心理辅导室硬件建设

不同的环境格局会对人们的心理感受产生不同的影响，当人们被一种室内环境所包围的时候，他们的思想、情绪和行为等心理要素也都会处在这种环境格局的影响当中。这种室内环境指的是包围在人们身边的所有环境元素，首先包括空间的大小。大的空间给人宽敞、明亮之感的同时也会有空旷的感觉，使人感到安全性和私密性无法得到保证，而过小的空间又给人一种压抑和沉闷之感，所以空间的大小应有一个合适的尺度，避免空间过大或过小给人带来不适感。此外，室内环境元素还包括空间的围合元素，如地板、墙壁、门窗等；设施配备元素，如沙发、桌椅、装饰物等；空间气氛元素，如灯光、色彩、温湿度等。这些元素都可以给人以各种综合的形象及视听嗅觉上的刺激，同时这些刺激在人的大脑中由感觉转化为情绪和情感，从而在心理上产生一定的作用。

一、地点的选择

心理辅导室的地点选择应本着安静、方便的原则，如果设在远离学生日常活动的区域，那么心理辅导室将形同虚设，所以应该设在每个人都方便到来的地方。在满足方便条件的同时，校园人流较少的安静处，比如图书馆、阅览室的附近是再好不过的选择了。

现今仍有很多学校的心理辅导室被安排在行政区，这样的安排虽然方便了辅导者和行政领导的交流（因为心理咨询和辅导的目的之一就是更好地指导教育教学工作，教学主任、德育主任、校长等也需要通过心理辅导员来了解学生的心理健康状况），但这样的安排显然会让学生没有安全感，他们容易将二者联系起来，从而不愿向辅导者表露出自己的真实想法，这将有损治疗师作为所有学生拥护者的形象。

此外，心理辅导室应设置在有窗户的房间，有窗的房间有较好的通风条件，不至于使来访者感到压抑，同时也能增强空间的开放性。

二、室内的格局

标准的学生心理辅导室应设置咨询接待室、会谈咨询室和活动室三部分。咨询接待室用于接待前来咨询的学生，主要是对来访学生进行登记，预约咨询时间，为其提供等候空间等。会谈咨询室用于咨询和辅导，是正式进行心理辅导的场所。会谈室与接待室最好是内、外两间连为一体，若没有，可用屏风等隔开，避免咨询氛围被突然来访的外人打破，同时也能保护来访咨询者的隐私。

活动室一般用于个体或小团体的心理测量、放松训练以及心理档案的存放。根据心理辅导室的大小，可以考虑是否设置辅导者的个人办公室。

图9-1和图9-2给出了两种学生心理辅导室可能的简单设计，可作为参考。

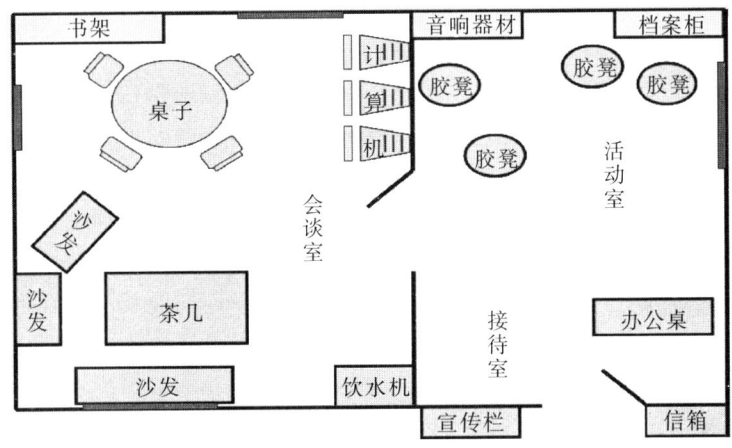

图9-1 学生心理辅导室设计平面图1

209

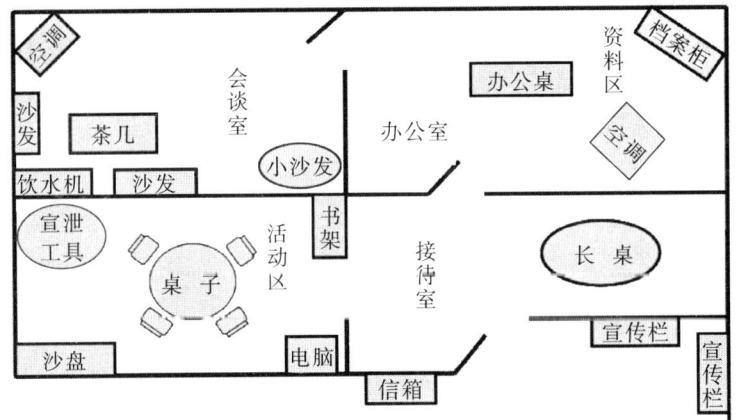

图9-2 学生心理辅导室设计平面图2

三、名称的确立

在心理辅导室名称的选择上，应该贴近学生的心理，亲切、生动，易于被学生们接受。如心灵驿站、知心小屋、微笑屋、心情吧、阳光小镇等。

四、室内设计

一个好的室内环境，首先要考虑安全性的问题。无论何时何地，人们都需要有一个能受到保护的空间。有关实验调查分析，当个体与他人共处一个较大的空间时，如会客厅、餐厅、图书馆等地方，几乎所有人都会选择靠墙、靠窗、靠近围栏或有隔断的地方，原因就是人在心理上需要一种安全感，需要有一种被保护的氛围，对于前来进行心理咨询和辅导的人来说，这种安全感更为重要。除了前面说的空间大小比例需要注意之外，在格局的设计和物品的摆放上也应创造更多的"隔断"，从而使室内空间更具有安全感，为来访咨询的学生创造一个舒适安全的室内环境。

其次要考虑室内环境的领域性。领域性一般是指个体或团体在室内环境中的生活、工作等总是力求不被外界干扰或妨碍。赫尔（Hull）曾以动物的环境和行为的研究经验为基础，提出"人际距离"的概念，根据人际关系的密切程度和行为特征来确定人际距离。由于环境、性别、职业和文化程度等因素的不同，人际距离也会有所不同。当人们处于其个人熟悉或不熟悉的环境中时，个人的空间距离会有非常明显的变化，所以在心理辅导室中，沙发、茶几等谈话区域的家具摆放就显得尤其重要，应避免来访者与辅导者直接面对面，这在后面设施配备中会有更详尽的解释。

再次就是室内环境的私密性。私密性是作为个体对空间最基本的要求，只有维持个体的私密性才能保证人们的完整性，它是个体被尊重、有自由的基本表现。如果说领域性主要在于空间范围，则私密性更涉及在相应空间范围内包括视线、声音等方面的隔绝要求。好比人们在餐厅就餐时挑选座位，相对而言，人们不愿意选择靠近门口及人流频繁通过处的座位，而靠墙、靠窗的座位会更满足客人就餐时所需要的放松自在的心理。学生心理辅导室的设置也是同理，在满足房间隔音要求的基础上，还需要主要家具的布置及门窗的位置能够保护来访咨询者的隐私。比如在设置门窗时要注意其位置避免正对咨询室的沙发，或者在窗户的材质上作一些特殊处理，如彩色贴膜、百叶窗等。

上述三点是对于心理辅导室室内环境的总体要求。下面将就室内环境的具体设计给出指导和建议。

（一）材质

不同的材质也可以给人们带来不同的心理感受，砖石材料给人安全感，针织物品给人柔软舒适的感觉，玻璃可以使人心情明朗，等等。不同的材质有不同的质感以及各不相同的构造细节，可以渲染或强化室内环境气氛，从而影响人们的心理。在室内设计中，装饰材料的不同质感会对室内环境产生不同的作用，材质的扩大缩小感、冷暖进退感，会给空间带来宽松、紧张、温馨、舒适等不同感受。

对于心理辅导室的设计，应以能够体现愉悦、轻松和温馨的材料为主，比如座椅应该柔软舒适，避免使用一般教室或办公室中的座椅作为咨询室的座椅，这样会使来访学生感到冷漠和紧张，进而产生防御、抗拒的心理；再比如桌子、茶几的边角应避免棱角，以给人坚硬、冰冷的感觉。

当然，在室内空间环境的各种因素中，材料质感的搭配只是其中的一个方面，材料造型、色彩、灯光照明、装饰物品等，对烘托良好的空间氛围也有着不可忽视的作用。

（二）光线

照明是心情和气氛的调制器。就像灯光师为舞台上的表演者们营造的浪漫或激情的氛围一样，室内设计者在光线和照明的使用上也会有所讲究。明亮的灯光具有刺激神经的作用，会激起人们向前的动力，但使用过度可能会引起人们的厌恶，造成视觉疲劳。柔和的灯光一般可以使人感觉轻松安逸，给人一种亲密舒适的感觉，此外它会减少材质上的差别。中等亮度的灯光使人们感到比较舒适，但不会有其他更特别的情感效果；闪烁的灯光通常会吸引人们的注意力。合适的光亮分布达到平衡、和谐的效果，能够使眼睛很快适应并且提供放松的视觉感受。暖色灯光给人以欢快、鼓舞之感，而冷色灯光相比之下更显宁静。

作为心理辅导室，整体上应给人以明朗、愉快、轻松的感觉，可以设置可调节明暗的灯具，不适宜采用闪烁的灯光。把灯具作为空间的视觉焦点，含蓄柔和的光线能够令来访者情绪平稳、精力集中，避免了注意力的分散。总之，不论是光线环境的设计还是灯具的选择和布设，都必须以满足来访者的行为和心理需求为前提，使得光线含蓄柔和，创造一种温馨的气氛，以求更好地开展咨询和辅导活动。

（三）色调

色彩具有意想不到的神奇魔力，会给人的心理感受带来很大的影响。例如，色彩可以使人的时间感发生混淆，暖色可以使物体看起来比实际大，而冷色系颜色则有收缩物体的效用。这些色彩心理已经在多种场合被运用并发挥作用，例如快餐店色调通常以橘黄色或红色为主，在增进愉悦心情和食欲的同时会使人感觉时间漫长，从而不会停留太久；而适宜约会的咖啡馆或小酒吧，色调则偏冷一些，使得环境变得平静、淡雅、浪漫。所以，对于心理辅导室而言，冷暖色应恰当使用。暖色的沙发可以给来访者带来愉悦，他们也相对比较愿意倾吐、愿意接纳别人进入自己的内心世界。而如果整个房间都用暖色系，则会像快餐店一样让人不想停留太久，产生烦躁之感，所以在选择墙壁的颜色时，建议采用淡雅柔和的色调，如选用壁纸，也要避免繁杂的图案，使室内环境显得凌乱、浮躁。

211

色彩还是最环保的空调。夏天使用白色或浅蓝色的窗帘，会让人感觉室内比较凉爽；到了冬天，换成暖色的窗帘，用暖色的布做桌布，则可以使屋内感觉很温暖。有实验表明，暖色与冷色可以使人们对于房间的心理温度相差2℃—3℃。

此外，蓝色具有催眠的作用，蓝色可以消除人们的紧张感，但在使人镇定的同时也会引起人们一定的孤独感。绿色也有一定的催眠作用，但与蓝色不同的是，它可以使人们从心理上得到放松，而不仅仅是身体的放松。相反，明度较高的暖色可以让人在短时间内清醒，集中注意力。由于上述颜色的不同作用，可以尝试在心理辅导室的不同隔间采用不同的主色调以满足小房间的用途。如主要用于开展团体咨询或进行心理健康教育培训的活动室，可以采用偏暖的色调来提高团体中每个人的参与积极性和注意力。若活动室主要用于放松治疗、游戏治疗或沙盘活动时，可以采用淡蓝色等冷色调，使来访者解除心理防备，达到身心上全方位的放松。

（四）装饰品

心理辅导室可适当地用鲜花、盆栽、工艺品、书画作品等来装饰环境，给学生一种闲适、安定的感觉。将装饰品放置在较为夺目的地方，可以为室内空间环境提升格调、净化空气的同时增加美的元素，赋予心理辅导室丰富深邃的文化内涵和遐想空间，对来访者的神经产生一种良性刺激。

212

五、设施的配备

（一）座椅、沙发

心理辅导室的座椅应该柔软、舒适，使得学生可以在短时间内放松下来。由于认知具有一定的恒常性，所以应尽量避免使用一般教室中的座椅作为辅导室的座椅，否则会使来访者感到冷漠和紧张，影响其接受辅导的愿望。另外，来访者和辅导者的座椅或沙发之间要有一定角度，避免直接面对面。因为每个人在与别人交流的时候，在其身体周围都存在一个不受他人侵犯的个人空间，也就是前面说的"人际距离"。直接近距离的面对面交流，对方的面貌、表情等就会扑面而来，不容拒绝，这或多或少都会对谈话内容或来访者的自述产生影响，甚至破坏辅导和咨询的效果，特别是会加重那些存在各种心理问题、怀着惴惴不安和极度焦虑心情、第一次来心理辅导或咨询的来访者的心理负担，影响辅导关系的建立。

（二）书架

书架用来摆放一些内容健康积极且符合学生年龄特点的书籍、报刊和杂志。与中小学的心理辅导室不同，大学的心理辅导室较少配备游戏器具和玩具，而是选择更加适合青年的材料，包括职业选择方面的材料、自我发展性方面的丛书，以及适应生理变化和处理人际关系、缓解学业压力方面的资料，并且应该注意及时更新，以便与学生的发展同步。

同时，心理辅导室中还应准备大量与学生心理发展、心理健康、心理问题、心理咨询与治疗有关的丛书，这些图书和资料应该具备较为完备的理论，并且具有理论联系实际、实用性和可操作性较强等特点。其作用体现在：其一，通过阅读，学生可以了解和丰富关于心理健康与心理发展等方面的知识，增进对自身心理健康状况的了解，获得学习和生活等方面的有益建议；其二，心理辅导者可以随时翻阅相关咨询案例，学习其他治疗师的有益经验，以求更好地开展本校的心理辅导和咨询工作；其三，通过阅读，一线教师可以加深对学生的了解，从而更好地将理论与实践联系起来，并将理论更灵活更适宜地运用在实地教育教学工作之中。

（三）信箱

在心理辅导室门外的墙上挂一个咨询信箱，可以为不好意思当面咨询的学生留一些空间。信箱名称可以为"知心姐姐"、"悄悄话"等。回信的方式也应提前约定，在宣传栏中予以介绍，在信内注明回信方式，如班级信箱、同学转交、校园某一固定地点等，根据校舍和学生个人的具体情况而定，满足保密、方便、及时的原则即可。

（四）其他设施和物品

1. 钟表，用来控制时间的同时可以起到装点和美化室内环境的作用。钟表通常放置在来访者的背后，辅导者容易看得到的地方。因为，如果辅导者反复看手表会影响来访者的顺畅表达，会使其产生拘束感，破坏了良好的谈话氛围。

2. 电脑，用于放音乐、查资料、管理心理辅导档案系统、教师学习交流等。

此外，在会谈咨询室中，还有一些可以使咨询和辅导的进程更加顺畅的辅助物品，如纸巾、水杯、纸笔、辅导记录表等。

（五）具体房间的设备配置

1. 咨询接待室

（1）一张办公桌或长桌（可用于团体咨询），配有电话、电脑、纸笔、登记表等；

（2）一个书架，分层放置适合教师和学生阅览的书籍和报刊，便于其借阅或等候时阅览；

（3）折叠椅若干（为节省空间）；

（4）墙壁挂图《学生心理辅导工作守则》、《心理辅导活动室使用规则》、《心理健康标准》、《值班人员时间表》等；

（5）一台饮水机，一次性纸杯、杯托若干；

（6）一个设计简洁的挂钟。

2. 会谈咨询室

（1）整体装修应以米黄或淡蓝色为主调，尽可能减少硬线条和棱角，室内整洁，具有一定的隔音装置；

（2）灯光的光线含蓄柔和，设置百叶窗或淡雅清新的窗帘；

（3）两三张舒适的软沙发，坐垫、抱枕数个，均以暖色调为主；

（4）一张椭圆形茶几，上面放有纸巾盒、一次性纸杯和绿色小盆栽；

（5）一台挂墙式空调、一台饮水机；

（6）一两幅风景画，可采用展现广阔、清新、恬静的自然景观图，能够使人打开遐想空间，令人心情舒畅；

（7）在来访者身后设置一个设计简洁并且与室内色调、风格协调的钟表。

3. 活动室

（1）数台电脑（内置心理测试系统）；

（2）一个书架，放置心理学书籍和杂志；

（3）一些宣泄情绪的工具，可依空间大小设置涂鸦墙供学生宣泄；

（4）一套音响设备，播放专题影片和音乐，用于模仿学习和放松训练等；

（5）沙盘；

（6）一张圆桌及胶凳若干。

4. 办公室

（1）一张办公桌；

（2）一个带锁的文件、资料储存柜；

（3）一台电脑（可联网）；

（4）必备咨询材料，包括学生心理辅导记录、团体咨询记录、电话咨询记录、家校沟通记录、心理档案采集表等。

总之，一个简单、温馨、亲切、理想、人与环境融合的心理辅导环境，可以使学生感觉松弛、愉悦并有安全感，不必担心秘密会"泄露"，可以毫无顾忌地讲述自己的心情故事，很放心地谈论关于个人生活的细节点滴，畅所欲言。而心理辅导者可以集中注意力仔细倾听来访者的谈话，帮助他们正确认识和看待问题，帮助他们寻找到解决问题的最好方法，从而促进咨询和辅导工作的开展，提高效率。

第三节　学校心理测评系统

作为对心理咨询与心理档案的支持，心理测评从学校心理学发展之初就受到了重视，尤其是采用标准化测验的测评。无论是学校、家长还是老师，都希望提高心理测评的准确性，从而对学生心理状况进行很好的预防、评估和预测。所以，心理档案的建设中，心理测评系统也是一个非常重要的环节。

心理测评应包括对学生学业有影响的因素的测评、对学生发展有影响的因素的测评、对学生健康有影响的因素的测评等，涵盖测评学生的态度、能力、兴趣、病理学等因素。

测量的方式也可以有诸多种：量表测评法、观察法、等级评定法、作品评估法、访谈法、自我报告法等。

一、心理测验的要求

（一）标准化

所谓标准化的测验就是施测的过程与测验的计分都遵循统一的程序。即一个测验要对每一个学生、每一个群体都使用同样的程序，可以在不同时间不同地点获得同样信效度的测量结果。

标准化测验应给出具体的指导语，且施测者必须坚持指导语中的操作不能随意更改。标准化的指导语包括指令、测验的道具、测验的时间、对学生问题的回答等。同时要防止其他条件对标准化过程的干扰。

标准化测验的另一个方面体现在分数解释的标准上。要使得学生的分数可以与其他人进行比较，同时也可以使其了解自己的情况。如果学生的分数处于极高或极低的两个极端，则需要进行一定的处理或预防。

（二）信度、效度

所谓信度就是反映测验结果稳定程度的一个指标。如果让一个学生在时间间隔比较短的时间内进行两次同样的测验，但两次结果有显著的差异，则说明测验信度不足。

所谓效度就是指一个测验能否真正测量出原本要测量的心理特质。例如 IQ 测验是否真的可以测量出学生的智力。

在心理测评中，对信度、效度的要求是很严格的。如果测量的信效度不高，该测验是一定不会被选择的。

二、心理测验的类型

心理测验有很多种类型，如成就测验、能力测验、人格测验等。施测者应该按照学生的不同需求与学校档案建设的不同需求来选择适当的测验对学生进行测评。另外要考虑不同年龄的学生对测验的理解程度是否达到要求，选择更适合某一年龄段的测验。例如 IQ 测验的不同年龄组、测验的生词量对学生的影响等。

（一）成就测验

成就测验应该是学校应用最为广泛的标准化测验。其目的是测量学生对于某一个特定领域知识的掌握程度（如数学、识字量等）。成就测验对学生的发展与技能的测量具有很重要的意义，也可以让老师对此有所了解，从而进行分层次的教学。研究者指出，成就测验的目的在于测量学生的学习数量、学习速度，比较

215

学生之间在某一个领域的差异，预测未来的学习情况等。

（二）能力测验

学校应用广泛的另一个测验就是能力测验。如果学生在其能力较强的领域去充分发挥，则能达到最大的成就。例如智力测验，就可以反映一个学生的学习能力。这类测验通常在就业和学生报考志愿时使用。

（三）人格测验

作为测评系统中一个重要环节，人格测验也是经常被用到的。它对于测量学生的人格特点是较为有意义的。这类测验一般分为自我报告式和投射技术式两种。

自我报告式的量表需要对识字量和理解能力有一个预先条件，同时社会赞许性效应也会影响测量的准确性。所以这类人格测验虽然具有一定的信效度，但结果还是会有一些偏差。

投射技术式的测验对学生来说比较有意思，同时也有一定的效果。但这类测验对于施测者的要求很高，必须受过系统的培训与督导。

上述这些测验在学校测评系统中发挥了很大的作用。但如果完全靠测验来评价一个学生，也是有失偏颇的。所以，需要班主任、任课教师、家长和心理老师一起评估与监测。

216

三、心理测评的其他方法

（一）观察法

格朗兰德（N. E. Gronlund）曾说过，观察法是到目前为止评估学生的学习和发展某些方面的最好方法。观察法是比较容易掌握的一种方法，无论是家长还是班主任都可以很好地掌握。这种方法可以使家长、班主任、治疗师随时关注学生的行为，从而更有针对性地对学生进行矫正和干预。同时也可以多维度地观察学生在不同情境下的异同，分析其行为的原因。但这种方法也有其不利的一面，由于是比较简单的方法，所以由于观察者的不同，以及观察的角度不同，得到的结果可能会有矛盾之处。因此，在心理学上，观察法得到的数据更多地被用做一个佐证，而不是直接证明结果的证据。

（二）访谈法

访谈法是辅导老师收集学生信息最好的一个方法。首先，访谈需要提纲，即在对学生有初步了解的基础上，有针对性地对其某一个人格特点或行为特点进行提问。其次，在良好咨访关系的前提下，访谈得到的信息是非常可靠和有意义的。可以帮助家长、班主任和辅导老师配合，以达到最好的治疗效果。但是也要注意，访谈的内容如果涉及学生非常隐私的内容，且不想和别人分享，那么在不违反职业道德和社会道德的情况下应保密，以维护良好的咨访关系。可以说，良好的咨访关系是心理干预的一个很有利的前提，也是让学生慢慢成长的一把保护伞。

（三）自我表达法

固然可以使用外部的测量方法，去对一个学生进行测评和评估，且其信效度也比较高，但如果能让学生自己表达自己的问题成因、遇到的困难，则可能更好地得到第一手数据。

自我表达法有记日记、记周记的方法，有画画、摄影、箱庭的方法，有表演情景剧的方法等。这些方法的好处是，学生可以在一个比较轻松的氛围内完成问题行为的阐述，而且比较自主。但缺点是对于分析有一定的难度。尤其是画画、摄影、箱庭等方法，与投射测验有些类似，需要一定的训练和督导。

在学校心理测评中，我们要抓住一个重点，即以学生为中心，以学生的发展为根本。要因人而异地使用不同的方法，最终达到对学生全方位的了解，这样才能更好地预防危机的发生，更好地帮助学生发展才能，更好地处理突发事件和预测学生的未来。

【建议参考资料】

1. 刘翔平. 学校心理学［M］. 北京：中国轻工业出版社，2009.

2. 顾海根. 心理与教育测量［M］. 北京：北京大学出版社，2008.

3. GYSBERS N C，HENDERSON P. Comprehensive guidance programs that work-II［M］. Greensboro，NC.：Eric/Cass，1997.

4. LYMAN H B. Test scores and what they mean［M］. 6th ed. Boston：Allyn and Bacon，1998.

5. http：//www. collegenet. com.

6. http：//www. collegeboard. org.

【问题与思考】

1. 学生心理辅导档案管理系统的四大模块有什么？

2. 学生心理辅导档案管理系统的六大功能有什么？

3. 学生心理辅导室的室内设计有哪些要求？

4. 对一个学习障碍的儿童，应使用哪些心理测评与心理辅导的方法？

5. 请用图示画出你设计的学生心理辅导室（包括室内设计与选址）。

第十章 学生心理辅导管理

【本章提要】

为确保学生心理辅导工作的效果，应对学生心理辅导工作成效进行科学管理和评估，以评估促发展，推动学生心理辅导工作的大发展。本章内容包括学生心理辅导评估系统、学生心理辅导研究工作，以及心理辅导教师队伍建设等，目的在于保障学生心理辅导的科学化、规范化和制度化。

【学习重点】

1. 了解学生心理辅导评估系统的主要内容。
2. 了解学校心理咨询室的评估标准。
3. 了解学生心理辅导教师的资格要求。
4. 了解建立学校心理辅导督导系统的意义。
5. 了解学生心理辅导的科研与教研活动。

【重要术语】

学生心理辅导评估系统　学生心理辅导研究工作　资格认证

第一节　学生心理辅导评估系统

为确保学生心理辅导工作的效果，应对学生心理辅导工作成效进行具体评估，以评估促进学生心理辅导工作健康发展。

一、学校心理辅导室评估标准

各省市教育部门将心理辅导室建设纳入省一级学校和示范中小学校的办学水平评估内容，倡导和支持有条件的中小学校设置心理辅导室、设立心理咨询电话、建立心理咨询网站（网页），为个别有心理困扰或障碍的学生提供倾诉场所。

为规范学校心理辅导室的建设，各省市教育行政管理部门应制定学校心理辅导者资格认证实施办法、心理辅导者培训方案、心理辅导者工作规程、心理辅导者考核办法，以及制定心理辅导室建设标准、心理辅导工作准则、心理辅导室评估标准等，使得学校心理辅导室的建设科学化、制度化、规范化。具体来说应做到以下四点：一是明确心理辅导室的职能。学校心理辅导室不但要承担对学生进行个别咨询的职能，还要承担宣传心理健康教育、指导班级开展心理健康教育活动、实施专题性团体心理辅导、整合学校心理健康教育资源等任务。二是认证心理辅导室的专业人员，要求心理辅导者必须持证上岗。三是评估和验收合格、示范心理辅导室。四是总结和交流心理辅导室工作经验。省、市、区县教育部门和心理学术团体举办学生心理辅导经验交流会、心理辅导室建设专题论坛和经验交流会等。

二、学生心理辅导评估内容

为了让各级心理健康教育组织职责明确、工作有序，各级教育行政部门应制定各种心理辅导工作职责、工作条例等方面的文件对学生心理辅导工作的组织机构、工作任务等作出明确规定，使得学校开展心理辅导工作有章可依、有据可查。并且，依据有关文件对学生心理辅导工作的组织机构、心理档案、宣传工作、心理辅导、课题研究等内容进行评估验收。以学生心理辅导等级站（合格站、优秀站）的评估，有力地促进学生心理辅导的发展。

以杭州市学生心理辅导站工作评估为例，杭州市学生心理辅导等级站的考核指标分成三级，按组织结构、心理档案、宣传工作、心理辅导、融合贯穿、课题研究等内容，列成 8 款 27 个项目，分项赋予不同权重，考评组据此进行考核（详见表 10-1）。

219

表 10-1　杭州市学生心理辅导站工作评估表

学校：　　　　　　　　　　　　　　　　　　　　　　　　　　站长姓名：

检　查　项　目		自评	互评	总评
一、有健全的组织机构（20分）	1. 有校级分管领导（2分）			
	2. 心理辅导列入学校工作计划（2分）			
	3. 有经费保证（3分）			
	4. 有经过专业培训的站长（3分）			
	5. 有工作计划与总结（2分）			
	6. 有两名以上专兼职心理辅导员（4分）			
	7. 有心理辅导工作用房和必要设备（4分）			
二、建立学生心理档案（10分）	8. 建立心理健康档案（6分）			
	9. 有学生心理健康情况的分析（4分）			
三、开展教育宣传工作（10分）	10. 开设心理健康教育讲座（4分）			
	11. 宣传工作：有墙报专栏等（2分）、有专题广播（2分）			
	12. 有关心理健康教育的书籍，教师人手一册并组织学习（2分）			

（续表）

检 查 项 目		自评	互评	总评
四、个别辅导制度化、科学化（15分）	13. 有接待制度，每周五小时以上（7分）			
	14. 有个别辅导记录（4分）			
	15. 有辅导效果分析（2分）			
	16. 定期召开辅导员会议，交流辅导心得（2分）			
五、开设心理健康教育活动课（15分）	17. 心理健康教育活动课正常开展（10分）			
	18. 积累开课资料（5分）			
六、促进学校教育教学工作（10分）	19. 定期向校领导提供资料、建议（4分）			
	20. 定期向班主任提供资料、建议（4分）			
	21. 定期向任课教师提供资料、建议（2分）			
七、配合中心做好工作（10分）	22. 参加区级有关工作会议（活动）（5分）			
	23. 每月向中心写本校工作通讯（3分）			
	24. 承担中心交给的有关工作（2分）			
八、学生心理辅导课题研究（10分）	25. 有立项课题：区级（2分）、市级（2分）			
	26. 发表（交流）文章：区级以上（2分）、学术刊物发表（2分）			
	27. 有区级以上（含区级）成果奖（2分）			
备注	总分100分，合格站不低于60分，优秀站不低于80分。			

2008年，浙江省中小学心理健康教育指导中心制定了《浙江省中小学心理辅导等级站评估表》（详见表10-2）。

表10-2　浙江省中小学心理辅导等级站评估表（修订）

Ⅰ级指标及分值	Ⅱ级指标及分值	Ⅲ级指标及分值	自评分	专家组评分
一、心理健康教育的具体工作（60分）	1. 心理健康教育的普及活动（18分）	（1）教师参加心理健康教育培训的次数（5分）		
		（2）学生参与心理健康教育培训的次数及人数（5分）		
		（3）家长学校心理健康教育专题讲座的次数（5分）		
		（4）宣传培训载体的创新意义（3分）		
	2. 心理辅导课的开设（22分）	（5）每班每学期心理辅导开课节数（5分）		
		（6）学生心理辅导课公开研讨次数（5分）		
		（7）心理辅导课的内容及效果（12分）		
	3. 心理辅导室的工作（20分）	（8）心理辅导记录及台账（5分）		
		（9）典型个案研讨次数（5分）		
		（10）学校心理档案的建设（10分）		

（续表）

Ⅰ级指标 及分值	Ⅱ级指标 及分值	Ⅲ级指标 及分值	自评分	专家组 评分
二、学校心理 健康教育 成效（40分）	4. 学校领导 与教师心育 理念（10分）	（11）学校领导对心理健康教育的认识（5分）		
		（12）班级活动中心理健康教育知识的运用（3分）		
		（13）学科教学中心理健康教育知识的运用（2分）		
	5. 学校心理 健康教育 氛围（15分）	（14）学生心理求助意识（5分）		
		（15）师生关系满意度（5分）		
		（16）校园生活满意度（5分）		
	6. 校园危机 事件的发生率 及应对（5分）	（17）学生非正常死亡率（3分）		
		（18）校园危机干预机制（2分）		
	7. 学校心理 健康教育特色 与影响力 （10分）	（19）学校心理健康教育课题成果（5分）		
		（20）学校心理健康教育媒体报道（3分）		
		（21）学校心理健康教育经验交流（2分）		
备注	省一级心理辅导站要求：总分在90分以上（含90分）；省二级心理辅导站要求：总分在80分以上（含80分）；省三级心理辅导站要求：总分在70分以上（含70分） 学校提供的评估材料须真实可靠，一经发现造假，将视情节严重程度扣10分以上直至取消评估资格			

全国各省、自治区、直辖市应根据实际情况制定学生心理辅导等级站的评估标准，以此来促进本省、自治区、直辖市学生心理辅导工作的开展。一般来说，学生心理辅导评估体系应包含两个方面的指标：一是关于基础建设方面的指标，包括学生心理辅导的组织机构、人员配备、辅导室建设、辅导课开设、经费保障、队伍建设等；二是关于工作成效方面的指标，包括学生心理辅导的发展规划、工作举措、工作成效等。

第二节　学生心理辅导研究工作

一、学生心理辅导的课题研究

学生心理辅导是一项专业性很强的工作，必须遵循科学、规范、专业的原则，才能确保心理辅导的效果。

目前，我国的学校心理健康辅导处于初级阶段，应以研究促发展，通过心理健康教育课题研究，促进学生心理辅导的发展。各省、市、县（区）通过心理健康教育研究等课题的专项申报，将心理健康教育作为教育科研的重要主题，有组织地开展和推动学校心理健康教育课题研究工作，推动心理健康教育的发展。

学校心理健康教育课题研究目标可以定位为三个方面：一是探索如何开展学生心理辅导的观念策略和经验方法；二是让更多的教师重视学校心理健康教育问题，掌握基本的辅导技术，并能以心理健康教育的准则来实施辅导活动，及时预防学生心理问题的出现；三是形成区域性推进心理健康教育的工作思路和策略，探索一条符合区域特征的行之有效的实践办法。比如，心理健康教育的课题研究可以从学生心理健康状况的调查入手，根据学校类型（城市、乡镇、中学、小学等）与常见心理问题类型，选择有代表性的学校进行分工专题研究，重点在学生心理辅导工作模式（如以点带面模式、实验学校带动模式、社会力量引借模式等）、心理辅导方法、心理辅导教材、心理教育规律、心理辅导案例等方面的探索研究。

为促进学生心理辅导工作的可持续发展，必须加强科学研究、培育先进典型，不断为心理健康教育工作注入新的活力和发展动力。

二、学生心理辅导的教学研究

心理活动课、团体辅导课是实施发展性学生心理辅导工作的主要渠道。为提高学生心理辅导工作的针对性和实效性，应积极开展心理辅导课程的教学研究工作。要认真落实教育部《中小学心理健康教育指导纲要》（简称《纲要》）精神，以《纲要》为指导，制定心理健康辅导课程标准，明确规定其课程性质与任务、教学目标和内容、教学原则和方法、教学评价和考核。

建议在开展全国学生心理辅导课优质课比赛的基础上，组织国内优秀的心理健康教育科研人员开发适合我国国情的学生心理辅导课教材。各级教育部门也可以根据本地区实际情况和学校学生实际需要组织编写小学、初中、高中、大学心理健康教育课程教材。各级教研组或教学单位统一教学内容、统一课时、统一教材、统一备课、统一考核、统一研讨等，以保证心理辅导课的科学性与规范性。

例如，在心理辅导课尚未列入国家课程的情况下，2009 年 6 月厦门市教育局印发了《关于中小学心理健康教育课程安排的通知》，规定："从 2009—2010 学年起，将心理健康教育课程正式列入中小学（中职）各年级课程表，每两周安排一课时的心理课，所需课时从综合实践活动或地方与学校课程课时中统筹解决，可以班级为单位，也可以年级为单位进行。"

各级心理教研员应像语数外等学科教研员一样，定期开展教研活动，组织教学评比活动，经常下基层学校指导心理辅导教师开展工作。各地区可成立心理健康教育中心组，评选出首席心理教师、学科心理名师、心理教坛新秀等骨干教师，引领与带动区域内心理辅导教师的专业化成长。各类心理协会还可以成立中心组，定期开展心理沙龙活动，组织开展心理辅导课大奖赛，通过听课评课活动提升心理辅导教师的实践智慧。

各级教育行政部门也可以以评比为手段推进心理教育教学活动，定期组织并举行省、市、区级的学生心理辅导优秀工作案例、优秀课例、优秀论文、优秀活动方案等评比活动，引导广大教师反思心理教育教学过程，提升心理教育教学的针对性和实效性。

第三节　学生心理辅导教师队伍建设

建立一支专兼职结合的心理辅导教师队伍是促进学生心理辅导工作健康发展的前提和保障。心理辅导教师必须具备一定的专业资格，并要在工作中接受培训和督导，以不断提高自己的专业水平。

一、学生心理辅导教师资格认证

目前，浙江省、广东省、江苏省、内蒙古自治区、北京市、上海市等省、自治区、直辖市以专业化为核心推进学校心理教师队伍建设，实施上岗资格认证制度，即资格准入制度，要求从事心理健康教育工作的教师获得上岗资格证书，持证上岗。根据西方各国对学生心理辅导教师的专业素质要求①，学生心理辅导教师的专业素质至少包括两方面：一是工作年限或教学经验（一般要求五年以上教学经验），二是专业知识结构（包括心理学基础课程、教育学基础课程、心理诊断与干预、心理学统计与研究方法等，并注重实践操作）。下面以浙江省、广东省、上海市为例，介绍学生心理辅导教师资格认证的发展现状，为全国各省、市、地区开展学生心理辅导教师资格认证提供参考。

（一）浙江省学校心理健康教育教师上岗资格认证制度

浙江省学校心理健康教育教师上岗资格认证制度是根据本省教师队伍的实际情况，围绕以下三个重点实施的：一是细分专业要求；二是强调实践操作；三是注重专业督导。在实际运作中体现以下两个特点：一是职责分明、合作参与；二是分级培训、分级认证。

在职责划分上，A级资格证书的发放对象为县（区）心理辅导中心的负责人，负责对区域内B证教师的督导；B级资格证书的发放对象为学校辅导站站长，负责对本校C证教师的督导与考核；C级资格证书的发放对象为一般的心理辅导教师，负责学校心理健康教育的具体实施。三级资格证持有者之间职责明确，有分工、有合作，共同形成一支有梯度的学校心理健康教育教师队伍，保证学校心理健康教育工作的有效开展，并通过专业督导加快年轻教师的专业成长。

在认证设计上，A级资格证书培训与认证的重点在于个别咨询的理论与技

223

---

① 王曦. 学校心理健康教育教师的专业素质研究综述［J］. 教育科学研究，2006（2）：54-57.

术；B 级资格证书的认证重点在于心理辅导课的操作实务；C 级资格证书培训与认证的重点在于普及心理健康教育的基本理论。三个专业等级之间的晋升有一定的实践积累要求。如，申请 B 级资格证书，需获得 C 级资格证书后个别辅导的实习时间累计超过 20 小时且心理辅导课累计超过 30 课时。申请 A 级资格证书，需获得 B 级资格证书后个别辅导累计超过 50 小时且心理辅导课累计超过 30 课时。

（二）广东省学校心理健康教育教师上岗资格认证制度

广东省心理健康教育师资培训纳入教师继续教育范畴，计算为专业培训课时。在培训人员上，以专兼职心理教师为重点，以班主任和德育课程教师为主体，全体教师共同参与。在培训模式上，采用 A、B、C 分级达标培训模式。在培训目标上，专兼职心理教师参加 A、B 证培训，重在掌握心理健康教育专业知识和基本操作技能，提高开展教育科研的能力；班主任和德育课程教师参加 C 证培训，重在转变教育观念，树立关心学生心理健康的意识。在培训质量保证上，由广东省中小学心理健康教育指导中心统一教学内容、统一课时、统一教材、统一备课、统一考核、统一颁发证书，严格把好培训质量关。A 证培训中小学心理健康教育指导教师，指导当地各市、县（区）中小学心理健康教育工作；B 证培训中小学心理健康专职教师，负责学校的心理健康教育工作；C 证培训中小学心理健康教育骨干教师，参与学习心理健康教育工作。A、B 证培训由广东省中小学心理健康教育指导中心组织实施，C 证培训由各地市级教师继续教育培训机构组织实施。广东省倡导有条件的地区，所有学科教师和学校管理工作人员参加 C 证培训，逐步实现全员培训。

224

（三）上海市学校心理治疗师职业准入制

2001 年，上海市第十一届人民代表大会常务委员会第三十五次会议通过的《上海市精神卫生条例》中，第十五条对从事学校心理咨询工作人员的资格作了规定："从事学校心理健康咨询服务的人员，应当具备教师资格，并接受市教育行政部门和市卫生行政部门认可的机构组织的培训，经考试合格取得资格证书后，方能从事心理健康咨询服务。"上海市是全国第一个用法律规范心理健康教育工作的地区，为心理健康教育的规范发展奠定了法律基础。2005 年，上海市职业能力考试院启动了"上海市学校心理咨询专业技术水平认证"制度。截至 2009 年，大约有 200 名教师获得中级或初级证书，对从事学校心理健康教育教师的专业化和规范化发展起到了重要作用。

二、学生心理辅导教师培训与督导

专业教师队伍建设是学生心理辅导取得成效的关键，各省市教育机构应建立专兼职心理教师的专业培训和督导长效机制，保证各地区心理健康教育教研员和心理辅导教师的专业成长。例如，2003 年上海市教育科学研究院普教所和上海市中小学心理辅导协会举办了为期一年的"学校心理咨询督导"研修班，以探索专职心理教师的督导制度。通过举办个案辅导研修班，学员们边学习、边做案例、边讨论案例，通过"专家引领——实践操作——小组指导——成果总结"的基本模式开展案例实践和研习。通过举办一系列以科研为引领的各种专题培训班，如班主任心理辅导技术培训班、课堂教学心理研修班、注意力缺陷多动障碍（ADHD）专题研修班、抗逆力专题研修班、危机干预专题研修班、生涯辅导专题研修班、心理测量技术培训班、心理健康教育教研员研修班等，极大地促进了教师的专业成长。这些专业培训班成了心理辅导教师在职培训的主要形式。

　　学校还可以实施"走出去、请进来"的策略，支持心理教师参加各种培训进修，不断提高心理教师的理论与操作水平。

　　各级教育行政部门及学校要为心理教师提供参加专业培训的机会，要建立并完善心理辅导教师专业督导制度，在督导中深化培训并提供持续的专业支持，不断增强心理辅导教师的专业水平。

【建议参考资料】

1. 王定华，陈虹. 我国中小学心理健康教育发展状况 ［M］. 北京：开明出版社，2010.

2. 郑日昌，刘视湘. 中小学心理健康教育 ［M］. 武汉：武汉大学出版社，2010.

3. 郑日昌，陈永胜. 学校心理咨询 ［M］. 北京：人民教育出版社，2010.

225

4. 刘华山. 学校心理辅导 ［M］. 合肥：安徽人民出版社，2008.

5. 吴增强. 学校心理辅导通论：原理·方法·实务 ［M］. 上海：上海科技教育出版社，2004.

【问题与思考】

1. 学生心理辅导评估系统的主要内容有哪些？

2. 学校心理辅导室的建设标准及评估要求有哪些？

3. 学生心理辅导的研究工作主要有哪些？

4. 为了提高学生心理辅导的效果，你认为应做哪些工作？

图书在版编目（CIP）数据

学生心理辅导／郑日昌，吴九君主编． −北京：开明出版社，2012.10（2020.11 重印）
（新世纪心理与心理健康教育文库）
ISBN 978 − 7 − 5131 − 0836 − 2

Ⅰ.①学… Ⅱ.①郑… ②吴… Ⅲ.①学生 − 心理辅导 Ⅳ.①G479

中国版本图书馆 CIP 数据核字（2012）第 217897 号

责任编辑：陈璘彬　何妍　于洪　任玉丹

书　　名：学生心理辅导
出品人：焦向英
出　　版：开明出版社
　　　　　（北京海淀区西三环北路 25 号 邮编 100089）
经　　销：全国新华书店
印　　刷：天津行知印刷有限公司
开　　本·700×1000 1/16
印　　张：14.75
字　　数：267 千字
版　　次：2012 年 10 月 北京第 1 版
印　　次：2020 年 11 月 第 3 次印刷
定　　价：38.00 元

印刷、装订质量问题，出版社负责调换货　联系电话：(010)88817647